書名：中國歷代卜人傳（一）
系列：心一堂術數古籍珍本叢刊　其他類
作者：〔民國〕袁樹珊撰
主編、責任編輯：陳劍聰
心一堂術數古籍珍本叢刊編校小組：陳劍聰　素聞　梁松盛　鄒偉才　虛白盧主

出版：心一堂有限公司
地址／門市：香港九龍尖沙咀東麼地道六十三號好時中心LG 六十一室
電話號碼：+852-6715-0840　+852-3466-1112
網址：publish.sunyata.cc
電郵：sunyatabook@gmail.com
網上書店：http://book.sunyata.cc
網上論壇：http://bbs.sunyata.cc/

版次：二零一四年五月初版
平裝：四冊不分售

港幣　四百六十八元正
定價：人民幣　四百六十八元正
新台幣　一千二百元正

國際書號：ISBN 978-988-8266-73-9

香港及海外發行：香港聯合書刊物流有限公司
地址：香港新界大埔汀麗路三十六號中華商務印刷大廈三樓
電話號碼：+852-2150-2100
傳真號碼：+852-2407-3062
電郵：info@suplogistics.com.hk

台灣發行：秀威資訊科技股份有限公司
地址：台灣台北市內湖區瑞光路七十六巷六十五號一樓
電話號碼：+886-2-2796-3638
傳真號碼：+886-2-2796-1377
網路書店：www.govbooks.com.tw
www.bodbooks.com.tw

經銷：易可數位行銷股份有限公司
地址：台灣新北市新店區寶橋路二三五巷六弄三號五樓
電話號碼：+886-2-8911-0825
傳真號碼：+886-2-8911-0801
email：book-info@ecorebooks.com
易可部落格：http://ecorebooks.pixnet.net/blog

中國大陸發行・零售：心一堂書店
深圳地址：中國深圳羅湖立新路六號東門博雅負一層零零八號
電話號碼：+86-755-8222-4934
北京地址：中國北京東城區雍和宮大街四十號
心一店淘寶網：http://sunyatacc.taobao.com

心一堂術數古籍 珍本整理 叢刊 總序

術數定義

術數，大概可謂以「推算（推演）、預測人（個人、群體、國家等）、事、物、自然現象、時間、空間方位等規律及氣數，並或通過種種『方術』，從而達致趨吉避凶或某種特定目的」之知識體系和方法。

術數類別

我國術數的內容類別，歷代不盡相同，例如《漢書・藝文志》中載，漢代術數有六類：天文、曆譜、五行、蓍龜、雜占、形法。至清代《四庫全書》，術數類則有：數學、占候、相宅相墓、占卜、命書、相書、陰陽五行、雜技術等，其他如《後漢書・方術部》、《藝文類聚・方術部》、《太平御覽・方術部》等，對於術數的分類，皆有差異。古代多把天文、曆譜、及部份數學均歸入術數類，而民間流行亦視傳統醫學作為術數的一環；此外，有些術數與宗教中的方術亦往往難以分開。現代學界則常將各種術數歸納為五大類別：命、卜、相、醫、山，通稱「五術」。

本叢刊在《四庫全書》的分類基礎上，將術數分為九大類別：占筮、星命、相術、堪輿、選擇、三式、讖諱、理數（陰陽五行）、雜術（其他）。而未收天文、曆譜、算術、宗教方術、醫學。

術數思想與發展——從術到學，乃至合道

我國術數是由上古的占星、卜筮、形法等術發展下來的。其中卜筮之術，是歷經夏商周三代而通過

「龜卜、蓍筮」得出卜（筮）辭的一種預測（吉凶成敗）術，之後歸納並結集成書，此即現傳之《易經》。經過春秋戰國至秦漢之際，受到當時諸子百家的影響、儒家的推崇，遂有《易傳》等的出現，原本是卜筮術書的《易經》，被提升及解讀成有包涵「天地之道（理）」之學。因此，《易・繫辭傳》曰：「易與天地準，故能彌綸天地之道。」

漢代以後，易學中的陰陽學說，與五行、九宮、干支、氣運、災變、律曆、卦氣、讖緯、天人感應說等相結合，形成易學中象數系統。而其他原與《易經》本來沒有關係的術數，如占星、形法、選擇，亦漸漸以易理（象數學說）為依歸。《四庫全書・易類小序》云：「術數之興，多在秦漢以後。要其旨，不出乎陰陽五行，生尅制化。實皆《易》之支派，傳以雜說耳。」至此，術數可謂已由「術」發展成「學」。

及至宋代，術數理論與理學中的河圖洛書、太極圖、邵雍先天之學及皇極經世等學說給合，通過術數以演繹理學中「天地中有一太極，萬物中各有一太極」（《朱子語類》）的思想。術數理論不單已發展至十分成熟，而且也從其學理中衍生一些新的方法或理論，如《梅花易數》、《河洛理數》等。

在傳統上，術數功能往往不止於僅僅作為趨吉避凶的方術，及「能彌綸天地之道」的學問，亦有其「修心養性」的功能，「與道合一」（修道）的內涵。《素問・上古天真論》：「上古之人，其知道者，法於陰陽，和於術數。」數之意義，不單是外在的算數、歷數、氣數，而是與理學中同等的「道」、「理」--心性的功能，北宋理氣家邵雍對此多有發揮：「聖人之心，是亦數也」、「萬化萬事生乎心」、「心為太極」。《觀物外篇》：「先天之學，心法也。……蓋天地萬物之理，盡在其中矣，心一而不分，則能應萬物。」反過來說，宋代的術數理論，受到當時理學、佛道及宋易影響，認為心性本質上是等同天地之太極。天地萬物氣數規律，能通過內觀自心而有所感知，即是內心也已具備有術數的推演及預測、感知能力；相傳是邵雍所創之《梅花易數》，便是在這樣的背景下誕生。

《易．文言傳》已有「積善之家，必有餘慶；積不善之家，必有餘殃」之說，至漢代流行的災變說及讖緯說，我國數千年來都認為天災，異常天象（自然現象），皆與一國或一地的施政者失德有關；下至家族、個人之盛衰，也都與一族一人之德行修養有關。因此，我國術數中除了吉凶盛衰理數之外，人心的德行修養，也是趨吉避凶的一個關鍵因素。

術數與宗教、修道

在這種思想之下，我國術數不單只是附屬於巫術或宗教行為的方術，又往往是一種宗教的修煉手段－通過術數，以知陰陽，乃至合陰陽（道）。「其知道者，法於陰陽，和於術數。」例如，「奇門遁甲」術中，即分為「術奇門」與「法奇門」兩大類。「法奇門」中有大量道教中符籙、手印、存想、內煉的內容，是道教內丹外法的一種重要外法修煉體系。甚至在雷法一系的修煉上，亦大量應用了術數內容。此外，相術、堪輿術中也有修煉望氣（氣的形狀、顏色）的方法；堪輿家除了選擇陰陽宅之吉凶外，也有道教中選擇適合修道環境（法、財、侶、地中的地）的方法，以至通過堪輿術觀察天地山川陰陽之氣，亦成為領悟陰陽金丹大道的一途。

易學體系以外的術數與的少數民族的術數

我國術數中，也有不用或不全用易理作為其理論依據的，如揚雄的《太玄》、司馬光的《潛虛》。也有一些占卜法、雜術不屬於《易經》系統，不過對後世影響較少而已。

外來宗教及少數民族中也有不少雖受漢文化影響（如陰陽、五行、二十八宿等學說）但仍自成系統的術數，如古代的西夏、突厥、吐魯番等占卜及星占術，藏族中有多種藏傳佛教占卜術、苯教占卜術、擇吉術、推命術、相術等；北方少數民族有薩滿教占卜術；不少少數民族如水族、白族、布朗族、佤族、彝族、苗族等，皆有占雞（卦）草卜、雞蛋卜等術，納西族的占星術、占卜術，彝族畢摩的推命術、占卜術……等等，都是屬於《易經》體系以外的術數。相對上，外國傳入的術數以及其理論，對我國術數影響更大。

曆法、推步術與外來術數的影響

我國的術數與曆法的關係非常緊密。早期的術數中，很多是利用星宿或星宿組合的位置（如某星在某州或某宮某度）付予某種吉凶意義，并據之以推演，例如歲星（木星）、月將（某月太陽所躔之宮次）等。不過，由於不同的古代曆法推步的誤差及歲差的問題，若干年後，其術數所用之星辰的位置，已與真實星辰的位置不一樣了；此如歲星（木星），早期的曆法及術數以十二年為一周期（以應地支），與木星真實周期十一點八六年，每幾十年便錯一宮。後來術家又設一「太歲」的假想星體來解決，是歲星運行的相反，週期亦剛好是十二年。而術數中的神煞，很多即是根據太歲的位置而定。又如六壬術中的「月將」，原是立春節氣後太陽躔娵訾之次而稱作「登明亥將」，至宋代，因歲差的關係，要到雨水節氣後太陽才躔娵訾之次，當時沈括提出了修正，但明清時六壬術中「月將」仍然沿用宋代沈括修正的起法沒有再修正。

由於以真實星象周期的推步術是非常繁複，而且古代星象推步術本身亦有不少誤差，大多數術數除依曆書保留了太陽（節氣）、太陰（月相）的簡單宮次計算外，漸漸形成根據干支、日月等的各自起例，以起出其他具有不同含義的眾多假想星象及神煞系統。唐宋以後，我國絕大部份術數都主要沿用這一系統，也出現了不少完全脫離真實星象的術數，如《子平術》、《紫微斗數》、《鐵版神數》等。後來就連一些利用真實星辰位置的術數，如《七政四餘術》及選擇法中的《天星選擇》，也已與假想星象及神煞混合而使用了。

隨着古代外國曆（推步）、術數的傳入，如唐代傳入的印度曆法及術數，元代傳入的回回曆等，其中我國占星術便吸收了印度占星術中羅睺星、計都星等而形成四餘星，又通過阿拉伯占星術而吸收了其中來自希臘、巴比倫占星術的黃道十二宮、四元素學說（地、水、火、風），並與我國傳統的二十八宿、五行說、神煞系統並存而形成《七政四餘術》。此外，一些術數中的北斗星名，不用我國傳統的星名：天樞、天璇、天璣、天權、玉衡、開陽、搖光，而是使用來自印度梵文所譯的：貪狼、巨門、祿存、文曲，廉貞、武曲、破軍等，此明顯是受到唐代從印度傳入的曆法及占星術所影響。如星命術的《紫微斗數》及堪輿術的《撼龍經》等文獻中，其星皆用印度譯名。及至清初《時憲曆》，置閏之法則改用西法「定氣」。清代以後的術數，又作過不少的調整。

陰陽學——術數在古代、官方管理及外國的影響

術數在古代社會中一直扮演着一個非常重要的角色，影響層面不單只是某一階層、某一職業、某一年齡的人，而是上自帝王，下至普通百姓，從出生到死亡，不論是生活上的小事如洗髮、出行等，大事如建房、入伙、出兵等，從個人、家族以至國家，從天文、氣象、地理到人事、軍事，從民俗、學術到宗教，都離不開術數的應用。我國最晚在唐代開始，已把以上術數之學，稱作陰陽（學），行術數者稱陰陽人。（敦煌文書、斯四三二七唐《師師漫語話》：「以下說陰陽人謾語話」，此說法後來傳入日本，今日本人稱行術數者為「陰陽師」）。一直到了清末，欽天監中負責陰陽術數的官員中，以及民間術數之士，仍名陰陽生。

古代政府的中欽天監（司天監），除了負責天文、曆法、輿地之外，亦精通其他如星占、選擇、堪輿等術數，除在皇室人員及朝庭中應用外，也定期頒行日書、修定術數，使民間對於天文、日曆用事吉

凶及使用其他術數時，有所依從。

中國古代政府對官方及民間陰陽學及陰陽官員，從其內容、人員的選拔、培訓、認證、考核、律法監管等，都有制度。至明清兩代，其制度更為完善、嚴格。

宋代官學之中，課程中已有陰陽學及其考試的內容。（宋徽宗崇寧三年〔一一零四年〕崇寧算學令：「諸學生習……並曆算、三式、天文書。」，「諸試……三式即射覆及預占三日陰陽風雨。天文即預定一月或一季分野災祥，並以依經備草合問為通。」

金代司天臺，從民間「草澤人」（即民間習術數之士）考試選拔：「其試之制，以《宣明曆》試推步，及《婚書》、《地理新書》試合婚、安葬，並《易》筮法，六壬課、三命、五星之術。」（《金史》卷五十一・志第三十二・選舉一）

元代為進一步加強官方陰陽學對民間的影響、管理、控制及培育，除沿襲宋代、金代在司天監掌管陰陽學及中央的官學陰陽學課程之外，更在地方上增設陰陽學之課程（《元史・選舉志一》：「世祖至元二十八年夏六月始置諸路陰陽學。」）地方上也設陰陽學教授員，培育及管轄地方陰陽人。（《元史・選舉志一》：「（元仁宗）延祐初，令陰陽人依儒醫例，於路、府、州設教授員，凡陰陽人皆管轄之，而上屬於太史焉。」）自此，民間的陰陽術士（陰陽人），被納入官方的管轄之下。

至明清兩代，陰陽學制度更為完善。中央欽天監掌管陰陽學，明代地方縣設陰陽學正術，各州設陰陽學典術，各縣設陰陽學訓術。陰陽人從地方陰陽學肄業或被選拔出來後，再送到欽天監考試。（《大明會典》卷二二三：「凡天下府州縣舉到陰陽人堪任正術等官者，俱從吏部送（欽天監），考中，送回選用；不中者發回原籍為民，原保官吏治罪。」）清代大致沿用明制，凡陰陽術數之流，悉歸中央欽天監及地方陰陽官員管理、培訓、認證。至今尚有「紹興府陰陽印」、「東光縣陰陽學記」等明代銅印，及某某縣某某之清代陰陽執照等傳世。

清代欽天監漏刻科對官員要求甚為嚴格。《大清會典》「國子監」規定：「凡算學之教，設肄業生。滿洲十有二人，蒙古、漢軍各六人，於各旗官學內考取。漢十有二人，於舉人、貢監生童內考取。附學生二十四人，由欽天監選送。教以天文演算法諸書，五年學業有成，舉人引見以欽天監博士用，貢監生童以天文生補用。」學生在官學肄業、貢監生肄業或考得舉人後，經過了五年對天文、算法、陰陽學的學習，其中精通陰陽術數者，會送往漏刻科。而在欽天監供職的官員，《大清會典則例》「欽天監」規定：「本監官生三年考核一次，術業精通者，保題升用。不及者，停其升轉，再加學習。如能黽勉供職，即予開複。仍不及者，降職一等，再令學習三年，能習熟者，准予開複，仍不能者，黜退。」除定期考核以定其升用降職外，《大清律例》中對陰陽術士不準確的推斷（妄言禍福）是要治罪的。《大清律例．一七八．術七．妄言禍福》：「凡陰陽術士不許於大小文武官員之家妄言禍福，違者杖一百。其依經推算星命卜課，不在禁限。」大小文武官員延請的陰陽術士，自然是以欽天監漏刻科官員或地方陰陽官員為主。

官方陰陽學制度也影響鄰國如朝鮮、日本、越南等地，一直到了民國時期，鄰國仍然沿用着我國的多種術數。而我國的漢族術數，在古代甚至影響遍及西夏、突厥、吐蕃、阿拉伯、印度、東南亞諸國。

術數研究

術數在我國古代社會雖然影響深遠，「是傳統中國理念中的一門科學，從傳統的陰陽、五行、九宮、八卦、河圖、洛書等觀念作大自然的研究。……傳統中國的天文學、數學、煉丹術等，要到上世紀中葉始受世界學者肯定。可是，術數還未受到應得的注意。術數在傳統中國科技史、思想史，文化史、社會史，甚至軍事史都有一定的影響。……更進一步了解術數，我們將更能了解中國歷史的全貌。」（何丙郁《術數、天文與醫學中國科技史的新視野》，香港城市大學中國文化中心。）

可是術數至今一直不受正統學界所重視，加上術家藏秘自珍，又揚言天機不可洩漏，「（術數）乃吾國科學與哲學融貫而成一種學說，數千年來傳衍嬗變，或隱或現，全賴一二有心人為之繼續維繫，賴以不絕，其中確有學術上研究之價值，非徒癡人說夢，荒誕不經之謂也。其所以至今不能在科學中成立一種地位者，實有數困。蓋古代士大夫階級目醫卜星相為九流之學，多恥道之；而發明諸大師又故為惝恍迷離之辭，以待後人探索；間有一二賢者有所發明，亦秘莫如深，既恐洩天地之秘，復恐譏為旁門左道，始終不肯公開研究，成立一有系統說明之書籍，貽之後世。故居今日而欲研究此種學術，實一極困難之事。」（民國徐樂吾《子平真詮評註》，方重審序）

現存的術數古籍，除極少數是唐、宋、元的版本外，絕大多數是明、清兩代的版本。其內容也主要是明、清兩代流行的術數，唐宋以前的術數及其書籍，大部份均已失傳，只能從史料記載、出土文獻、敦煌遺書中稍窺一鱗半爪。

術數版本

坊間術數古籍版本，大多是晚清書坊之翻刻本及民國書賈之重排本，其中豕亥魚魯，或而任意增刪，往往文意全非，以至不能卒讀。現今不論是術數愛好者，還是民俗、史學、社會、文化、版本等學術研究者，要想得一常見術數書籍的善本、原版，已經非常困難，更遑論稿本、鈔本、孤本。在文獻不足及缺乏善本的情況下，要想對術數的源流、理法、及其影響，作全面深入的研究，幾不可能。

有見及此，本叢刊編校小組經多年努力及多方協助，在中國、韓國、日本等地區搜羅了一九四九年以前漢文為主的術數類善本、珍本、鈔本、孤本、稿本、批校本等數百種，精選出其中最佳版本，分別輯入兩個系列：

一、心一堂術數古籍珍本叢刊

二、心一堂術數古籍整理叢刊

前者以最新數碼技術清理、修復珍本原本的版面，更正明顯的錯訛，部份善本更以原色精印，務求更勝原本，以饗讀者。後者延請、稿約有關專家、學者，以善本、珍本等作底本，參以其他版本，進行審定、校勘、注釋，務求打造一最善版本，供現代人閱讀、理解、研究等之用。不過，限於編校小組的水平，版本選擇及考證、文字修正、提要內容等方面，恐有疏漏及舛誤之處，懇請方家不吝指正。

心一堂術數古籍 珍本 整理 叢刊編校小組

二零一三年九月修訂

中國歷代卜人傳提要

本書三十九卷、表一卷、索引一卷。自上古羲農、至民國初先賢、凡三千八百餘人。傳雖名曰卜人、實則舉孝友、廉吏、儒林、文苑、清士、高士、貧士、逸民、與夫鄉賢耆舊、疇人、印人、及列女方外等、於一帙。其所以冠伏羲、神農、軒轅、於卷首者。蓋謂其發宇宙之祕藏。先文武周孔而聖也。他不具論、觀於伏羲之始畫八卦、定天地之位、分陰陽之數、法乾坤、別男女、正姓氏、制嫁娶、而民始不瀆。神農之因地相時、制畝清畎、爲耜耒、教播穀、味草木、敎醫藥、而農事興、夭札無。軒轅之作衣裳、制文字、作內經、制貨幣、作井田、制兵法、權輕重、定民業。非惟爲後世兵農之祖。實肇萬古文明之化矣。至於人心惟危、道心惟微、惟精惟一、允厥執中。此十六字、乃堯命舜、舜命禹、固爲傳心之要典。湯之禱雨自責六事、曰、政不節歟、民失職歟、宮室崇歟、女謁盛歟、苞苴行歟、讒夫昌歟、尤爲治國之箴言。而況周之丹書有曰、敬勝怠者吉、怠勝敬者滅、義勝欲者從、欲勝義者凶、凡事不強則枉、弗敬則不正、枉者滅毀、敬者萬世。此數語、乃卜世卜年之大法。彌覺可貴。凡欲齊家治國者、首當知此。若再證以陰陽奇耦之數。進退存亡之理。未嘗不可 如子夏所云、雖小道必有可觀。然此惟善讀者、能得之耳。

冒序

中國卜筮之學、遠在倉頡造字之前。馴是而夏有連山、商有歸藏、周有周易。三代盛時、凡卜世、卜年、卜都、卜宅、大之出師命將、小之至於嫁女買妾、無不以卜決其疑、漢書藝文志有五行三十一家、六百五十二卷。蓍龜十五家、四百一卷。雜占十八家、三百一十三卷。而陰陽家又有于長天下忠臣九篇。班固曰、平陰人。近世師古曰、劉向別錄云、傳天下忠臣。尋劉向所言、則于長之書、後來史家傳記之祖也。顧孟堅何以入之陰陽、而不入之春秋、或小說。其後讀吳越春秋、越絕書諸書所載、有伍子胥、范蠡、文種等占驗之術。疑長書所傳、必爲伍子胥、范蠡、文種諸人。所采之術、必爲金匱玉門。及周禮占夢疏、所載黃帝天老事云、四月陽氣建於巳、破於亥。陰建於未、破於癸。國語周語、所載武王伐殷、歲在鶉火、月在天駟、日在析木之津、辰在斗柄、星在天黿。及讀淮南天文訓中所言、合午謀刑、合子謀德諸術、而皆散見他忠臣傳中也。惜其書不傳、傳則史記日者列傳、當不止司馬季主一人已也。鎮江袁君樹珊、儒而隱於卜肆。余嘗爲序其潤德堂叢書、及所撰命譜矣。頃采諸經史地志及名人撰述、凡關於方技藝術者、摘錄編次、自古來帝王聖賢儒林文苑、以至閨閣、得人三千有奇、成書三十八卷。覩于長之書、限於忠臣者、爲洋洋乎大觀也已。余嘗歎卜筮之學、專家無通人。通人無專家。顏氏家訓雜藝篇云、近世無復佳師、多不能中。且十中六七。以爲上手。粗知大義、又不委曲。又云、陰陽之術、與天地俱生。其吉凶德刑、不可不信。但去聖既遠、世傳術書、皆出流俗。言辭鄙淺、驗少妄多。如反支不行、竟以遇害。歸忌寄宿、不免凶終。拘而多忌。亦無益也。是之推但言世無佳師、而術書出之流俗耳。非謂吉凶德刑、爲不可信也。范蔚宗後漢書方術列傳云、仲尼稱易有君子之道四焉。曰卜筮者尙其占。占也者、先王所以定禍福、決嫌疑、幽贊於神明、遂知來物者也。金史宗望傳、大定十二年詔、自今宗室女有屬籍者、及官職三品者、除占問嫁娶修造葬事、不得推算相命。違者徒二年。重者從重。金世宗可謂廢除迷惑者矣。而其國祚乃不永長。此昧乎民可使由之義者也。晚近殷墟所出龜甲、皆卜筮文字。學者視爲拱璧。而於聖人精義入神之易、反唾棄之、此何異買其櫝而還其珠。寶其康瓠而棄其周鼎耶。袁君覃精此學、四十餘年。所著專書、不脛而走。此傳顏曰卜人而相命堪輿咸附、亦猶蔚宗所云、河洛之文、龜龍之圖、箕子之術、師曠之書、緯候之部、鈐決之符、皆所以探抽冥賾、參驗人區。其流又有風角遁甲、七政元氣、六日七分、逢占日者、

挺專須臾孤虛之術、及望雲省氣也。桓温謂入徒三十年讀儒書、不如一詣習鑿齒
袁君蓋今時之習鑿齒也。乙酉二月如臯冒廣生時年七十有三

朔望弦晦之物候

大戴禮記云、朱草日生一葉、至十五日生十五葉。十六日一葉落、終而復也。路史云、朱草者百草之精、狀如小桑、栽長三四尺、枝莖如珊瑚、生名山石巖之下、刺之如血、其葉生落隨月晦、亦如蓂莢之類耳。

呂氏春秋云、月也者、羣陰之本也。月望則蚌蛤實、羣陰盈、月晦則蚌蛤虛、羣陰虧。月形於天、而羣陰化於淵、

埤雅云、驢馬駒隨母行、有在前者、有與母竝者、有隨後者、此由生時不同。月初生者在前、月半生者處中、月末生者居後。

卞序

傳有之、卜以決疑、不疑何卜、卜之爲義大矣哉。其見諸五經者、在詩則爲卜云其吉、終焉允臧。在書則爲三人占、從二人之言。在易則爲聖人設卦、觀象繫辭焉、而明吉凶。在禮則爲卜師掌開方龜之四兆。在春秋則爲懿氏卜妻敬仲。他如漢書史記、及各類志所載、不可枚舉。數由天定。命有人異。明哲保身、俊傑識時、趨吉避凶、胥於是乎在。孔子罕言利、而與命與仁。與者許也。論語記孔子五十而知天命。孟子云、知命者不立乎巖牆之下。聖賢何嘗不言命。特僅言命以爲不過如此者、則自畫。未必能達者則自棄。作善降祥、作不善降殃。人力勝天之謂何。盡信書不如無書矣。今王君啓明、以鎮江袁君樹珊所著卜人傳自序見示。慨世道人心之不古、逞其奇技淫巧、黷武窮兵、人無噍類。冀以孝弟忠信、禮義廉恥、挽囘刧運。論斷透切、博覽羣籍、考證詳明、於以歎用心之深、取鑒之遠也。古之興亡、聽民聽神、準古酌今、是所望於有志之士。歲次乙酉八月眞州卞綍昌猨盦氏拜讀敬註時年七十有三。

阮序

民國歲次乙酉秋八月、余因事過京口、識袁樹珊先生於其寓廬。坐席未暖、言不逾晷、即欽爲有道之士。蓋其蘊於中者既厚且深、故其形於外者遂顯而著、所謂盎於背見於面不可以言語形容也。自是日相過從、所與言者皆身心性命之學、盈虛消長之理、言之有物、婉而多諷。於經史子集無不窺、於詞章典物無不備。勉爲謙抑自居小道、卑之不作高論、而與世間尋常卜人侈言禍福吉凶者、迥不可同日語。於余尤極有益、示我周行、喻以淡泊。余生平閱人亦非尠、其一見如故、直諒多聞、未有逾於樹珊者、謂非有道之士乎哉。樹珊既著有命理探原、六壬探原、選吉探原、述卜筮星相學、暨命譜諸書、殆本言不出位之旨、以啓後人法乳、心源亦爲天下後世寒士之衣鉢計耳、其用心可謂厚矣。若謂爲著述而著述、則猶淺之乎視樹珊也。今樹珊閉門却掃、亦既有年、惟日孜孜、博極羣書、手輯卜人傳一書、上自古聖先賢帝王卿相、下至士農工商販夫走卒、凡言命言卜以及與卜筮有關、一技之長者、胥羅列而網致之。由羲農迄近代、都三千餘人。其間嘉言懿行、遺聞軼事、無不備載、闡潛發幽、厥業至偉、誠鉅製也。抑樹珊所以發願爲此鉅製者、實以叔世淺薄者流、一孔之見、斥斯學爲迷信、若六經所言、歷史諸傳、舉可删者、樹珊憂之、欲人曉然於聖賢治理、一本天道、庶人身心繫於性命、所以昭示來茲、痛下針砭也。若謂爲著述而著述、不更淺之乎視樹珊耶。余嘗贈句云、天人通竅奧。今古有心源。證之於此、而益信焉。嗚呼、樹珊既傳古今之卜人矣、則是書中之佳傳、皆樹珊之自傳也。樹珊自茲傳矣、倘奚待後人爲樹珊作佳傳哉。吾爲此言、樹珊其亦頷而許之耶。至樹珊待人接物、勸孝勸忠、言信言義、其有裨於世道人心者、徵於所著諸書、無待贅言。嗚呼、謂非有道之士乎哉。余故序其卜人傳、而並及其生平如此。

民國紀元三十有四年秋九月淮安陶盦甫阮毓麒拜序

歲有四時之物候

徐鉉圖經本草云、象膽隨四時。春在前左足。夏在前右足。秋後左足。冬後右足也。淳化中一象春斃、太宗命取膽不獲、鉉以此對、果得於前左足。

陳序

歲在丁丑之夏、邊愁橫大江、鹽興之役垂半載、而塋兆未卜。手郭景純葬經自炫者、何嘗不戶限爲穿、披榛莽、踏遍京郊、以求一穴之吉。然而門戶不同、衆說紛紜、客各有所見、言各有所私、主人亦各有所拘忌、日月荏苒、遲疑難決、即余亦勸力着屐看遍山花之一人。於是乎楊耿光君杰、乃慨然以鎭江袁樹珊先生進。先生果不辭繭足、得地於秣陵鳳凰村、厥名甚佳、吉壤斯定。余周旋其間、用是識袁先生。袁先生弱冠、即賣卜京口、及今四十餘年、言無不中、蜚聲江表、婦孺能識其姓名。周官卜人之職、日者龜筴之傳、靡所不窺。而術語未發、必先與人父言慈、與人子言孝、尤足見其載道之大。青烏小術、特其緒餘耳。余每與風檐接席、偶聞其莊言正論、並可以銘諸座右。息闢誣邪、又嘗斥資於里門、購置圖書、興辦學校、其制行之足多。亦爲社會有益有用之人。若僅以許負、唐舉、嚴君平輩目之、實淺之乎測袁先生矣。余既讀所持贈早年撰著之命理探源、暨述卜筮星相學二書、已雅敬其學術之粹、用力之勤、其書早傳播人海、鏤版再三、允能牖啓後學、沾溉術士。故余於丁丑夏、與先生握手言別、曾詠四絕句贈之。丙戌四月、復晤於都門、十年故舊、白頭話雨。先生更以新著卜人傳稿本見示、並囑序焉。藏山事業、老而彌篤。其著書本旨、立說大義、具載所爲自序及後序文中、言之詳矣。余雖欲有說、在含意未申之頃、忽檢王仲任論衡卜筮篇、重按之、遂覺余所欲言、古人之口已先余言之、固不必竊取其意、亦勿煩引伸其說。惟先生是書、纂輯甚富、搜採甚宏、全編彙集約三千八百餘人、吾滇南一隅、收取卜者姓名、多至五十餘人、皆錄自典籍、確有依據。且云尚正在繼續博訪中、此則向來江左名人大著作、即不拋棄蠻荒、從未有如先生之廣大者。皇皇鉅編、是豈江湖鬻技者流、小利於南徐歟浦、與夫齷齪俗儒、妄窺述作之林者、所得與先生聯轡而競窒皇之駕哉。嗟乎、銀蒜山碧、豈無失路之英雄。北固江清、且待收帆之客子、千古鑽龜揲蓍之舊文、雖聖賢不諱言、哲人不偏廢、所有佐王業而翊霸功、覓錙銖而挂杖頭者、得先生投袂高睨、坐擁而收之、此書一出、豈非有功於卜人耶、先生亦自此傳矣。丙戌五月鄰袁老人陳歗湖

歲有十二月之物候

李時珍本草綱目云、諸畜肝數皆定。惟獺肝一月一葉。十二月則十二葉。

洪序

周易繫辭云。聖人設卦觀象。繫辭焉而明吉凶。剛柔相推而生變化。是故君子居則觀其象而玩其辭。動則觀其變而玩其占。是以自天佑之。吉無不利。自三代以還。大則國家政事。小而私人出處。其見於經傳者。往往卜之奇中。研尋其理。雖於近代科學中尚不能得所印證。但衡以歷代哲人身心性命之學。則多吻合。是其中固有精微之旨。惜未能廣大闡明。發人深省。致其學不彰。而人皆以玄渺目之。袁先生樹珊覃精墳典。廣稽邱索。編次爲歷代卜人傳。洵盛事也。如皐冒先生等。既序其耑。爲論甚備。殺青有日。又以其藁問序於余、余識先生久。而又知先生明道濟世之用心。不僅以卜決疑。更將發皇斯學。以釋世人對卜筮之疑。使其學歸於平淡。爲人所易曉。與俗之玄祕自守者。大相逕庭焉。今讀袁先生斯編。益知古代卜筮之士。或宦於朝。或隱於肆。其事跡多見於正史。絕非神奇不測。如稗官之所言。是其人大都讀書學道有得。世故人情。諳之爛熟。鑑古觀今。歸納演繹。則至誠前知。或非無因也。且忠孝仁愛信義和平。爲吾國固有之美德。立身處世。尤尙撝謙。周易謙卦、六爻皆吉。謙謙君子。卑以自牧。故曰、鬼神害淫而福謙。所以垂誡者深矣。數千年來維繫社會秩序人心。所關實鉅。先生論卜之時。與人父言慈。與人子言孝。猶可見賢者之用心。至其書採輯考證。至爲精詳。尤足供研究文史之助。博雅君子。當有與先生同好者。故樂爲之序。而卜其傳焉。

中華民國三十六年十月十日洪蘭友拜序

曾文正云。古來聖哲名儒之所以彪炳宇宙者。無非由於文學、事功。然文學、資質居其七分。人力不過三分。事功則運氣居其七分。人力不過三分。念不知命、不知禮、不知言、三者。論語以殿全篇之末。良有深意。若知斯三者。而益之以孟子取人爲善。與人爲善之義。則將庶可爲完人矣。

自序一

考周禮春官。大卜下大夫二人。卜師上士四人。卜人中士八人。下士十有六人。府二人。史二人。胥四人。徒四十人。疏云、大卜有卜師及卜人皆士官。而卜人無別職者、以其助太卜卜師行事故也。由是觀之、卜人之名稱、其淵源固遠。卜人之地位、亦不同尋常。太史公作日者列傳、述司馬季主之言、曰卜者必法天地。象四時。順於仁義。分策定卦。旋式正棋。然後言天地之利害。事之成敗。嗚呼、何其議論之偉哉。及檢閱廿四史方技藝術。班班具載。且與儒林文苑、等量齊觀。豈非以卜筮之學。散布於六經。而周易繫辭、說卦、且爲孔子所手定乎。卜筮之占席於吾國之歷史也如此。及檢閱四庫提要傳記類、有孝友傳、廉吏傳、逸民傳、又有淸士高士貧士、及鄉賢耆舊古列女等傳。其他又有疇人傳、印人傳、少者數十人、多亦不過三百餘人。莫不傳之卓卓、而卜人傳獨付闕如。是不得不謂爲文獻中之一大遺憾也。阜爲此不揣譾陋、謀食之餘、輒將歷代史傳、有淸一統志、及各省府廳州縣志、並圖書集成藝術典、約略披覽、摘錄編次。凡與卜人有關、專精者、兼習者、都共三千餘人。其中孝友、廉吏、逸民、淸士、高士、貧士、與夫鄉賢耆舊古列女及命婦名媛等、統列於册內。惟大聖大賢、及歷朝帝王、特尊居於卷首。此豈止方技藝術而已哉。或曰、書名卜人、今拉雜若此、毋乃名實相悖乎。曰有先例焉。昔彭蘊璨之畫史彙傳、上自黃帝名臣、下及閨秀僧道、雖不鬻畫自給、但能揮染寄情者、莫不具載。石琢堂殿撰、稱之為廣搜博采、未聞以拉雜病之。而況子雲有云、通天地人謂之儒、語有云、一物不知、儒者之恥。世未有不讀儒書、而能稱為名流傑士者。名流傑士、既讀儒書矣、即未有不讀周易者。既讀周易、即未有不知理數者。理數既明、則天地陰陽、化生萬物、與夫謙益滿損、剛中柔外之義、固可了然於胸中。至大而家國興衰、小而人事安危、亦必洞若觀火。又豈止明方技、精藝術、善卜筮、識星相、知進退存亡、吉凶悔吝而已乎。他不具論、觀於孔子之晚而學易、韋編三絕。又嘗曰、不恆其德、或稱之羞、不占而已矣。是可知儒與卜通。殊途而同歸、何名實相悖之有哉。阜所恨者、家鮮藏書、未能博考、草草完成。編摩少暇、掛一漏萬。不能免於識者之譏。彈惟冀海內大雅、賜以糾補、不獨阜獲直諒之益、增炳燭之明、其諸地下先哲、亦當冥感於無窮也夫。丁亥暮春戊寅日鎮江袁阜樹珊謹識時年六十有七

自序二

卜人傳彙輓寫定、客有謂古之卜者、鑽龜視縱橫。揲蓍觀奇耦而已。今子以天文地理、命相諏吉甚至相字相物、一概列之毋乃不可乎。余曰天有日月星辰。地有山川原隰。命有旺相休囚。相有修短肥瘠。日有剛柔終始。或論其氣。或論其質。悉本陰陽五行。與鑽龜縱橫、揲蓍奇耦、同爲顯著。陸龜蒙笠澤叢書雜說云、季札以樂卜。趙孟以詩卜。襄仲歸父以言卜。子游子夏以威儀卜。沈尹戌以政卜。孔成子以禮卜。其應也如響。無他。圖在精誠而已。不精誠者、不能自卜。況吉凶他人乎。蓋樂有六律。詩有五音。言有順逆。威儀有當否。政有治亂。禮有尊卑。此亦不過察其陰陽消息盈虛、決其吉凶。而況今人有以意預測後事、亦曰卜者。如語云、定卜何如、未卜何如、安在卜之定限於鑽龜與揲蓍哉。客又曰、子夏云、雖小道必有可觀者焉。致遠恐泥。是以君子不爲也。朱註謂小道爲農圃醫卜之屬。今卜人傳具載聖賢帝王名臣高士。得毋近於僭妄乎。曰此皆本之六經諸史、可以復按。非臆說者。且李顒所著四書反身錄云、農圃所以資生。醫以寄生死。卜以決嫌疑、定猶豫。未可目爲小道、亦且不可言觀。在當時不知小道何所指、在今日詩文字畫皆是也。爲之而工者、心悅神怡、擊節稱賞、其實內無益於身心、外無補於世道、致遠恐泥、是以有道君子不爲也。然則醫卜之術、亦何辱於聖賢帝王、名臣高士乎。客又曰、當今之世、科學昌明、優勝劣敗、弱肉強食、而子乃嘵嘵談卜、其如潮流何。余曰、惟其如此、世界益紛擾、人心益險詐、干戈鼎沸、滅亡堪虞。安得有司馬季主言而鬼神或以享、忠臣以事其上、孝子以養其親、慈父以畜其子。又安得有嚴君平與臣言忠、與父言慈、與子言孝。及謝疊山賣卜橋亭、嶔奇全節。使天下之人、咸曉然於義利禮讓之途、上能愛國、下能保家、豈不懿歟。西士穆尼閣精於星算、著天步眞原、預測人事吉凶、東士高島嘉右衛門、亦著高島易斷、推崇我國羲皇堯舜之道、闡明進退存亡之理、惜其說未能普徧昌明、以致近日東西兩半球、俱慘罹兵革屠戮之禍。皐欲與海內憂深思遠之君子、共挽狂瀾、潛消覆轍、俾世界各國、得享和平之福、豈祇證明卜學爲上古迄今流傳不墜之技藝耶。客既退、遂復綴斯語於此、末冀讀者或諒余之苦心孤詣云爾。袁皐又識

近據美國著名命相家約翰囂克卜倫特宣稱、美國現有職業命相家八萬人。計其每年收獲、共達二萬萬美元。可見卜學爲當今學者所公認。詳見本書卷末西洋附錄樹珊贅言。

○敬題　家大人卜人傳自序後

壬午暑假日長課簡。家大人以手編歷代卜人傳、詔示德誠、命爲詳校、並命補編無多事實之卜人姓名表、及省縣地名、稍加附註生僻之字、略釋音義、以便觀覽。德誠賦性顓愚、未嘗學問、驟覩煌煌大集、但唯唯而已、究不解　家大人十數年來、勞精疲神、何所爲而作此書也。及反復細繹之、始知羲農黃帝、唐虞夏商、文王孔子、畫八卦、分五行、法乾坤、辨陰陽、別男女、定尊卑、明天人之理、識治亂之原、正君臣父子夫婦之義。又復推列三光、建分八節、以文應氣、凡二十四、消息禍福、以制吉凶、垂範億年、海宇承流、遞相推衍、遂有風角遁甲、七政元氣、六日七分、逢占日者、挺專孤虛、及望雲省氣、太乙六壬、星相堪輿之術、豈止卜筮尚占已哉。遠者如周初之卜世卜年、卜都卜宅、及金縢穆卜、姑置不論、若太公望、史蘇、范蠡之卜筮。姑布子卿、尉繚子、唐舉之相人。盧生之亡秦者胡、南公之楚雖三戶、亡秦必楚、樗里子之後百年、當有天子之宮夾我墓云云。事跡昭著、班班可考、此皆占候堪輿之權輿也。迨及漢晉、張子房良董仲舒東方曼倩朔焦延壽贛翼少君奉京君明房揚子雲雄劉子政向劉子駿歆班孟堅固王仲任充馬季長融鄭康成玄郭景純璞左太冲思張茂先華俱有撰述。有言陰陽五行、消息盈虛者。有言天文術數卜筮星相者、大抵皆本於易物生有象、象生有數、乘除推闡、務究造化之源。降及唐宋李常容虛中徐子平居易袁天綱李淳風楊叔茂筠松曾文辿陳圖南摶。邵堯夫雍李挺之之才司馬君實光博稽詳考、不憚其煩卜筮星相之學、益多發明。宋之周茂叔敦頤謂爲無極而太極。太極動而生陽、靜而生陰。又謂惟人也得其秀而最靈形既生矣神發知矣五性感動而善惡分、萬事出矣。程伯淳顥謂作易者自天地幽明、至於昆蟲草木之微、無一不合。又謂知命者達理也受命者得其應也。天之應若影響然。自淺狹之所見、則謂其有差矣。又謂西北與東南人•材不同、氣之厚薄異也。或問命與遇、異乎。顥曰遇不遇、卽命也。曰長平死者四十萬、其命齊乎。顥曰、遇白起則命也。有如四海九州之人同日而死者。則亦常事爾、世之人以爲是駭然耳、所見少也。程正叔頤謂易有聖人之道四焉。以言者尚其辭、以動者尚其變、以制器者尚其象、以卜筮者尚其占。吉凶消長之理、進退存亡之道、備於辭。推辭考卦、可以知變、象與占在其中矣。朱元晦熹答生徒問云、數只是算氣之節候、大率只是一箇氣、陰陽播而爲五行、五行中各有陰陽年月日時、無有非五行之氣。甲乙丙丁、又屬陰屬陽、只是二五之氣、人之生適遇其氣、有得清者、有得濁者、貴賤壽夭皆然、故有參差不齊如此。張子厚載、喜談命、其學以易爲宗。卜筮星相之學、得周程朱張四夫子而暢論之、其理愈顯、其學益傳。是以趙則平普洪景盧邁沈存中括儲文卿泳徐東齋升呂聖功蒙正王伯厚應麟、輩莫不知人論世、各擅專長。至元明之王志道逵陶九成宗儀、朱彥修震亨劉伯溫基戚元敬繼光著爲鴻編、尤多卓解。清之聖祖、御定星歷考原與選擇通書、一體頒行。又特召陳苞雯雲鳳鍾式林之模王振聲蘭生劉石渠璐胡滄曉煦分纂奇門六壬命書、及卜筮精蘊、卜筮彙義等書。高宗又復欽定協紀辨方書、載明宜忌用事、發揮四時五行、生尅衰旺之理。於百姓事事欲其趨利而遠害、無微不至矣。有清一代、精斯學者、有貴如狀元、官禮部尚書大學士、武進呂長音宮歸安姚秋農文田、有貴如探花、官翰林院編修御史侍郎、甘泉謝夢漁增順德李仲約文田瑞安孫紹周希旦、其他鴻博之士、爲海內所宗仰、如黃太沖宗羲毛大可奇齡張皐聞惠言惠定宇棟戴愼修震陶企大成吳及之鼒等、其所撰著、均爲清史稾載入藝文術數類。至於古今之究心斯學、裨益於國家者、東漢之公文義沙穆襄公鉅楷、晉之陳道元 訓 干令升 寶、唐之桑道茂賈敦詩 耽、宋之徐希顏 復 邱道源 濬、元之田正卿 忠良 陳梅湖、明之李必達、皇甫仲和、清之李晉卿 光地 劉樸笙 之鏞 是也。若夫身膺重任、而非賣卜、對此學術、具有深切探討者、清孝感熊靑岳 賜履 海甯陳叔大 詵 溧陽史胄司 夔 開化戴金溪 敦元 嘉定錢辛楣 大昕 長洲嵇尙佐 璜 仁和錢叔雅 林、湘鄉曾滌生 國藩 無錫薛叔耘 福成 是也。又有始而賣卜、繼而服官、有非常人所及知者、有蘇季子 秦 翟子超 酺 蔡伯喈 邕 鄖仲綏 宗 金梁鳳、展鍾秀 毓 金忠是也。又有品節清高、胸襟磊落、寗饑寒而樂道、視富貴如浮雲者、如姜伯淮 肱 范史雲 丹 武攸緒 謝疊山 枋得 何了翁 時 姚元仲 世勳 黃公乾 鍾選 應嗣寅 攜謙 王仲攜 正中 劉德白 公言 陸履常 坦 張三明 翼星 蔣用崇 垣 是也。更有誠孝養親、尙義救主、拾金不昧、散財濟貧、而樂於賣卜者、尤爲人所難能、折伯式 像 王成張福同 可壽 趙松泉 良、王世英 奇 毛正儒 志道 袁丹邱 學孔 秦書隱 士鑰 丁韻堂 詩 陸文曾 鈞 周立璜是也。夫賣卜爲業、世人每賤簡之、觀於以上諸先賢之行藏、不苟取與、有方、吾知賈誼宋忠復生、亦必見之伏軾低頭、不能出氣、而況清之王猷賣卜、董督師聘參戎機、竟能削平寇亂、程省賣卜某商人感言息訟、居然營業復興。卽小見大、此亦未嘗無補於國家社會者也。善夫前漢季主賣卜、其旨在言而鬼神或以享忠臣以事其上、孝子以養其親、慈父以畜其子。東漢君平賣卜、其旨在與人子言依於孝、與人弟言依於順與人臣言依於忠、各因勢導之以善。意美學純功溥效廣非惟祛邪弭亂、直可勵俗移風。孔子曰雖小道、必有可觀者、良有以也。德誠敬讀一過乃恍然於 家大人之苦心孤詣、孳孳不倦者、蓋欲綿斯學於不墜、而觴望後賢之興起也。何子貞太史紹基有句云、述者須知作者意。前人還賴後人傳。德誠不敏、用是恪遵 家大人之命、參考類書字書、謹將省縣地名、及生僻之字、附註音釋、並將未列傳之卜人姓名。列表補編。第恐手爪粗疎、匆匆檢錄、舛誤挂漏在所不免、博雅君子、幸糾正焉。編校訖。 家大人以德誠所言有一穴之明、命錄出以附於序後。德誠薰沐謹識。

次兒德誠粗明家學、命之襄助編校。其所言頗可爲提挈綱要之用。且足補例言所不及。故附於鄙人自序之後。若云父子互相標榜。皐雖汚下。尙不敢出此。袁皐識。

致上海特別市市政府陳市長書

□□市長先生鈞鑒、久仰德輝、末由請命。敬維力任艱鉅、口嘗苦辛。展知新溫故之才、建利國福民之業。此固薄海人民所共愛戴、而珊側居治下、叨受帡幪、尤爲欽感。徒以雲泥分隔、未敢尺素妄投。茲因兔死狐悲、不禁心酸膽怯。近閱報章載有本市財政局取締迷信事業物品捐徵收處公告一則、珊意謂此不過徵收香燭錫箔捐耳。近聞有指星卜爲迷信事業、亦必須徵百分之十、又必須價購牌照、否則將禁其自由營業云云。珊賣卜養親、垂四十餘載。近年避地滬江、差幸兒輩成立、饘粥有資。是以埋頭纂述、不彈舊調久矣。夫以不彈舊調之人、而亦顧慮購照徵捐之事、豈非至愚。然心所爲危、難安緘默。人類互助、賢者宜然。而況此非較量當局擬收錙銖之財用、實欲爲我國國學保存告朔之餼羊、並爲我國有志之寒士、乞留一綫之生機。何則、上古伏羲、畫八卦、造書契、制嫁娶、教佃漁。文王衍卦辭、周公作爻辭。孔子撰十翼。無非言理言數、言天地陰陽盈虛消長、言謙益滿損、進退存亡、至於君臣、父子、夫婦、兄弟、朋友、吉凶悔吝之義、言之尤爲綦詳。此乃治國齊家、聖聖相傳之要道、非迷信也。觀於前漢之高祖識相、知劉濞必反。三國之吳範明數、事孫權封侯。晉之陳道元善風角、早卜孫皓敗亡。隋之盧太翼知占候、預言黎陽兵氣。唐之李嗣眞、精研陰陽推算大行風化。宋之仁宗帝、御製洪範政鑑頒賜羣臣。遼之王白精卜筮軍符節度。金之杜時昇知世亂、嵩洛隱居。元之李國用識趙松雪於微時。明之劉伯溫輔朱元璋成大業。清之聖祖高宗、一製星歷考原、一製協紀辨方、趨吉避凶、利民前用此皆裨益國家人民之明證。其爲非迷信可知。他如司馬季主、嚴君平、管公明、扈謙、侯生、韓凝理、謝疊山、郝大通、陳梅湖、劉興漢、武纂等、要皆與父言慈、與子言孝、樂成人之美、不成人之惡、是以名垂竹帛、譽溢古今、更不得謂爲迷信。今之海上星卜家、大都學識粗疏、衣食缺乏、若以前賢較之、直是泰山培塿、豈止龍蛇各別已哉。然夷考彼輩學識雖粗疏、宗旨尙純正、衣食雖缺乏、品行尙清高。假使如今之財政局之公告、加以取締迷信之徽號、復從而敲其骨、吸其髓、其始也不過使海上星卜寒士舉家閉門餓斃。其繼也我國二十八省之理財長官。以爲有例可援、攫取極便、必尤而效之、則我國二十八省之星卜寒士、勢必同歸於盡。豈獨告朔之餼羊、不能保存、卽我國有志寒士、一綫生機、亦將自此斷送無餘矣。秦始皇焚詩書百家言、人皆以爲虐政、然以周易爲卜筮書而獨存。今之財政局、恐未必能明斯旨、爲此不辭狂瞽、瀆陳高明、倘荷憐憫而矜全之、卽懇令飭該局查明具覆。若傳聞屬實、務求我公發政施仁、迅采范文正公一筆鈎之法、免致今日一路哭而變爲他年一國哭、則幸甚幸甚。臨穎悚惶、還希亮宥、專肅敬請耆安、治晚袁樹珊九頓首　年　月　日

後漢書方術傳　　宋宣城太守范曄撰

仲尼稱易有君子之道四焉。曰卜筮者尙其占。占也者、先王所以定禍福、決嫌疑、幽贊於神明、遂知來物者也。若夫陰陽推步之學、往往見於墳記矣。至乃河洛之文、龜龍之圖、箕子之術、師曠之書、緯候之部、鈐決之符、皆所以探抽冥賾、參驗人區、時有可聞者焉。其流又有風角、遁甲、七政、元氣、六日七分、逢占、日者、挺專、須臾、孤虛之術、及望雲省氣、推處妖祥、時亦有以效于事也。

中國歷代卜人傳例言

一本書定名爲中國歷代卜人傳。故所載自上古羲農以下。迄於民國初諸先賢。大都對於陰陽術數卜筮星相多所發明。或具特長。或大聖大賢。忠孝節義。儒林文苑。隱士方外。兼研此術。惟以見諸國史方志及諸家雜著者爲限。原文間有删節。並無褒貶。每傳之末。必註所據某書。或參某書。以便檢考。間有關於論學記事之語。亦附錄於後。俾後來俊彥。知古今聖哲名儒。每多從事於此。庶幾起其向慕之心。

一清阮元疇人傳。專取步算一家。其以占驗吉凶。及太乙遁甲。卦氣風角之流。涉於內學者。一概不收。然按諸其書正編。二百四十二人。附錄二十八人。既明步算。又明占驗者。竟有五十七人。羅士琳續編三十一人。附錄十二人。明占驗者固有二人。諸可寶三編六十四人。附錄四十六人。明占驗者。又有十人。觀其所載諸述齋、避地崇明縣。鄉居授徒。以訓詁曆算爲之𥹋。又爲人卜筮相地。有酬錢若米者。受之自給。又王貞儀女士。於學無不聞。夜坐觀天星。言晴雨豐歉。輒驗。尤精壬遁云云。具見明步算者。多明占驗。本書祇言卜筮占驗。不涉步算。故與疇人傳旨趣不同云。

一本書體例。略仿明過庭訓分省人物考。除羲農至聖及帝王。列之卷首。以示尊崇外。其他先賢各傳。皆以省縣區分。而一縣之中。悉以時代爲先後。查清一統志以直隸、大興、宛平、兩縣爲京城。自直隸、盛京、至蒙古新疆。僅分二十四省。民國以江蘇之南京市爲國都。共爲二十八省。卽江蘇、浙江、安徽、江西、湖北、湖南、四川、西康、河北、山東、山西、河南、陜西、甘肅、青海、福建、廣東、廣西、雲南、貴州、遼甯、吉林、黑龍江、熱河、察哈爾、綏遠、甯夏、新疆是也。所以本書編次。謹遵　國制。首列　國都南京市。及江蘇省會。而以新疆省會殿焉。惟黑龍江、綏遠兩省志書較少。記載闕如。就行政區域表錄之。以省分縣。共一千四百有七。而　阜所采僅過半數。遺憾殊多。若天假以年。北上燕京。當再謀補續。

一本書所載各傳。或具敍事實。或載其著述。都凡三千餘人。其間亦有一藝片長。無事實著述之表現。然不忍湮沒其名者。亦數百人。雖不列傳。仍命　次男　德誠以省縣區分。記其姓名。列表於後。以示表彰潛德。並寓策勵後進之意。

一各縣名稱。沿革不同。舊有新無。新有舊無者。比比皆是。特命　次男　德誠。檢查清一

統志。歷代地理沿革表。歷代地理韻編。並參以地名辭典。擇要補註。卽列傳中較爲生僻之字。亦據字書音釋。以期便覽

一本書起年戊辰八月。至丙戌二月。始告成。其所以遷延若是者。因寒家所藏志書甚少。僅憑二十四史。圖書集成藝術典。斷難完備。無已乃函致北平圖書館袁守和先生同禮。商量食宿問題。以便親詣該館鈔閱。辱蒙惠書許可。欣慰異常。徒以俗冗蝟集。欲行又止者數年。及至丁丑事變。避地滬江。無心及此。忽於辛巳初夏。得陳君東生。胡君毓寅。謝君志英。先後介紹。謁見鴻英圖書館沈信卿館長恩孚。南洋圖書館王培孫館長植善。始得多數省志。及多數府廳州縣方志。寓目惟鈔寫不易。幸陳君東生。不憚煩勞。爲我揮汗。嚴君名揚。方君德修、多方指導。而毛君雲路。王君芷屏。亦有所協助。繼又蒙傅東華先生。囑東生偕余往中華圖書館。借觀各志。以補二館所不足者。於是取材略豐。遂於每日謀食之暇。整理編次。今乃勉強蒇事。茲特書此經過。以誌謝忱。並示不忘所自云。

一本書所載各傳。取材正史者十僅二三。取材方志者十至七八。且詳於淸人。而略於前代。疎略之處。無可諱言。倘荷　海內賢達。復將正史各傳一統志名宦人物

各類。及本書末引之方志。與諸家雜著。凡有關於卜人者。續著補充。尙友闡幽。亦是樂事。此又皐之企幸者已。

格物致知十事

劉伯溫郁離子云、天地之呼吸、吾於潮汐見之。禍福之素定、吾於夢寐之先兆見之。同聲之相應、吾於琴之弦見之。同氣之相求、吾於鐵與磁石見之。鬼神之變化、吾於雷電見之。陰陽五行之消息、人命繫其吉凶、吾於介鱗之於月見之。祭祀之非虛文、吾於豺獺見之。天樞之中、吾於子午之針見之。巫祝之理不無、吾於吹蠱見之。三辰六氣之變、有占而必驗、吾於人之脉色見之。觀其著以知微、察其顯而知隱、此格物致知之要道也。不研其情、不索其故、梏於耳目而止、非知天人者矣。

徵引書目　九百廿八種

易經　周易易解　書經　左傳　國語　史記
前漢書　後漢書　三國志　晉書　宋書　南齊書
梁書　陳書　魏書　北齊書　周書　隋書
南史　北史　唐書　舊唐書　五代史　舊五代史
宋史　遼史　金史　元史　明史　清史稿
路史　綱鑑易知　通鑑類纂　紀元考　明一統志　清一統志
江南通志　浙江通志　安徽通志　江西通志　湖北通志　湖廣通志
湖南通志　四川通志　畿輔通志　山東通志　山西通志　河南通志
陝西通志　甘肅通志　福建通志　福建續志　廣東通志　廣西通志
雲南通志　貴州通志　盛京通志　全遼志　吉林通志　河北通志
口北廳志　朔方道志　新疆圖志　江甯府志　松江府志　蘇州府志
淮安府志　揚州府志　杭州府志　嘉興府志　湖州府志　會稽志
紹興府志　台州府志　處州府志　泰順分疆錄　廬州府志　太平府志
徽州府志　甯國府志　鳳陽府志　潁州府志　南昌府志　建昌府志
撫州府志　邵武府志　廣信府志　贛州府志　袁州府志　臨江府志

歷代卜人傳 徵引書目 二

瑞州府志 南安府志 九江府志 南康府志 饒州府志 黃州府志
德安府志 襄陽府志 鄖陽府志 宜昌府志 長沙府志 寶慶府志
常德府志 衡州府志 辰州府志 廣平府志 潼川府志 順天府志
永平府志 濟南府志 武定府志 青州府志 沂州府志 齊乘
澤州府志 衞輝府志 陳州府志 懷慶府志 河南府志 南陽府志
汝南府志 汝甯府志 同州府志 同州續志 鳳翔府志 甘州府志
福州府志 福甯府志 興化府志 泉州府志 汀州府志 延平府志
廣州府志 惠州府志 潮州府志 師範滇繫 滇南雜志 大理府志
貴陽府志 遵義府志 遵義續志 漳州府志 黎平府志 銅仁府志
思南府志 安順府志 漳州府志 承德府志 宣化府志 丹徒縣志
丹徒摭餘 上江縣合志 溧水縣志 六合縣志 丹陽縣志 金壇縣志
溧陽縣志 上海縣志 婁縣志 青浦縣志 奉賢縣志 金山縣志
太倉州志 嘉定縣志 寶山縣志 崇明縣志 吳縣志 常熟縣志
常昭縣合志 吳江縣志 武陽縣合志 宜荆縣合志 錫金縣合志 江陰縣志
靖江縣志 通州志 如皋縣志 如皋續志 興化縣志 興化續志
淸河縣志 山陽縣志 泗陽縣志 桃源縣志 阜甯縣志 鹽城縣志
江都縣志 儀徵縣志 東臺縣志 泰州志 高郵州志 寶應縣志

銅山縣志 沛縣志 睢甯縣志 海州志 贛榆縣志 海甯州志
富陽縣志 餘杭縣志 臨安縣志 新登縣志 嘉興縣志 海鹽縣志
石門縣志 平湖縣志 桐鄉縣志 長興縣志 德淸縣志 蕭山縣志
餘姚縣志 上虞縣志 新昌縣志 天台縣志 甯海縣志 太平縣志
西安縣志 龍游縣志 常山縣志 開化縣志 金華縣志 蘭谿縣志
東陽縣志 浦江縣志 建德縣志 遂安縣志 永嘉縣志 縉雲縣志
龍泉縣志 懷甯縣志 宿松縣志 太湖縣志 潛山縣志 合肥縣志
舒城縣志 巢縣志 當塗縣志 歙縣志 黟縣志 休甯縣志
祁門縣志 宣城縣志 南陵縣志 涇縣志 貴池縣志 建德縣志
鳳陽縣志 鳳臺縣志 壽州志 宿州志 太和縣志 渦陽縣志
五河縣志 盱眙志稿 天長縣志 滁州志 全椒縣志 來安縣志
新建縣志 豐城縣志 進賢縣志 新城縣志 南豐縣志 瀘溪縣志
光澤縣志 金谿縣志 崇仁縣志 玉山縣志 弋陽縣志 貴溪縣志
廣豐縣志 興安縣志 廬陵縣志 宜春縣志 泰和縣志 吉水縣志
永豐縣志 安福縣志 萬安縣志 永興縣志 蓮花廳志 萬載縣志
上高縣志 新昌縣志 興國縣志 會昌縣志 南康縣志 彭澤縣志
星子縣志 安義縣志 餘干縣志 樂平縣志 婺源縣志 德興縣志

萬年縣志　靖安縣志　義甯州志　夏口廳志　蒲圻縣志　崇陽縣志
大冶縣志　興國州志　漢陽縣志　漢川縣志　孝感縣志　沔陽州志
麻城縣志　羅田縣志　英山縣志　安陸縣志　鍾祥縣志　京山縣志
潛江縣志　南漳縣志　公安縣志　石首縣志　監利縣志　長陽縣志
利川縣志　咸豐縣志　湘陰縣志　益陽縣志　邵陽縣志　新化縣志
臨湘縣志　華容縣志　龍陽縣志　澧州志　清泉縣志　衡山縣志
耒陽縣志　常甯縣志　酃縣志　甯遠縣志　永興縣志　汝城縣志
郴州志　桂東縣志　桂陽縣志　沅陵縣志　永順縣志　永綏縣志
石門縣志　成都縣志　崇慶縣志　什邡縣志　新都縣志　新繁縣志
彭縣志　綿州志　綿陽縣志　綿竹縣志　永川縣志　南川縣志
璧山縣志　涪陵縣志　合川縣志　開縣志　大甯縣志　大竹縣志
忠州志　會理縣志　樂山縣志　峨眉縣志　犍爲縣志　滎縣志
威遠縣志　富順縣志　隆昌縣志　合江縣志　資州志　井研縣志
雷波廳志　閬中縣志　南充縣志　營山縣志　南部縣志　廣安州志
清苑縣志　固安縣志　霸縣志　涿州志　通州志　青縣志
滄縣志　慶雲縣志　南皮縣志　靜海縣志　獻縣志　任邱縣志
甯津縣志　景州志　景縣志　東光縣志　昌黎縣志　灤州志

欒亭縣志　文安縣志　定興縣志　新城縣志　唐縣志　完縣志
雄縣志　高陽縣志　元氏縣志　易州志　深州志　邢臺縣志
沙河縣志　廣宗縣志　唐山縣志　永年縣志　曲周縣志　邯鄲縣志
冀州志　南宮縣志　新河縣志　棗強縣志　歷城縣志　章邱縣志
鄒平縣志　長山縣志　新城縣志　齊河縣志　齊陽縣志　泰安縣志
萊蕪縣志　肥城縣志　惠民縣志　陽信縣志　無棣縣志　濱州志
利津縣志　霑化縣志　商河縣志　博山縣志　濟甯州志　滕縣志
莒縣志、茌平縣志　清平縣志　高唐縣志　恩縣志　德州志
德平縣志　平原縣志　陵縣志　臨邑縣志　平陰縣志　壽張縣志
范縣志　掖縣志　掖縣續志　膠州志　濰縣志　即墨縣志
益都縣志　昌樂縣志　太原縣志　榆次縣志　文水縣志　介休縣志
臨縣志　長子縣志　襄垣縣志　潞城縣志　壺關縣志　晉城縣志
高平縣志　陵川縣志　和順縣志　沁州志　朔州志　洪洞縣志
翼城縣志　襄城縣志　永濟縣志　臨晉縣志　榮河縣志　霍州志
祥符縣志　杞縣志　鄢陵縣志　中牟縣志　蘭陽縣志　儀封縣志
禹州志　甯陵縣志　睢州志　淮甯縣志　淮陽縣志　西華縣志
扶溝縣志　許州志　襄城縣志　汲縣志　武陟縣志　安陽縣志

內黃縣志　輝縣志　濟源縣志　陽武縣志　濟陽縣志　澠池縣志
閿鄉縣志　伊陽縣志　信陽縣志　南陽縣志　鄧州志　汝陽縣志
汝甯縣志　確山縣志　光州志　南靖縣志　三原縣志　朝邑縣志
華陰縣志　商州志　蒲城縣志　乾州志　寶雞縣志　城固縣志
橫山縣志　定邊縣志　靖邊縣志　米脂縣志　洛川縣志　中部縣志
皋蘭縣志　漳縣志　秦州志　伏羌縣志　禮縣志　武階州志
崇信縣志　原州志　鎭番縣志　西甯縣志　閩縣志　古田縣志
長樂縣志　連江縣志　霞浦縣志　莆田縣志　仙遊縣志　安溪縣志
馬巷廳志　同安縣志　德化縣志　龍巖縣志　長汀縣志　甯化縣志
上杭縣志　龍溪縣志　漳浦縣志　平和縣志　詔安縣志　海澄縣志
南平縣志　建陽縣志　浦城縣志　建甯縣志　臺灣縣志　番禺縣志
順德縣志　東莞縣志　新甯縣志　新會縣志　三水縣志　四會縣志
開平縣志　德慶州志　羅定縣志　連州志　惠陽縣志　長樂縣志
石城縣志　文昌縣志　儋縣志　昌化縣志　賓州志　鍾山縣志
宜良縣志　南甯州志　石屛州志　永昌縣志　鎭南州志　貴定縣志
廣順州志　甕安縣志　湄潭縣志　天柱縣志　安平廳志　普安縣志
興義縣志　遼中縣志　蓋平縣志　海城縣志　北鎭縣志　義縣志

錦西縣志　安東縣志　鳳城縣志　復縣志　莊河縣志　雙城縣志
甯安縣志　蔚州志　保安州志　藝術典　四庫提要　地理沿革
方輿簡覽　輿覽　太平御覽　太平廣記　通志略　廣博物志
華陽國志　新京備乘　春秋後語　吳越春秋　碑傳集　續碑傳集
碑傳集補　吳星宇墓表　葉紹袁年譜　汪中年譜　眞氏族譜　嚴氏宗譜
許氏宗譜　吳霜行述　吳豫祠傳　續高僧傳　潛夫論　論衡
孔子家語　懶眞子　桯史　玄宗傳象　大唐傳載　古今類事
九朝新語　四朝聞見錄　錫金小錄　崇川咫聞　文中子中說　紹興遺書
宋稗類鈔　二程粹語　耆舊類徵　清稗類鈔　毋欺錄　鶴征質言
練兵實記　小腆紀年　尾蔗叢談　肯堂筆塵　池上草堂　肇劃麈餘
國聞備乘　思舊錄　歐陂餘話　堅瓠八集　汴京异記　隣車志
松窗夢話　搜神記　制義科記　帝王世紀　歸潛志　宣室志
玄烏雜志　夷堅志　夷堅續志　夢溪筆談　輟耕錄　項氏家述
酉陽雜俎　東軒筆錄　太平清話　道統錄　逸民傳　疇人傳
貧十傳　續印人傳　畫史彙傳　黔書　丁公談錄　蜀檮杌
遂昌雜錄　雲溪友議　劇談錄　瀧水燕談　祛疑說纂　曲洧舊聞
七修類稾　異苑　虎黔經　笠澤叢書　誠齋雜記　茅亭客話

歷代卜人傳　徵引書目　八

枕譚　老學庵筆記　定命錄　湧幢小品　魏公譚訓　耳目記
鷄肋篇　壟起雜事　癸辛雜識　過庭錄　淡墨錄　棗林雜俎
五雜俎　吳聞見錄　茶餘客話　此中人語　南潯楛語　戎幕閒談
秋燈錄　南中紀聞　履園叢話　灤陽消夏　如是我聞　醫砭
見聞隨筆　齊東野語　耳新　野航史話　小隱書　滇行日錄
龍城錄　說聽　泊宅編　本草綱目　徵白偶存　高坡異纂
雨窗消意錄　語新　談圃　鋤經零墨　庚己編　青溪暇筆
蹇齋瑣錄　天祿識餘　嘯亭雜錄　冷廬雜識　鴛湖求舊錄　郎潛紀聞
月樓聞見錄　遁翁隨筆　天咫偶聞　金陵先正錄　蛻齋瑣話　考槃雜識
孟齋日日記　清學者象傳　畿輔先哲傳　可書　思補齋筆記　援鶉堂筆記
春在堂隨筆　叢書書目彙編　右台仙館筆記　自怡軒賸話　吳門瑣語　蕉軒續錄
歷算書目　兩山墨談　舒藝室隨筆　北軒筆記　閒處光陰　熙朝新語
寄蝸殘贅　夢厂雜著　丁戊筆記　泮宮小志　舊京詩存　史餘萃覽
鴻雪因緣　耐冷譚　桐陰清話　骨董瑣記　蕉餘偶筆　金壺浪墨
庸閒齋筆記　春秋占策　焦氏類林　河洛精蘊　京氏易傳　京氏易表
六壬經緯　六壬纂要　六壬輯略　六壬尋原　六壬玉連環　六壬大全
六壬心鏡　六壬金口訣　六壬指南　六壬眎斯　六壬說約　畢法集覽

六壬神應經 六壬粹言 六壬直指 六壬辨疑 六壬摘要 增删卜易
易隱 高島易斷 神相全篇 神相彙編 形神相法 神相證驗
相理衡眞 字觸 測字祕牒 淵海子平 子平集腋 子平眞詮
果老星宗 五星正傳 乾元祕旨 萬化仙禽 滴天髓闡微 命理約言
新命 協紀辨方書 選擇正宗 通德類情 諏吉便覽 崇正通書
象吉通書 地理入地眼 地理三字經 羅經頂門針 地理大全 山法全書
辨正直解 辨正續解 天心正運 辨正釋竅鑰 天機一貫 理氣三訣
地學仁孝必讀 羅經解 新周地學 地理錄要 乾坤法竅 陽宅正宗
宅譜 陽宅撮要 上古三代文 蔡中郎集 文苑英華 陳思王集
朱文公集 眞文忠集 謝疊山集 文信國集 會昌品集 濂洛風雅
許魯齋集 止止堂集 北山文集 青村遺稿 胡仲子集 鳧藻集
姚牧菴集 蘇東坡集 儀顧堂集 丁卯集 含薰室集 梅溪文集
黃晉卿集 魏了翁集 元豐類藁 摯太常集 顏光祿集 梁玄帝集
魯文恪集 楊誠齋集 文與可集 司馬文正集 虞道南集 許先天集
紫微集 李衛公集 戴九靈集 簡齋集 渭南文集 鄭所南集
雪山集 霏雪集 剡原集 圭齋文集 淸容居士集 周蓮溪集
唐荆川集 松陰堂集 陳伯玉集 蘇平仲集 夢澤集 皇明文衡

汪雙池集　通藝堂集　賜書亭集　瘦石文鈔　江冷閣集　淮海英靈集
海虞文徵　健松齋續集　海隅集　懷仁堂遺稿　淮海集　養一齋集
俞俞齋集　崇百藥齋集　遜學齋文鈔　春在堂集　曲園自述詩　植庵集
存素軒藁　辨志文會集　悔廬詩鈔

歲有三百六十日之物候

李夢陽空同子云、時甲子五日一周、周六而成月。月甲子兩月一周、周六而成歲。歲甲子六十歲一周、周六而爲三百六十。倮蟲三百六十、而人長之。毛蟲三百六十、而麟長之。羽蟲三百六十、而鳳長之。介蟲三百六十、而龜長之。鱗蟲三百六十、而龍長之。皆六之則也。

中國歷代卜人傳索引目錄

潤德堂叢書之八

鎮江袁阜樹珊編次

一畫

二畫

三畫

四畫

五畫

六畫

七畫

八畫

九畫

十畫

十一畫

十二畫

十三畫

十四畫

十五畫

十六畫

十七畫

十八畫

十九畫

二十畫

二十一畫

二十二畫

清聖祖、庭訓格言。吉凶軍兵嘉、五禮之期。必選擇日時者。乃古人趨吉避凶之義。詩曰、吉日惟戊。吉日庚午。禮曰、外事用剛日。內事用柔日。朱子注孟子曰。天時者、時日之枝幹。孤虛旺相之屬也。要以五行之生尅為用。幹枝之刑衝合會為斷耳。世俗相沿已久。而吉凶之理。推原於易。是故我等尊貴之人。凡有出行移徙之類。自宜選擇日時。然而既用選擇之日。則尤當用其選擇之時。甚無以日之吉、而忽於時之吉也。選擇家云。選日必當選時。吉日不如吉時。正謂此也。

補遺

高晞遠 葛天民 徐大椿
富開益 鄒彬 魏茘彤
林希灝 謝小萬 顧觀光
張世寶 任鐵樵

清左文襄公宗棠家書、「與孝寬、爲買壽藏事」。板石坳墳地甚佳。已將汝母及二姊改葬。極慰。克庵先生所相道林橋一穴。岳麓一穴。價均不昂。擬即買爲壽藏。他年歸蛻於此。岳麓脈自龍山分出。蜿蜒千餘里。較南嶽雖博厚不如。而盤折雄奇。實有獨勝之處。張南軒、與朱子、於此山遊覽殆徧。非無因也。可即請源圃先生。于此定穴作生基。死便埋我。湘山湘水。樂哉斯邱。凡此皆克公爲能計畫。至爲深遠。他日魂魄有依。猶拜故人之賜也」

清彭剛直公玉麟家書。「致弟、云退處是福」。昔與我共患難者。無論生死。皆得令名。余以一儒生。而得虛名、最可愧。當今之世。退未必非福。閱歷多年。見成功與名位。若由命焉。否則如我者豈無人。

又「稟叔、云天命不可拗」。人之成大事、立大業者、識見爲主。才學爲輔。而事業之成否。愈須參酌夫天人之理。人定雖可勝天。有時天命不可拗」。

中國歷代卜人傳索引

共得三千八百三十八凡注有表字者概不列傳至列女方外均於各姓名下載明

一畫

- 唐 乙弗宏禮 山東高唐

二畫

- 漢 丁寬 卷首附孔子
- 唐 丁重 河南開封
- 宋 丁夫人 浙江餘姚 列女
- 宋 丁應之 江西寧波 表
- 宋 丁碧眼 湖南湘潭
- 宋 丁文泰 四川彭縣
- 明 丁鶯 江蘇昭文
- 明 丁先生 浙江石門
- 明 丁壎 安徽懷寧
- 明 丁鵬翥 湖北漢川
- 明 丁衍夏 福建晉江
- 清 丁時霈 江蘇丹徒
- 清 丁立中 江蘇丹徒
- 清 丁廷傑 江蘇丹陽
- 清 丁大椿 江蘇上海 表
- 清 丁詩 江蘇上海
- 清 丁山人 江蘇無錫 表
- 清 丁學 江蘇無錫
- 清 丁晏 江蘇山陽
- 清 丁曰增 安徽懷寧
- 清 丁養虛 安徽天長
- 清 丁煥 江西豐城
- 清 丁守存 山東日照
- 清 丁顯鴻 遼寧蓋平
- 清 丁半仙 遼寧蓋平 表
- 春秋 卜楚邱 山東諸城
- 春秋 卜偃 山西太原
- 春秋 卜徒父 陝西咸陽
- 春秋 卜招父 陝西韓城
- 晉 卜珝 察哈爾赤城
- 宋 卜則巍 江西贛縣
- 明 卜夢熊 湖北江夏 表
- 清 卜志尚 安徽宿州
- 北魏 刁冲 河北饒安

三畫

- 上古 大撓 卷首附黃帝
- 清 大不同 江蘇武進

四畫

後漢 王 輔 山東平陸
後漢 王君公 山東都昌 附逢萌
後漢 王 宗 河南洛陽
後漢 王長文 河南洛陽 表
後漢 王 符 甘肅臨涇
魏 王 弼 河南偃師
吳 王 蕃 安徽廬江
晉 王長文 四川廣漢
晉 王 墮 陝西霸城 表
劉宋 王 微 山東沂州
齊 王洪軌 江蘇江寧 表
梁 王 儉 江蘇江寧 表

梁 王先生 湖北江陵
北魏 王 早 河北南皮
北魏 王延業 山西太原 表
北魏 王 叡 山西晉陽
北魏 王 橋 山西晉陽 附王叡
北魏 王 彥 山西解州 附關朗
北魏 王伯逵 陝西扶風
北齊 王 春 山西安邑
隋 王 隆 山西龍門
隋 王安康 山西龍門 附王峰
唐 王居士 江蘇丹徒
唐 王裕福 江蘇金壇 表

唐 王遠知 江蘇江都 方外
唐 王 寧 江蘇東臺
唐 王應元 江西興國
唐 王棲巖 湖北江陵
唐 王 生 湖南長沙 附僧雲涉
唐 王子貞 山西平定
唐 王 勃 山西絳州
唐 王 琚 河南河內 表
唐 王 生 陝西長安
唐 王希明 陝西長安
五代 王處訥 河南洛陽
五代 王熙元 河南洛陽 附王處訥

後周 王處士 湖北江陵
後周 王 朴 山東東平
宋 王壽昌 浙江餘杭 表
宋 王應麟 浙江鄞縣
宋 王卿月 浙江台州
宋 王 伋 浙江龍泉
宋 王 昇 浙江建德 表
宋 王浪仙 浙江瑞安 附溫州隱者
宋 王 生 浙江龍泉 附嚴道者
宋 王 昇 安徽建德 表
宋 王孝友 江西新建 表
宋 王无咎 江西廬陵

宋 王金斗 江西吉水 表
宋 王祿道 江西會昌 表
宋 王應元 江西興國 表
宋 王文卿 江西建昌
宋 王鼎 湖北襄陽
宋 王朴 四川成都 表
宋 王立政 四川奉節
宋 王彥正 四川資中
宋 王訥 山東陽信
宋 王老志 山東臨濮 表
宋 王俊明 河南開封
宋 王青 河南淮陽 表

宋 王洙 河南宋城
宋 王勛 陝西長安
宋 王湜 陝西同州
宋 王白 河北冀州
金 王廣道 山東平陰
元 王逵 浙江錢塘
元 王昌世 浙江鄞縣
元 王毅 浙江黃巖 表
元 王振六 江西光澤
元 王謙道 江西崇仁 附吳澄
元 王恂 河北唐縣
元 王良 河北唐縣 附王恂

元 王孚 河北完縣
元 王大利 山西壺關
元 王履道 山西壺關 附王大利
元 王宏道 山西壺關 附王大利
元 王翼 山西陽城
元 王嘉 陝西長安 附郝昇
明 王生 江蘇江寧 表
明 王肯堂 江蘇金壇
明 王仙 江蘇婁縣
明 王仁美 江蘇吳縣 表
明 王沐 江蘇常熟 表
明 王若水 江蘇無錫 表

明 王選 江蘇無錫
明 王璧 江蘇山陽
明 王鎗 江蘇東臺
明 王坡 浙江鄞縣 表
明 王貴 浙江奉化 表
明 王奇 浙江天台
明 王烶 浙江東陽
明 王世薦 安徽潛山 表
明 王玉章 江西南昌
明 王進臣 湖北蒲圻
明 王儻 湖北孝感
明 王安所 湖北鍾祥

明 王起巖 湖南華容
明 王府尹 河北清苑
明 王思理 山東齊河
明 王曰瑾 山東長清 表
明 王守分 山東無棣
明 王希哲 山東無棣 附王守分
明 王泰 山東濟寧
明 王賢 山東寧陽
明 王恭臨 山東滕縣
明 王仲懿 山東沂水 表
明 王起陽 山東益都
明 王友古 山西高平

明 王瑛 山西懷仁
明 王斅 山西聞喜
明 王多寧 河南西華 表
明 王乾福 河南蘭陽
明 王巽 河南蘭陽
明 王相 河南光山
明 王文煒 陝西蒲城
明 王銳 青海西寧
明 王祐 福建建陽 表
清 王貞儀 江蘇江寧 列女
清 王恆鈺 江蘇丹徒
清 王恆錡 江蘇丹徒 附王恆鈺

清 王壽山 江蘇丹徒 附王恆鈺
清 王道純 江蘇丹徒 附王恆鈺
清 王延興 江蘇句容 表
清 王周南 江蘇句容
清 王長和 江蘇高淳
清 王睿章 江蘇上海 表
清 王廷瑚 江蘇上海
清 王陛良 江蘇上海 附王廷瑚
清 王子雲 江蘇太倉
清 王渭熊 江蘇嘉定
清 王貞爵 江蘇寶山
清 王渭熊 江蘇寶山 附王貞爵

清 王飛鎬 江蘇寶山 附王貞爵
清 王維德 江蘇吳縣
清 王少泉 江蘇吳縣 表
清 王有德 江蘇常熟 表
清 王光燮 江蘇武進
清 王選 江蘇無錫
清 王國楨 江蘇無錫 表
清 王逸 江蘇無錫
清 王雪涯 江蘇無錫
清 王公奭 江蘇江陰
清 王之藩 江蘇山陽 表
清 王家弼 江蘇鹽城

清 王正中 河北保定
清 王植 河北深澤
清 王鍾玉 河北沙河
清 王天河 河北邯鄲
清 王青田 河北邯鄲 附王天河
清 王朝清 河北邯鄲
清 王松齡 河北南宮
清 王昌 河北棗強
清 王恂 山東新城
清 王祖蘭 山東濟陽
清 王德純 山東平原
清 王老志 山東臨淄 表

清 王曰琨 山東昌樂
清 王彥之 山西榆社
清 王利人 山西左雲
清 王宗炎 山西太平
清 王世魁 山西臨晉
清 王恩魁 山西榮河
清 王錫五 河南淮陽
清 王文灝 河南河內 表
清 王志熙 河南閿鄉 表
清 王子湘 河南溫縣
清 王宸 河南光州 表
清 王宏撰 陝西華陰

清 王有會 陝西靖邊
清 王璠 陝西靖邊 附王有會
清 王綱 陝西靖邊 附王有會
清 王允中 甘肅皋蘭 表
清 王世俊 甘肅張掖
清 王嚴龍 福建安溪
清 王鳳九 福建莆田 表
清 王博士 廣東儋縣 表
清 王體元 雲南琅鹽井
清 王日新 雲南通海 表
清 王兆興 雲南劍川 表
清 王建極 貴州黎平

清 王錫臣 遼寧盖平 表
清 王兆槐 遼寧莊河
清 王書文 遼寧莊河 表
清 王覲光 寧夏寧夏
清 王生蘭 寧夏寧夏
漢 方儲 安徽歙縣
唐 方十七 浙江縉雲 表
吳越 方生 浙江建德 表
明 方明 浙江龍游 附朱暉
明 方拱之 浙江蘭谿
明 方智 安徽歙縣 附葉致遠
明 方日中 河南汝陽

明 方 權 廣東南海
清 方思名 江蘇青浦 表
清 方功載 江蘇青浦 表
清 方 七 江蘇泰興 附陳達夫
清 方 申 江蘇儀徵
清 方尙節 浙江淳安
清 方 略 浙江太平
清 方迎報 安徽懷寧
清 方于濟 安徽桐城 表
清 方其義 安徽桐城 表
清 方東樹 安徽桐城
清 方正明 安徽貴池

清 方葦川 河北濮陽 表
清 方同岑 湖南臨湘
明 毛 昇 江蘇武進 表
明 毛 童 江西鄱陽 表
明 毛伯時 河北元氏 表
清 毛志道 江蘇丹徒
清 毛一騊 江蘇丹徒 附毛志道
清 毛 翥 江蘇丹徒 附毛志道
清 毛 鯤 江蘇丹徒 附毛志道
清 毛在鵬 江蘇太倉
清 毛 煒 江蘇太倉 附毛在鵬
清 毛紹武 江蘇宜興

清 毛奇齡 浙江蕭山
清 毛書有 浙江常山
清 毛 節 江西廣昌
周 尹 喜 陝西長安
周 尹 臯 山西晉陽
後漢 尹 軌 河南洛陽
唐 尹 崇 河南洛陽 附僧一行
元 尹堯道 安徽和州
明 尹 直 江西泰河
明 尹賓商 湖北漢川
明 尹遂祈 廣東東莞
清 尹良相 江西石城

清 尹自新 湖北羅田
清 尹金陽 湖南湘潭
清 尹一第 湖南茶陵 表
清 尹匯瀛 山東肥城
清 尹克海 四川大寧
周 公孫聖 江蘇吳縣
漢 公孫昆邪 甘肅固原 表
後漢 公沙穆 山東平度
明 公家臣 山東蒙陰
明 公孫彧 山西襄陵
宋 牛師德 山西夏縣 附司馬光
明 牛東陽 河北遷安 附梅如玉

清 牛秀山 河北南宮
梁 仇殷 河南洛陽 表
唐 日者 四川成都
唐 五明道士 河南安陽
唐 勾龍生 河南洛陽 表
清 巴見龍 安徽太和
清 卞斌 浙江歸安

五畫

清 世祖帝 卷首
春秋 史蘇 山西太原
春秋 史援 山西太原
春秋 史趙 山西太原
春秋 史墨 山西太原 附史趙
春秋 史龜 山西太原 附史趙
春秋 史朝 河南朝歌 表
北周 史元華 陝西長安 表
隋 史萬歲 陝西杜陵
唐 史良 陝西長安 表
宋 史博 浙江烏程 表
宋 史彌遠 浙江鄞縣 表
宋 史延壽 四川樂山
元 史春谷 江蘇溧陽 表
明 史仲宏 安徽桐城
清 史夔 江蘇溧陽
清 史以甲 江蘇江都
清 史念祖 江蘇江都
清 史景玉 陝西大荔
清 史口口 陝西華陰
清 史易 遂寧遂中
漢 田王孫 卷首 附孔子
漢 田何 山東臨淄
漢 田文 陝西長安
後漢 田戎 河南洛陽 表
宋 田君右 浙江縉雲
元 田忠良 河北趙城
明 田德潤 江蘇安東
清 田宏政 安徽歙縣
清 田孔步 安徽歙縣 附田宏政
清 田學臣 湖北漢川
清 田嵩南 湖北東湖 表
清 田國芳 湖北公安
清 田履齋 河南淮陽 表
清 田秉德 河南閿鄉
清 田澤霖 貴州普安
唐 白衣老人 陝西長安
宋 白羊 浙江臨安 表
宋 白顧山人 江西吉永 附朱元炳
宋 白雲鶴 陝西安塞方外

六畫

明 朱永吉 廣西臨桂
清 朱圻 江蘇丹陽
清 朱安吉 江蘇上海 表
清 朱紫貴 江蘇上海 表
清 朱孔陽 江蘇上海
清 朱書 江蘇上海 表
清 朱景星 江蘇南匯
清 朱清榮 江蘇南匯 表
清 朱鳳笙 江蘇南匯 表
清 朱某 江蘇吳縣 表
清 朱明道 江蘇睢寧
清 朱振玉 江蘇睢寧 附朱明道

清 朱福清 浙江嘉興 表
清 朱英武 浙江秀水
清 朱爾謨 浙江海鹽 附張心言
清 朱輪 浙江石門
清 朱蕁 浙江桐鄉
清 朱道備 浙江象山 表
清 朱道揆 浙江象山 表
清 朱家佐 浙江浦江
清 朱寀 浙江浦江 附朱家佐
清 朱英 安徽舒城
清 朱觀乾 安徽無爲
清 朱鵬衢 江西贛縣

清 朱心安 湖北黃岡
清 朱冠臣 湖南衡陽
清 朱廷鉉 湖南酃縣
清 朱祖纓 湖南汝城
清 朱卜者 四川犍爲
清 朱邦殿 四川井研
清 朱繡 河北滄州 表
清 朱崑齡 河北滄州 表
清 朱丙書 山東肥城 表
清 朱崇英 山東陽信
清 朱百揆 山東陽信 附朱崇英
清 朱旺春 河南淮陽

清 朱承謨 雲南馬龍
民國 朱福全 江西汝城
清 朱應元 雲南東川
宋 江神目 江西吉水 表
宋 江心傳 江西龍泉
宋 江謐 河南考城 表
明 江萬紀 浙江太平
明 江鼎 安徽歙縣 附葉致遠
明 江瑞 安徽歙縣 附葉志遠
明 江杏 安徽建德 表
明 江曉 江西婺源
明 江仲景 江西婺源

明 江抱一 江西婺源 附江仲景

明 江東白 江西婺源 附江仲景

明 江立本 江西婺源 表

明 江鳳 江西婺源 表

明 江仕從 江西婺源 表

明 江天水 雲南昆明

清 江舟 安徽繁昌 表

清 江雲泰 安徽歙縣 表

清 江之翰 江西建德

清 江宗淇 江西信豐

清 江永 江西婺源

清 江彥 江西婺源

清 江應元 廣東石城

後漢 向長 河南朝歌

唐 向隱 湖北江陵 表

清 向君試 湖南新寧

清 向昌國 貴州永從

後唐 安法尙 四川彭縣

元 安仁甫 山東鄒平

明 安大嵐 湖北雲夢 表

唐 伊愼 山東兗州

宋 伊憲文 山西永濟

清 伊元復 福建寧化

宋 艾評事 河南開封

清 艾由興 江蘇桃源

清 艾友蘭 湖南新化 附鄧林材

清 艾向榮 遼寧廣寧

清 吉夢熊 江蘇丹陽

清 吉世琛 江蘇丹陽

清 吉鍾穎 江蘇丹陽

春秋 伍員 湖北歸州

晉 伍振 安徽舒城 附韓友

清 伍纂 湖南武陵

清 伍永清 湖南武陵 附伍纂

清 曲福厚 遼寧蓋平

清 曲克文 遼寧復縣 表

宋 池惠師 福建延平

明 池紀 江西贛州

宋 仰宗臣 浙江錢塘

清 仰思孝 浙江歸安

元 全眞 河北大興

明 牟康民 四川內江

明 危斗南 江西南豐

明 西渚子 江西鄱陽

七畫

上古 巫咸 卷首 附黃帝

春秋 吳市吏 江蘇吳縣 表

漢 吳泰 江蘇吳縣

清 吳雪江 江蘇江都
清 吳明煌 江蘇江都
清 吳恒宣 江蘇東海
清 吳任臣 浙江仁明
清 吳沛霖 浙江嘉興
清 吳慶奎 浙江長興
清 吳龍章 浙江平湖
清 吳廷楝 安徽霍山
清 吳霞舉 安徽歙縣
清 吳起仍 安徽歙縣
清 吳彥國 安徽歙縣 表
清 吳邦彥 安徽貴池 表

清 吳滌江 安徽鳳臺 表
清 吳　鼒 安徽全椒
清 吳襄侯 安徽來安
清 吳正蓉 湖南武陵 表
清 吳繼先 四川新繁
清 吳雲亭 四川合州 附周禮
清 吳鎮川 四川榮縣
清 吳棗生 河北慶雲 附秦陸海
清 吳　續 河南光州
清 吳其泰 河南固始
清 吳壽貞 陝西興平
清 吳可泮 福建霞浦

清 吳天民 福建莆田
清 吳邦基 福建海澄
清 吳顯時 廣東四會
清 吳叔驊 廣東四會 附吳顯時
清 吳爾康 廣東開平
清 吳桂良 雲南會澤
清 吳觀國 雲南永昌
民國 吳　霜 江蘇青浦
民國 吳豫昶 江蘇無錫
漢 李　定 河北涿州
後漢 李　南 江蘇句容
後漢 李子雲 山東都昌 附逢萌

後漢 李　休 河南南陽
後漢 李　固 陝西南鄭
後漢 李　郃 陝西南鄭
北魏 李　光 河北定州
北魏 李興業 山西長子
北魏 李順興 陝西長安 表
北齊 李公緒 河北趙州 表
北齊 李遵祖 山西長子
隋 李德林 河北安平
隋 李士謙 河北平棘
隋 李若虛 陝西梁州 附梁虛舟
唐 李　該 江蘇江都 表

唐　李五姊　湖南長沙　附僧雲涉
唐　李生　四川成都
唐　李鼎祚　四川資州
唐　李元凱　河北邢臺
唐　李德裕　河北贊皇
唐　李嗣眞　河北長垣
唐　李傑　河北滏陽
唐　李夫人　山西祁縣列女
唐　李老　河南開封
唐　李仙藥　河南洛陽　表
唐　李泌　陝西長安
唐　李參軍　陝西長安　表

唐　李彌乾　陝西長安　表
唐　李靖　陝西三原
唐　李淳風　陝西岐山
唐　李虛中　甘肅敦煌
吳越　李咸　浙江錢塘　表
宋　李常容　浙江浦江　附吳德先
宋　李大川　江西臨川　表
宋　李一壺　江西吉水
宋　李蓬洲　江西雩都　表
宋　李五牙　江西興國　表
宋　李普照　江西寧都　表
宋　李鴉鵲　江西寧都　表

宋　李相士　江西婺源
宋　李文和　湖南澧州
宋　李嶠　河北易州　表
宋　李含章　河北大名　表
宋　李之才　山東益都
宋　李端懿　河南開封
宋　李建中　河南洛陽
宋　李宗魯　河南洛陽　附李建中
金　李懋　陝西韓城　表
金　李茂　陝西長安
元　李國用　浙江錢塘
元　李存　江西安仁

元　李時茂　江西鄱陽　表
元　李純夫　河北薊縣
元　李素　山東章邱　表
元　李金姬　山東章邱列女
元　李堅　山東長清
元　李俊民　山西鳳臺
元　李欽夫　陝西長安
明　李羹人　江蘇江寧
明　李槐　江蘇上元
明　李魁春　江蘇長洲
明　李允熙　江蘇常熟　表
明　李季富　江蘇無錫　表

明 李思聰 江蘇江都
明 李猶龍 江蘇儀徵
明 李木 江蘇興化 附高燧
明 李濘 江蘇興化
明 李復 江蘇豐縣
明 李澄 江蘇豐縣 附李復
明 李德貞 安徽歙縣 表
明 李經綸 江西南豐
明 李綱 江西新昌
明 李景溪 江西婺源
明 李邦祥 江西婺源 表
明 李國木 湖北漢陽

明 李國林 湖北漢陽 附李國木
明 李時珍 湖北蘄陽
明 李鳳林 湖北鄖縣
明 李少泉 湖南臨湘
明 李自雯 湖南澧州
明 李時復 湖南瀏陽
明 李第 山東長安
明 李登仙 山東利津
明 李誠明 山東德州
明 李淑通 河南開封
明 李夔 河南開封 表
明 李闔 河南禹州 表

明 李紹 河南襄城
明 李承寶 河南新鄉
明 李星井 河南澠縣
明 李必達 陝西城固
明 李挺秀 甘肅隴西 表
明 李坤 福建閩縣 附蔡璵
明 李秩 廣東香山
明 李在公 廣東東莞 表
清 李宗匯 江蘇丹徒
清 李愼傳 江蘇丹徒
清 李桐 江蘇丹陽
清 李鳳苞 江蘇崇明

清 李自明 江蘇長洲
清 李兆洛 江蘇陽湖 附趙地山
清 李新泉 江蘇如皐
清 李世璉 江蘇甘泉
清 李鍾元 江蘇甘泉
清 李濘 江蘇興化
清 李殿颺 浙江仁和
清 李景芬 浙江秀水
清 李鏗 浙江嘉興
清 李大珍 安徽巢縣
清 李鈞 安徽鳳臺
清 李叔廉 安徽盱眙

清　李希彩　江西進賢
清　李一清　江西新城
清　李　灝　江西南豐
清　李鳳來　江西臨川
清　李士星　江西臨川附李鳳來
清　李光宬　江西萬載
清　李慈受　江西新昌
清　李麟章　江西婺源　表
清　李道士　湖北夏口方外
清　李芳春　湖北石首
清　李　坦　湖南長沙附野鶴老
清　李文輝　湖南長沙附野鶴老

清　李星科　湖南湘陰　表
清　李光英　湖南湘鄉
清　李楚源　湖南龍陽
清　李本善　湖南龍陽
清　李友龍　湖南永興
清　李六名　湖南沅陵
清　李春顯　湖南綏寧　表
清　李　芳　湖南永綏
清　李繼香　四川永川
清　李瓊芳　四川永川
清　李允琢　四川隆昌
清　李見龍　四川南充

清　李維軒　河北滄州附遲廷欒
清　李　鈐　河北寧津
清　李尙德　河北樂亭
清　張素貞　河北唐縣列女
清　李太初　河北南皮
清　李壽淵　山東惠民
清　李神仙　山東利津
清　李懷敬　山東商河
清　李毓華　山東商河
清　李　爽　山東商河
清　李　源　山東德州
清　李至果　山東臨邑

清　李騰龍　山西長治
清　李占魁　山西臨汾　表
清　李根暢　山西襄陵
清　李興讓　山西臨晉
清　李則星　山西臨晉
清　李定國　山西榮河　表
清　李東平　山西榮河　表
清　李友之　山西榮河　表
清　李清溪　山西霍州
清　李英相　河南淮陽
清　李振文　河南安陽
清　李克岐　河南安陽

清　汪喆臣　安徽歙縣　表
清　汪興椿　安徽全椒
清　汪楚眞　江西弋陽
清　汪鋼　江西婺源
清　汪紱　江西婺源
清　汪勳文　江西婺源
清　汪瑚　湖北宜都　表
清　汪鵬　湖北東首　表
清　汪文經　四川崇慶
漢　何顒　湖南長沙
梁　何點　安徽潛山
五代　何令通　安徽休寧

南唐　何溥　江西宜春
前蜀　何奎　四川夾江　附孫雄
宋　何生　浙江平陽　表
宋　何臣源　浙江金華
宋　何涉　安徽兗州
宋　何大圭　四川眉州　附楊坤
宋　何蓑衣　河南淮陽　表
宋　何遯　陝西長安
宋　何時　廣東南海
元　何心傳　浙江天台　表
元　何紹祖　浙江平陽　表
明　何有　浙江富陽

明　何中立　安徽當塗
明　何治雲　江西豐城
明　何德宏　江西豐城　附何治雲
明　何士泰　江西金谿
明　何棟如　湖北應城　附陳士元
明　何天衢　湖南道州　表
明　何大川　河南襄城　表
明　何弈家　河南信陽
明　何洲　廣東連州
清　何素　安徽滁州　表
清　何萬年　江蘇長洲
清　何識定　江西高安

清　何其昌　湖北東湖
清　何馥堂　四川綿州
清　何觀光　山東新城
清　何一鳳　山東高苑
清　何夢瑤　廣東南海
清　何彬　廣東開平
清　何玉册　遂寧蓋平　附丁顯鴻
東晉　沈宗　安徽當塗
唐　沈七　浙江山陰
宋　沈括　浙江錢塘
宋　沈野　浙江餘杭
明　沈景暘　江蘇婁縣　表

八畫

戰國 孟子 卷首附孔子
漢 孟但 卷首附孔子
漢 孟喜 卷首附孔子
晉 孟觀 河北東光 表
唐 孟羽 山西永濟
宋 孟診 河南開封 表
清 孟傳寶 江蘇沛縣
清 孟浩 安徽宣城
清 孟必達 山西沁州
清 孟昭謙 遼寧廣寧
周 周公 卷首
周 周醜 卷首附孔子

周 周霸 卷首附孔子
周 周太史 河南淮寧
漢 周王孫 卷首附孔子
漢 周騰 江西南昌 表
後漢 周循 四川新都附楊統
蜀漢 周羣 四川閬中
蜀漢 周巨 四川閬中附周羣
蜀漢 周舒 四川閬中附周羣
魏 周宣 山東樂安
晉 周浚 河南安城
北魏 周恃 河北趙州附耿玄
唐 周廣 江蘇吳縣 表

後唐 周元豹 河北冀州
後蜀 周仲明 四川成都
宋 周碧眼 江蘇溧陽
宋 周生 浙江錢塘
宋 周覺 安徽宣城 表
宋 周寬 江西德興
宋 周敦頤 湖南道州
宋 周從龍 四川成都 表
宋 周琮 河南開封 表
宋 周克明 廣東南海
宋 周茂元 廣東南海附周克明
宋 周傑 廣東南海附周克明

元 周相 江蘇江寧 表
元 周之翰 江蘇華亭
元 周仙客 江蘇華亭 表
元 周頤眞 浙江永嘉 表
元 周雲峯 湖南道州
明 周永年 江蘇常熟
明 周仲高 江蘇崑山
明 周柯峯 江蘇無錫 表
明 周正 江蘇山陽
明 周昉 江蘇銅山
明 周佐 江蘇銅山附周昉
明 周儒 江蘇銅山附周昉

清 林灝 浙江錢塘
清 林心月 浙江黃巖
清 林喬材 福建古田 表
清 林蒙亨 福建仙游
清 林乾 福建安溪 表
清 林貴遠 福建建寧 表
民國 林學衡 福建閩縣
清 林蒲 廣東東莞
清 林啓燊 廣東羅定
清 林士者 廣東文昌
唐 邱延翰 山西聞喜
宋 邱濬 安徽黟縣

宋 邱公亮 江西南豐 表
宋 邱崇 福建晉江 表
明 邱良仁 浙江台州
明 邱宏道 江西雩都
明 邱耀 甘肅鎮番
清 邱振聲 江蘇吳縣
清 邱佐周 江西瑞金 表
唐 邵庭監 江西贛縣 表
宋 邵彥和 江蘇東海 附徐道符
宋 邵雍 河南洛陽
宋 邵伯溫 河南洛陽 附邵雍
清 邵曰洙 江蘇寶山 表

清 邵一庵 江蘇武進
清 邵嗣堯 陝西郃陽
漢 服生 卷首 附孔子
明 季春煦 江蘇豐縣
明 季本 浙江山陰
明 季薰 浙江龍泉
明 季宗舒 江西南昌 表
清 季全仁 江蘇泰興 表
清 季友賢 安徽合肥
宋 岳珂 河南湯陰
清 岳所鍾 河南中牟
清 岳明堂 安徽太和 表

唐 苗夫人 山西壺關 列女
宋 苗光義 山西潞城
宋 苗訓 山西永濟
宋 苗守信 山西永濟 附苗訓
宋 苗昌裔 河南開封 表
北魏 屈拔 遼寧徒河
明 屈亨 湖北京山
清 屈元熺 浙江石門
清 屈天若 浙江平湖 表
清 屈杰 廣東新會
唐 阿眴 雲南馬龍
元 阿榮 河北大興

元　阿錫貢　新疆迪化
清　阿　吉　雲南中甸
漢　青牛先生　陝西長安　表
宋　青城老人　四川成都　表
漢　東方朔　山東厭次
元　東谷子　浙江嘉興
周　姑布子卿　山西太原
漢　京　房　河南滑縣
隋　來　和　陝西長安
隋　明克讓　山東平原
周　叔　服　河南洛陽
吳　尙　廣　江蘇江寧
唐　尙獻甫　河南汲縣
唐　房安禹　河南開封　表
隋　呼拉布　遼寧遼陽
南燕　宗正謙　山東曹縣　表
宋　牧羊子　浙江烏程　表
清　牧犢翁　河北靈壽
元　易　鏡　四川成都
明　底　義　河南考城
明　卓晚春　福建平和
明　味元子　江蘇丹陽
明　居文堂　安徽祁門　表
清　祁　墳　山西高平
清　杭辛齋　浙江海寧
清　定永桂　湖北沔陽
元　松　山　四川成都　附易鏡
清　松山人　浙江錢塘

九畫

夏　禹　王　卷首
春秋　卽墨成　卷首　附孔子
隋　侯　生　山西榮河
清　侯　敞　江蘇上海
清　侯寶一　江蘇上海　附侯敞
清　侯孔釋　江蘇上海　表
清　侯　泓　江蘇嘉定
清　侯朋元　四川南充　表
清　侯于薊　四川營山
清　侯靜遠　河北長垣
唐　邢和璞　河北河間
宋　邢　敦　河南杞縣
明　邢　量　江蘇長洲
明　邢元愷　浙江嵊縣　表
明　邢　讓　河北清苑　附胡宗
明　邢修業　山東濟平
清　邢　昉　江蘇高淳　附吳古懷
清　邢步鑾　安徽無爲
清　邢崇陽　遼寧蓋平

十畫

漢	高獲	河南新息	
晉	高堂隆	山東泰安	表
北魏	高允	河北景州	
北魏	高道埏	河北趙州 附耿玄	
北魏	高月光	河北趙州 附耿玄	
北魏	高崇祖	山西恆州	
北魏	高謙之	遼寧遼陽	
唐	高定	河南衛州	
唐	高士廉	陝西長安	表
宋	高宗帝	卷首	
宋	高元善	江西廬陵	
金	高仲振	吉林寧安	
元	高儔	陝西高陵	
明	高燧	江蘇興化	
明	高岳	浙江嘉興	表
明	高鳳	福建閩縣	
明	高平川	福建永安	
清	高宗帝	卷首	
清	高鼎玉	江蘇華亭	
清	高樞	江蘇上海	表
清	高述夫	江蘇無錫	表
清	高曇	江蘇桃源	
清	高踰駢	江蘇宿遷	
清	高士奇	浙江錢塘	
清	高序奎	湖北黃岡	
清	高人鑑	湖南衡陽	
清	高激揚	河北南樂	
清	高嵐	河北景州	
清	高德亮	河北邯鄲	
清	高思禹	山東昌樂	表
清	高連魁	山東昌樂	表
清	高培廉	山東昌樂	表
清	高楨	陝西米脂	
清	高徽	雲南石屏	表
清	高其倬	遼寧滿洲	
民國	高士林	河北完縣	
後漢	袁良	河南汝陽	
後漢	袁滿來	河南汝陽	
隋	袁充	河南太康	
唐	袁天綱	四川成都	
唐	袁客師	四川成都	
唐	袁隱居	湖南長沙	
宋	袁大韶	浙江山陰	表
宋	袁溉	安徽合肥	
宋	袁滋	四川富順 附薛翁	
宋	袁惟正	四川閬中 方外	
元	袁顥	浙江嘉興	
元	袁思義	陝西涇陽	

明　袁景休　江蘇長洲
明　袁黃　江蘇吳江
明　袁觀海　江蘇無錫
明　袁舜臣　江蘇江陰
明　袁杞山　浙江嘉善　附胡齋
明　袁珙　浙江鄞縣
明　袁忠徹　浙江鄞縣
明　袁永基　河南汝陽
清　袁楨　江蘇丹徒　表
清　袁鉞　江蘇元和
清　袁永信　江蘇常熟
清　袁學孔　江蘇江都
清　袁洪範　江蘇江都　附袁學孔
清　袁承裕　湖南石門
清　袁繩武　河北滄州
清　袁泉　山東齊河
清　袁爾梅　山西鳳臺
清　袁文桂　廣東東莞
晉　徐廣　江蘇丹徒
南齊　徐伯珍　浙江龍游
後魏　徐路　河北容城
後晉　徐幼文　河南洛陽
宋　徐仲堅　江蘇儀徵
唐　徐居易　江蘇東海
宋　徐彥昇　江蘇東海　附徐居易
宋　徐道符　江蘇東海
宋　徐渭禮　浙江錢塘　表
宋　徐復　浙江錢塘
宋　徐大升　浙江錢塘
宋　徐鏡齋　浙江錢塘
宋　徐吉甫　浙江會稽
宋　徐端叔　安徽歙縣
宋　徐仁旺　江西上饒
宋　徐次賓　湖南瀘溪
元　徐仲達　浙江天台
元　徐貴　山西陵川
明　徐階　江蘇華亭
明　徐守中　江蘇華亭　表
明　徐有貞　江蘇吳縣
明　徐忠　江蘇常熟
明　徐景容　江蘇常熟　附徐忠
明　徐胸　江蘇常熟　附徐忠
明　徐堅　江蘇常熟　附徐忠
明　徐佐　江蘇常熟　附徐忠
明　徐儀　江蘇常熟　附徐忠
明　徐師曾　江蘇吳江
明　徐柏齡　浙江嘉興
明　徐均　浙江海鹽

明 徐珙 浙江西安 表
明 徐體乾 安徽巢縣
明 徐光代 安徽太和
明 徐善繼 江西德興
明 徐善述 江西德興 附徐善繼
明 徐元吉 湖南臨湘
明 徐鸞 四川開縣
明 徐之謨 福建建陽
明 徐宰六 貴州銅仁
清 徐良鈺 江蘇華亭
清 徐洪高 江蘇華亭
清 徐以仁 江蘇華亭

清 徐杰 江蘇青浦
清 徐棠 江蘇青浦 表
清 徐元音 江蘇奉賢
清 徐懋榮 江蘇吳縣
清 徐永銘 江蘇吳縣 附徐懋榮
清 徐大衍 江蘇吳縣 附徐懋榮
清 徐永鎮 江蘇吳縣 附徐懋榮
清 徐玉昭 江蘇吳縣 附陸鈞
清 徐三雅 江蘇泗陽 附胡粹純
清 徐瑯 浙江臨安
清 徐趾生 浙江嘉興
清 徐芝庭 浙江海鹽 附張心言

清 徐庚申 浙江石門 表
清 徐念祖 浙江桐鄉
清 徐端 浙江德清
清 徐泳 浙江東陽 表
清 徐子苓 安徽合肥
清 徐墉 安徽舒城 表
清 徐登雲 安徽無爲
清 徐德鏞 安徽無爲 附徐登雲
清 徐卓 安徽休寧
清 徐壽山 江西南昌 表
清 徐習功 湖北黃岡
清 徐文源 湖南邵陽

清 徐雋甲 河北威縣
清 徐元吉 山東平原
清 徐光第 河南祥符
清 徐一奎 甘肅皋蘭
清 徐家瑄 福建建寧
清 徐啓隆 廣東長樂
清 徐爾壽 察哈爾蔚州
後漢 馬融 陝西茂陵
隋 馬光 河南武安
唐 馬生 浙江東陽 表
唐 馬祿師 陝西武功
後唐 馬處謙 湖北安陸 表

後周　馬重績　山西太原
宋　馬亮　安徽合肥
宋　馬韶　河北趙州
宋　馬端臨　山西樂平
金　馬天來　山西介休　表
明　馬軾　江蘇嘉定
明　馬天用　江蘇昭文
明　馬咸九　浙江餘姚　表
明　馬蓬瀛　河北昌黎　列女
明　馬尚賓　陝西三原
明　馬神仙　陝西乾州
清　馬進之　江蘇上海

清　馬嚴　江蘇上海
清　馬斯才　江蘇上海
清　馬文植　江蘇武進
清　馬治　江蘇無錫
清　馬守愚　安徽懷寧
清　馬文秀　湖北長陽
清　馬廣諫　湖南永興
清　馬元榜　四川德陽
清　馬茂才　四川綿州
清　馬金西　河北深州
清　馬素咸　山東陽信　表
清　馬百良　雲南尋甸

清　馬文貴　遼寧蓋平　附于葆中
春秋　孫虞　卷首　附孔子
漢　孫賓　陝西長安
吳　孫輔　江西廬陵　附劉惇
北魏　孫紹　河北昌黎
六朝　孫僧化　山東東莞
唐　孫晤　浙江建德
唐　孫生　浙江建德
前蜀　孫雄　四川夾江
宋　孫守榮　浙江富陽
唐　孫思邈　陝西華原
唐　孫世南　江西寧都　表

宋　孫守中　四川臨邛　表
宋　孫黯　河南開封
元　孫德昭　江蘇華亭　表
明　孫怡　江蘇江寧　表
明　孫紹先　江蘇無錫　表
明　孫陞　浙江餘姚
明　孫侃　安徽巢縣　表
明　孫一獻　安徽滁州　表
明　孫景耀　江西瀘溪
明　孫伯剛　江西寧都　表
明　孫孝本　河浙宛平
清　孫守勳　江蘇句容

清 孫芾棠 江蘇吳縣 表
清 孫家駒 江蘇泗陽 附胡粹純
清 孫文 浙江會稽
清 孫光㬎 浙江餘姚
清 孫希旦 浙江瑞安
清 孫衣言 浙江瑞安
清 孫蒙 安徽黟縣
清 孫翼祖 安徽壽州
清 孫性存 山東壽張
清 孫爾周 山東昌樂 表
清 孫夢祥 山西太平
清 孫智 河北霸州

清 孫譯 河北任邱
清 孫溯沔 河南淮寧
清 孫步雲 遂寧藍平
明 倪光 浙江鄞縣
明 倪以端 浙江遂安 表
明 倪凱 浙江遂安 表
明 倪忠 浙江遂安 表
明 倪元賓 浙江遂安 表
明 倪以善 浙江遂安 表
清 倪榮桂 江蘇無錫
清 倪我端 浙江嘉興
清 倪正 安徽宣城 表

清 倪象惇 四川威遠
清 倪廷策 四川峽川 表
清 倪上述 河北樂亭 表
上古 夏禹王 卷首
唐 夏榮 安徽宣城
唐 夏侯端 安徽壽州
唐 夏侯生 雲南廣南
宋 夏巨源 浙江臨安
宋 夏竦 江西德安
明 夏升 江蘇鹽城
明 夏泉 江西南城
明 夏洞源 江西分宜

清 夏和元 江蘇上元
清 夏愛棠 江蘇高淳
清 夏時用 江蘇江陰
清 夏鼎 浙江平湖 表
清 夏聲 浙江上虞
清 夏炳南 安徽壽州
清 夏正邦 貴州湄潭
戰國 秦越人 河北河間
唐 秦諷 廣西柳州
唐 秦詞 甘肅天水
明 秦曉山 江蘇江都 表
明 秦潮 河南汝陽

十一畫

唐 陳昭 浙江金華 表
南漢 陳代仁 廣東連州 表
宋 陳際叔 浙江黃巖
宋 陳獨步 浙江永嘉 表
宋 陳執中 江西南昌
宋 陳撝 江西臨川
宋 陳同甫 江西婺源
宋 陳純 四川成都
宋 陳彥 河南開封
宋 陳預知 河南開封 表
宋 陳摶 河南眞源
宋 陳朗 福建德化

元 陳梅湖 江蘇溧陽
元 陳潤 浙江奉化列女
元 陳應潤 浙江天台
元 陳相心 浙江溫州
元 陳雲平 浙江樂清
元 陳雷山 徽州績溪
明 陳遇 江蘇上元
明 陳允昌 江蘇丹徒
明 陳鯤 江蘇婁縣
明 陳三省 江蘇婁縣附陳鯤
明 陳杰 江蘇婁縣附陳鯤
明 陳讓 江蘇吳縣 表

明 陳綸 江蘇長洲 表
明 陳君佐 江蘇江都
明 陳昷山 浙江仁和
明 陳茂禮 浙江慈谿
明 陳子盛 浙江平陽 表
明 陳伯齊 安徽祁門 表
明 陳嘉憲 安徽祁門
明 陳紀 江西南昌
明 陳繼宋 江西上高
明 陳文顯 江西上高附陳繼宗
明 陳其錦 江西上高附陳繼宗
明 陳士元 湖北應城

明 陳俊 河北冀州
明 陳漢 河北冀州附陳俊
明 陳魯 山高高平 表
明 陳善言 山西沁州 表
明 陳清 河南儀封
明 陳周史 河南永寧
明 陳昂 福建莆田
明 陳士胄 福建同安 表
明 陳邦修 廣西臨桂
清 陳茂桐 江蘇上元
清 陳克修 江蘇丹徒
清 陳厚寬 江蘇句容

清 陳思魯 江蘇上海
清 陳昇 江蘇上海 附莫樹堉
清 陳行人 江蘇上海 表
清 陳祖欣 江蘇上海 表
清 陳繼魯 江蘇上海 附陳思魯
清 陳澤泰 江蘇華亭
清 陳明遠 江蘇華亭 表
清 陳希尹 江蘇青浦 表
清 陳大林 江蘇奉賢 附宋一世
清 陳瑚 江蘇太倉
清 陳艮 江蘇寶山
清 陳三恪 江蘇常熟

清 陳達夫 江蘇泰興
清 陳我白 江蘇江都 表
清 陳素村 江蘇江都
清 陳之遴 浙江海寧
清 陳詵 浙江海寧
清 陳虛舟 浙江平湖 表
清 陳昌泗 浙江鄞縣
清 陳柳愚 安徽桐城 表
清 陳雲鳳 浙江德清
清 陳生 浙江蕭山 表
清 陳光瑞 浙江開化
清 陳光堯 浙江開化 附陳光瑞

清 陳世鎔 安徽懷遠
清 陳夏聲 安徽巢縣
清 陳雯 安徽新安
清 陳岐業 安徽壽州
清 陳兆鵬 安徽來安
清 陳宗祿 江西永新
清 陳鴻川 江西崇義
清 陳錫周 江西德興
清 陳鹿章 江西靖安
清 陳釗 江西義寧
清 陳輔公 湖北石首 表
清 陳嘉潤 湖北崇陽 表

清 陳鵬年 湖南湘潭
清 陳懷玉 四川營山
清 陳子昂 四川射洪
清 陳源長 山東新城
清 陳毅 山西遼州 表
清 陳仲謙 山西臨晉 表
清 陳備恪 陝西寶雞
清 陳翊運 甘肅天水
清 陳清 甘肅張掖
清 陳志炳 甘肅山丹
清 陳逢堯 福建霞浦
清 陳應選 廣東番禺

清 陳仲良 廣東番禺
清 陳壽 廣東順德
清 陳元力 廣東新會
清 陳士彬 廣東羅定 表
清 陳五雲 廣東羅定
清 陳志燦 廣東昌化
清 陳晃彪 廣東昌化 表
清 陳宏謀 廣西臨桂
清 陳文藻 雲南通海
清 陳礪才 雲南鎮南
清 陳世隆 遂寧義縣
清 陳眞如 寧夏寧夏方外

漢 張良 河南新鄭
漢 張仲蔚 陝西平陵
漢 張禹 陝西蓮勺
後漢 張遐 江西餘干
後漢 張衡 河南西鄂
後漢 張巨君 河南平輿 附許曼
蜀漢 張裕 四川成都
魏 張冏母 河北邯鄲 表
晉 張華 河北方城
晉 張韙 河北方城 附張華
晉 張秀 甘肅西固 表
北魏 張御 河北定州 附李先

北魏 張裕 河北清河 附魏道虔
北齊 張子信 河南河內
五代 張濛 陝西岐州 表
梁 張有道 河南尉氏 附阮孝緒
隋 張永樂 陝西武鄉 附楊伯醜
隋 張賓 陝西長安 表
隋 張冑元 河北景州
唐 張五郎 浙江縉雲 表
唐 張猷 湖北江陵
唐 張道古 四川溫州
唐 張果 山西恆州
唐 張諲 河南洛陽

唐 張約 陝西長安 表
唐 張初雒 陝西長安
唐 張憬藏 河南許州
宋 張登仕 江蘇溧陽 表
宋 張九萬 浙江錢塘 表
宋 張九午 江蘇吳縣 附范疇
宋 張介 浙江錢塘
宋 張鬼靈 浙江衢州
宋 張亢 浙江金華 表
宋 張五星 浙江永嘉 表
宋 張神鑑 浙江永嘉 表
宋 張宗昌 浙江括蒼

宋　張元顯　浙江括蒼
宋　張擴　安徽歙縣　表
宋　張汝明　江西臨川　附陳搗
宋　張相士　江西婺源
宋　張尉　江西婺源
宋　張巖電　四川成都
宋　張煦　四川綿竹
宋　張栻　四川綿竹
宋　張行成　四川邛州
宋　張求　四川昭化
宋　張昭　山東范縣
宋　張詠　山東益都　附傅霖

宋　張宗誨　山西代州
宋　張虛白　河南鄧州
宋　張衍　陝西長安
宋　張載　陝西郿縣
宋　張謙光　廣東三水
金　張行簡　山東日照
元　張德元　浙江山陰
元　張去非　浙江東陽
元　張庸　浙江溫州
元　張夢庚　浙江松陽
元　張月梅　江西金谿
元　張留孫　江西貴溪方外

元　張理　江西清江
元　張康　湖南湘潭
元　張明遠　山東章邱　表
元　張公直　山東長山
元　張庭瑞　熱河承德
元　張文謙　河北沙河
明　張田　江蘇丹陽
明　張誼　江蘇青浦
明　張希騫　江蘇青浦
明　張鳳翼　江蘇長洲
明　張敏政　江蘇常熟　表
明　張正道　江蘇武進　表

明　張素　江蘇山陽
明　張翶　浙江仁和
明　張崙　浙江仁和　表
明　張惠生　浙江海寧　附沈祥正
明　張景岳　浙江山陰
明　張太極　浙江龍泉
明　張宗道　安徽祁門　附汪仕周
明　張宗漢　安徽貴池
明　張儲　江西新建
明　張楠　江西臨川
明　張中　江西臨川
明　張思問　江西湖口

清 張水祚 浙江錢塘
清 張惠生 浙江海寧 附沈祥正
清 張菊人 浙江嘉興 表
清 張純照 浙江秀水
清 張心言 浙江海鹽
清 張宿之 浙江桐鄉
清 張捷 浙江象山 表
清 張淩雲 浙江象山 表
清 張鳳藻 浙江建德
清 張官德 浙江壽昌
清 張紹照 浙江麗水 表
清 張裕業 安徽桐城

清 張斌 安徽桐城 表
清 張祖房 安徽新安
清 張輪 安徽貴池
清 張騰光 安徽休寧 表
清 張允恭 安徽來安
清 張昌貴 江西瑞昌
清 張宿 江西德興 附王朝元
清 張士旺 江西婺源
清 張利川 湖北黃岡
清 張鳳鳴 湖北黃岡
清 張芝玉 湖北襄陽 表
清 張心恒 湖南華容

清 張易徵 四川綿竹
清 張友三 河北慶雲 附秦陸海
清 張嚴嶺 河北慶雲 附秦陸海
清 張之洞 廣東開平 附吳爾康
清 張鐳 河北景州
清 張成瀚 河北邢臺
清 張希載 河北棗強
清 張爾岐 山東濟陽
清 張永爵 山東泰安
清 張君勝 山東清平
清 張寶紳 山東高唐 表
清 張春滋 山東平陰

清 張汝美 山東昌樂
清 張允誠 山東昌樂
清 張大亮 山西盂縣
清 張永年 山西臨汾 表
清 張建斿 山西猗氏
清 張休復 河南儀封
清 張蓉 河南考城
清 張四斗 河南溫縣
清 張世勳 河南陽武
清 張延巳 陝西長安
清 張漢英 甘肅崇信
清 張登第 甘肅鎮番

元 郭守敬 河北邢臺
元 郭從周 四川成都
元 郭　翁 山東曹州
明 郭文顯 江蘇無錫
明 郭師古 江蘇如皋
明 郭青螺 浙江仁和
明 郭修翰 江西永豐
明 郭山甫 安徽鳳陽 表
明 郭伯郁 陝西鄜縣
明 郭景夏 福建閩候 表
清 郭　勳 江蘇江陰
清 郭恩濬 江蘇江都
清 郭嵩燾 湖南湘鄉 附曾國藩
清 郭存昌 湖南桂東
清 郭　卜 四川郫縣
清 郭　綸 四川郫縣 附郭卜
清 郭景曜 山東霑化
清 郭一標 山東濟寧
清 郭從風 山東聊城
清 郭載騋 山東泰安
清 郭　桂 山西大同
清 郭宗林 河南輝縣 表
清 郭伯蒼 福建候官
清 郭有經 廣東儋縣
清 郭元任 廣東昌化
清 郭先生 雲南姚州
清 郭玉傑 遼寧莊河 附馮華國
漢 崔　援 河北涿州
漢 崔　篆 河北涿州
晉 崔懿之 山西屯留
北魏 崔　浩 河北武城
北齊 崔　冏 河北武城
北魏 崔長謙 河北武城
宋 崔尊師 四川成都
明 崔　勉 山東東阿
唐 崔　巽 陝西長安 表
明 崔自均 江蘇江寧
清 崔止齋 浙江海鹽 表
清 崔蓮通 江西星子
清 崔景芬 山西臨汾 表
元 盛　興 江蘇吳江
明 盛如林 江蘇丹陽 表
明 盛　倫 江蘇吳江
明 盛世鳴 安徽鳳陽
明 盛應明 安徽全椒
清 盛邦直 江蘇華亭 附陳澤泰
清 盛凝之 江蘇吳縣
清 盛久肇 江蘇陽湖 表

明　梅如玉　河北遷安
清　梅長鈴　浙江嘉興　附懷振熙
清　梅冬魁　浙江景寧
清　梅士鉉　安徽宣城
清　梅文鼎　安徽宣城
清　梅自實　安徽宣城
晉　陶侃　江西鄱陽
晉　陶淡　江西德化
梁　陶弘景　江蘇江寧
元　陶宗儀　浙江黃巖
明　陶安　安徽當塗
清　陶五　江蘇宜興　表

清　陶成　江西南城
清　陶世熙　四川什邡
清　陶明儒　甘肅漳縣
漢　梁邱賀　山東諸城
唐　梁知人　河南商邱　表
唐　梁鳳　陝西長安
唐　梁虛舟　陝西梁州
元　梁鐃　江西德興
清　梁少卿　江蘇江都
清　梁翁　江西南昌　表
清　梁運昌　福建長樂
清　梁上寶　福建長福　附梁運昌

清　梁斗煥　廣東番禺　附陳應選
清　梁錦里　廣東順德　表
清　梁愛　廣西賓州　附雷友蘭
清　梁檜　甘肅皋蘭
明　戚繼光　安徽定遠
清　戚允庵　遼寧海城　附矯晨愷
清　戚麟祥　吉林吉林
隋　庾季才　河南新野
隋　庾質　河南新野
隋　庾儉　河南新野　附庾質
後晉　庾嘉德　河南許州　表
宋　庾道敏　河南開封　表

三國　扈累　陝西長安　表
晉　扈謙　江蘇江寧
明　莊從龍　江蘇金壇　表
清　莊棫　江蘇丹徒
清　莊述祖　江蘇武進
清　莊肇汯　福建晉江
宋　婁千寶　浙江金華　列女
宋　婁道者　河南開封　表
清　婁標　湖北沔陽
清　婁聯奎　湖北沔陽　附婁標
春秋　梓慎　山東諸城
唐　閉珊居集　雲南霑益

十二畫

明　黃鍾選　福建龍溪
明　黃道周　福建漳浦
明　黃　生　福建建安
明　黃　畿　廣東香山
明　黃　慎　廣東海陽
明　黃拱斗　雲南晉寧
明　黃　鳳　貴州貴定
清　黃懷英　江蘇六合　表
清　黃會昌　江蘇華亭　附相枚
清　黃炎松　江蘇奉賢　附徐元音
清　黃仍緒　江蘇崇明
清　黃乙生　江蘇武進

清　黃半仙　江蘇興化
清　黃　堦　浙江鹽官　表
清　黃德源　浙江鄞縣　表
清　黃宗羲　浙江餘姚
清　黃宗炎　浙江餘姚
清　黃炳垕　浙江餘姚
清　黃宜之　安徽舒城
清　黃益齋　安徽無爲
清　黃仕綸　安徽歙縣
清　黃　恒　安徽歙縣　附葉致遠
清　黃　堂　江西盧溪
清　黃宗三　江西光澤

清　黃卓誠　江西玉山
清　黃鼎偉　江西永豐
清　黃一桂　江西贛縣
清　黃恒對　江西定南
清　黃啓珠　江西南康
清　黃友石　湖北江夏
清　黃大猷　湖南武岡
清　黃定略　湖南綏寧　表
清　黃配乾　湖南石門
清　黃景福　四川雷波
清　黃瘋子　四川南充
清　黃明莊　福建連江

清　黃瑞鶴　福建霞浦
清　黃士炯　福建南安
清　黃懷人　福建海澄
清　黃雅林　遼寧遼陽
魏　華　佗　安徽亳縣
晉　華　嶠　山東高唐
宋　華仁仲　福建浦城
明　華繼善　江蘇無錫
明　華孝廉　河北涿州
清　華湛恩　江蘇金匱
清　華堯賓　江西弋陽　附汪楚眞
清　華玉書　山東高唐

清 湯道士 江蘇溧陽 表
清 湯洽名 江蘇武進 表
清 湯　臨 江蘇如皋
清 湯　澍 江蘇如皋
清 湯惠元 江蘇如皋 附湯澍
清 湯玉琢 安徽鳳臺
清 湯　倓 江西南豐 附李經綸
清 湯　第 江西永新
清 湯　昭 察哈爾保安
隋 舒　綽 浙江東陽
宋 舒片雲 江西吉水 表
清 舒繼英 浙江錢塘

清 舒鳳儀 安徽貴池
清 舒紫垣 四川合川 附周禮
漢 費　直 山東掖縣
宋 費孝先 四川成都
明 費　珍 安徽全椒
清 費大章 江蘇江陰 附夏時用
清 費　觀 浙江仁和 表
清 費國暄 浙江餘杭 表
清 費蔭樸 河北青縣
晉 溫　嶠 江蘇相縣 附劉惔
宋 溫州隱者 浙江瑞安
明 溫體仁 浙江烏程

清 溫葆深 江蘇上元
清 溫榮鏞 江蘇無錫
清 溫其中 山東霑化
清 溫錫生 廣東順德
北魏 閔　宗 遼寧遼陽
明 閔　觀 江西浮梁
清 閔學騫 江蘇青浦 附熊其昌
清 閔孝磋 江蘇江都 表
清 閔如愚 浙江嘉善
清 閔德裕 湖北廣濟 表
晉 童彥興 陝西韓城 表
明 童　軒 江西鄱陽

清 童中模 浙江永嘉
清 童超佐 安徽舒城
後漢 單　颺 山東魚臺
後漢 單　甫 江蘇江都 附趙達
清 單德芬 江蘇常熟
宋 富初庵 浙江錢塘
宋 富春子 江西鄱陽
清 富　生 江蘇寶山
明 雲隴耕夫 江西樂平
清 雲　鼎 四川秀山
清 勞望齡 浙江石門 表
清 勞　史 浙江餘姚

十三畫

宋 楊希孟 浙江餘杭 附沈野
宋 楊守業 安徽合肥
宋 楊應炎 安徽青陽
宋 楊南川 江西弋陽
宋 楊叔方 江西吉水
宋 楊山人 江西廬陵
宋 楊艮 四川成都
宋 楊坤 四川眉州
宋 楊知 山東陽信
宋 楊欽時 河南開封
宋 楊山人 河南淮寧
宋 楊可試 河南洛陽
宋 楊可弼 河南洛陽 附楊可試
宋 楊可輔 河南洛陽 附楊可試
宋 楊維德 陝西同州 附王湜
宋 楊億 福建浦城
金 楊谷 察哈爾蔚縣 表
元 楊繼昭 江蘇華亭 表
元 楊琬 浙江平陽 表
元 楊朝元 安徽合肥 附楊守業
元 楊謙德 四川成都 附易鏡
元 楊恭懿 陝西奉元
明 楊藝 江蘇吳江
明 楊淙 浙江錢塘 附徐大升
明 楊曰東 浙江餘姚
明 楊宗敏 浙江新昌
明 楊子高 浙江蘭谿
明 楊源 江西南昌
明 楊應祥 江西豐城
明 楊院使者 江西金谿 表
明 楊時喬 江西上饒
明 楊廷玉 山東膠州
明 楊鉅 山東膠州 附楊廷玉
明 楊永昆 山東膠州 附楊廷玉
明 楊沛生 甘肅合水
明 楊元 雲南永昌
明 楊體仁 雲南雲南
清 楊龐 江蘇丹徒
清 楊大銓 江蘇丹徒 表
清 楊驤天 江蘇句容 表
清 楊志遜 江蘇上海
清 楊方達 江蘇武進
清 楊廣含 江蘇吳縣 附王維德
清 楊翼亮 江蘇宜興
清 楊湛露 江蘇宜興
清 楊宮建 浙江鹽官 表
清 楊夢熊 安徽壽州
清 楊天爵 江西臨川

清 董以忠 雲南太和
清 董策 雲南太和 附董以忠
清 董崇德 察哈爾保安
民國 董晉良 河北昌黎 表
晉 雷煥 江西南昌 表
宋 雷思齊 江西臨川
元 雷德潤 福建建安
明 雷鳴 陝西三原
清 雷光儀 安徽全椒
清 雷起四 湖南東安
清 雷漢卿 河南淮陽
清 雷逢源 甘肅天水

清 雷友蘭 廣西賓州
明 萬祺 江西南昌
明 萬玉山 湖北羅田
明 萬民英 河北易州
明 萬蓬頭 山西芮城
清 萬壽祺 江蘇銅山方外
清 萬育和 浙江海鹽
清 萬惠 安徽涇縣
清 萬承紀 江西南昌 表
清 萬樹華 江西南昌 表
清 萬長春 江西南昌 表
清 萬國寧 江西豐城

清 萬吉士 江西安義
清 萬金鐸 河南中牟
三國 葛衡 江蘇吳縣 表
晉 葛洪 江蘇句容
宋 葛好問 浙江金華
明 葛乾孫 江蘇長洲
明 葛啓後 安徽懷寧
清 葛思旦 江蘇寶山 表
清 葛繼常 浙江海寧 表
清 葛天申 江西貴溪
清 葛傳鏊 山東德平
唐 葉法善 浙江括蒼 表

唐 葉七 江西贛縣 表
吳越 葉簡 浙江錢塘
宋 葉仕充 浙江太平 表
宋 葉容 浙江蘭谿
宋 葉叔亮 浙江龍泉 附王伋
宋 葉子仁 江西上饒
宋 葉宗山 江西上饒 表
宋 葉大明 江西吉水
宋 葉秋水 江西吉水
宋 葉琇卿 福建龍巖
明 葉紹袁 江蘇吳縣方外
明 葉廣彬 浙江烏程

明 葉兌 浙江寧海
明 葉子奇 浙江龍泉
明 葉致遠 安徽歙縣
明 葉庭芝 湖南靖州
明 葉森 福建福寧
清 葉彭年 江蘇上海 附盛鈞
清 葉乘龍 江蘇南匯 表
清 葉鎬 江蘇青浦
清 葉癡 江蘇金山
清 葉楷 江蘇陽湖
清 葉鉏 江蘇六安
清 葉樵 江西婺源 表

清 葉泰 江西婺源
清 葉峙山 湖北崇陽
清 葉傳薪 湖北沔陽
清 葉德輝 湖南湘潭
清 葉蓮溪 山西沁水 附譚炳
清 葉文波 雲南河陽
唐 鄒生 河南洛陽 表
宋 鄒淮 浙江會稽
宋 鄒元佐 江西新昌
元 鄒子震 江西清江
元 鄒公敢 四川江津
清 鄒箇廷 江蘇青浦 表

清 鄒圖南 江蘇無錫 附汪傑
清 鄒亦鳳 江蘇通州
清 鄒美中 湖北石首 表
清 鄒世英 湖北監別
清 鄒式金 福建古田
明 詹永達 福建南靖 表
明 詹奇 福建浦城
明 詹濮 福建浦城
清 詹明章 福建海澄
清 詹方桂 安徽歙縣
清 詹汝震 安徽歙縣 表
清 詹天寵 江西婺源 表

漢 賈逵 河北涿州 附崔瑗
東魏 賈子儒 河南西華 表
唐 賈耽 河北南皮
宋 賈衆妙 山西河北
宋 賈德昇 河南眞縣 附陳摶
明 賈勛 河南滑縣 附呂朗
明 賈顯 河南鞏縣 附趙迎
清 賈振元 江蘇上海
清 賈履上 江蘇上海
清 賈步緯 江蘇南匯
清 賈延齡 山東歷城
清 賈璶 廣東香山

周	楚　邱	山東曲阜	
宋	楚　邱	河南開封	
宋	楚芝蘭	河南襄城	
宋	楚繼芳	河南襄城 附楚芝蘭	
清	楚　裳	山東濟寧	表
吳	虞　翻	浙江餘姚	
梁	虞　履	江蘇江寧	表
明	虞世昌	浙江錢塘	
清	虞兆陸	浙江嘉興	
清	虞春潭	湖北襄陽	
元	靳德進	山西長治	
清	靳鴻發	遼寧遼中	
漢	路溫舒	河北鉅鹿	
唐	路　生	陝西長安	
明	路可泰	江蘇蕭縣	
漢	嵩　眞	甘肅固原	
晉	隗　炤	安徽合肥	
晉	鳩摩羅什	陝西長安	表
北齊	解法選	河南河內	
北魏	睦　夸	河北高邑	
明	裘魯恭	浙江天台	
清	獅道人	河北滄州	表
宋	雍堯俞	四川臨邛	表
清	較　第	河南中牟	
春秋	禆　竈	河南鄭州	
	十四畫		
後漢	趙　彥	山東沂州	
後漢	趙　典	四川成都	
吳	趙　達	江蘇江都	
蜀漢	趙　直	四川成都	
蜀漢	趙　正	四川成都	
晉	趙仁美	甘肅天水	
北魏	趙法湜	河北清河 附魏道虔	
北齊	趙　胡	河南魯山	表
北齊	趙輔和	河南臨漳	
北齊	趙　瓊	河南臨漳	表
隋	趙　照	陝西長安	表
前蜀	趙溫珪	四川成都	
前蜀	趙省躬	四川成都 附趙溫珪	
前蜀	趙延義	甘肅天水	
唐	趙山人	江西南昌	
宋	趙　良	浙江餘杭	
宋	趙公衡	江西進賢	
宋	趙　普	河北薊州	
宋	趙　棠	山東曹州	表
宋	趙修己	河南祥符	
宋	趙　進	河南中牟	
元	趙元行	江蘇常熟	

元　趙友欽　浙江龍游
元　趙天澤　四川江津　附鄒公敢
明　趙緣督　浙江衢州　附祝宗元
明　趙　汸　安徽休寧
明　趙　儒　安徽盱眙
明　趙　鈞　安徽涇縣
明　趙吉六　江西臨川
明　趙子方　江西豐城　附何冶雲
明　趙　楷　河北樂亭
明　趙　祐　山東博山
明　趙　同　山東莒州
明　趙見庚　山東平原

明　趙　迎　河南鞏縣
明　趙　毅　河南汝陽
明　趙天秩　陝西朝邑
清　趙　榦　江蘇丹徒
清　趙風子　江蘇丹徒
清　趙書禾　江蘇丹徒
清　趙采臣　江蘇丹徒
清　趙順康　江蘇丹徒
清　趙地山　江蘇陽湖
清　趙　氏　江蘇阜寧　表
清　趙大川　浙江仁和
清　趙振芳　浙江山陰

清　趙廷棟　四川彭縣
清　趙魯元　河北靜海
清　趙鳳翔　河北雄縣
清　趙雲孫　河北深州
清　趙繼芳　山東商河　表
清　趙　暘　山東平原　表
清　趙神仙　山東益都　表
清　趙滋鳳　山東昌樂
清　趙希謙　山東昌樂
清　趙興仁　山西壺關　表
清　趙雲漢　山西高平
清　趙　銘　山西臨汾　附彭鑾

清　趙春熙　山西陽城
清　趙運興　山西榮河　表
清　趙舒翹　陝西長安
清　趙聖治　陝西定邊
清　趙道士　甘肅皐蘭　表
清　趙守貞　甘肅皐蘭　表
清　趙東陽　甘肅禮縣
清　趙東周　雲南劍川
清　趙廷華　貴州尉義
清　趙占鰲　察哈爾尉縣
後漢　廖　扶　河南平輿
唐　廖　瑀　江西興國

唐 廖三傳 江西興國 附廖瑀
宋 廖應淮 江西南城
宋 廖信甫 江西吉安 表
宋 廖希說 江西吉水
宋 廖金精 江西德興 附周寬
明 廖紹定 江西興國
明 廖紹寵 江西興國
明 廖紹祿 江西興國 表
明 廖勝槩 江西興國 表
明 廖文政 江西興國 表
明 廖均卿 江西寧都
明 廖　翼 廣東南海 表

清 廖應國 江西興國 表
清 廖安民 江西興國
清 廖尙鐈 江西興國 表
清 廖邦民 江西興國
清 廖麟書 江西上饒
清 廖奇珍 照南郴州
清 廖春山 福建閩縣
清 廖鴻章 福建永定
清 廖翼亨 福建永定
清 廖篤堅 廣西鍾山
明 熊汝嶽 福建建州
明 熊宗立 福建建陽

明 熊士傑 四川新寧
明 熊　庠 陝西長安
清 熊其昌 江蘇青浦
清 熊其光 江蘇青浦
清 熊德卿 江西安義
清 熊占鰲 江西安義 表
清 熊賜履 湖北孝感
清 熊　丙 湖南新化
清 熊六夔 湖南永興
清 熊德謙 四川合州
清 熊應雄 四川忠州
清 熊　嵩 四川井研 表

明 齊　琦 江西德興
明 齊夢龍 江西德興 附齊琦
明 齊貴澄 江西德興 附齊琦
明 齊普淵 江西婺源 表
清 齊克昌 山東新城
清 齊亮采 河南淮陽
魏 管　輅 山東平原
元 管玉衡 江蘇崇明 表
清 管志寧 江西瑞金
清 管文奎 遼寧鳳城
晉 裴　秀 山西聞喜
唐 裴行儉 山西聞喜

宋 僧普明 江蘇無錫
宋 僧癲 浙江鄞縣
宋 僧居簡 浙江烏程
宋 僧智圓 湖北隨縣
宋 僧鐸 江西南昌
宋 僧靜道 江西南昌
宋 僧月洲 江西吉水
宋 僧劉達 江西安福
宋 僧超善 江西南康
宋 僧德光 江西新喻
宋 僧玉泉 四川峽川
宋 僧克愼 河北大名
宋 僧化成 河南開封
宋 僧宗淵 河南洛陽
宋 僧麻衣 陝西大荔
宋 僧含暉 陝西鳳翔
元 僧普爾 江西臨川
明 僧道清 江蘇江寧
明 僧如蘭 浙江富陽
明 僧雪空 浙江嘉興
明 僧目講 浙江鄞縣
明 僧非幻 浙江衢州
明 僧從任 安徽繁昌
明 僧枯木 江西南昌
明 僧慧月 江西南昌
明 僧普庵 江西南昌
明 僧玉峯 江西鉛山
明 僧天如 湖北江夏
明 僧無礙 湖北黃岡 附甘霖
明 僧鐵筆 湖北利川
明 僧三休 湖南桃源
明 僧希桱 山東歷城
清 僧布袋 江蘇吳江
清 僧廣嚴 江蘇吳縣
清 僧如玉 浙江鄞縣
清 僧傳鉢 湖北英山
清 僧印梅 湖北江陵
清 僧通慧 湖南衡陽
清 僧依山 廣東番禺
清 僧志愿 臺灣臺灣

十五畫

梁 蔣光濟 四川奉節 表
北周 蔣昇 湖北江夏 表
唐 蔣直 浙江永嘉 表
宋 蔣逸堂 江西婺源
宋 蔣山人 四川眉州
宋 蔣明紀 福建晉江 表
明 蔣曉 江蘇丹陽 附味玄子

清　劉代成　安徽舒城　表
清　劉世駿　安徽南陵
清　劉茂吉　安徽旌德
清　劉菘秀　安徽定遠　表
清　劉　鐘　安徽鳳臺
清　劉大瀾　安徽阜陽
清　劉廷颺　安徽渦陽
清　劉　丁　江西南昌
清　劉蹈仁　江西興安
清　劉世衢　江西永新
清　劉　蕎　江西上高
清　劉應對　江西新昌

清　劉訒吉　江西新昌
清　劉守昭　江西新昌　表
清　劉丕烈　江西新昌
清　劉先甲　湖北潛江
清　劉雲峯　湖南益陽
清　劉之鏞　湖南湘陰
清　劉詵迪　湖南武岡
清　劉學藝　湖南華容
清　劉瓊彩　湖南清泉
清　劉燦然　湖南汝城　表
清　劉鳴玉　湖南桂陽
清　劉之典　湖南漵浦　表

清　劉月亭　湖南永綏　表
清　劉天文　四川成都
清　劉萬超　四川合川　表
清　劉純杰　四川榮縣　表
清　劉八卦　四川井研　表
清　劉神仙　四川閬中
清　劉子振　河北通州
清　劉桂林　河北青州　表
清　劉鴻逵　河北慶雲
清　劉藝林　河北慶雲
清　劉元龍　河北饒陽
清　劉逢源　河北曲周

清　劉君佐　河北新河
清　劉　芳　河北南宮
清　劉寶璋　山東商河
清　劉有源　山東滕縣
清　劉春臺　山東恩縣　表
清　劉良田　山東平原　表
清　劉公言　山東益都
清　劉　暾　山東昌樂　表
清　劉天名　山西長治
清　劉繩武　山西屯留
清　劉德懋　山西屯留　附劉繩武
清　劉　祿　河南開封

明 鄭毓季 福建晉江
明 鄭仰田 福建惠安
清 鄭明暹 浙江淳安 附方尙節
清 鄭　銘 江西上饒 表
清 鄭青元 湖北石首
清 鄭文振 四川營山
清 鄭　映 河北廣宗
晉 潘　滔 河南洛陽
北魏 潘　捺 河北趙州 附耿玄
宋 潘　翼 浙江景寧
元 潘碧山 江西安福
明 潘　弼 江蘇興化 附高遜

明 潘　爵 浙江天台 表
明 潘　荃 江西武寧
明 潘　鑾 江西婺源 表
清 潘樫章 浙江桐鄉
清 潘爾杲 浙江山陰
清 潘用清 安徽懷寧
清 潘廷庶 江西廣豐 表
清 潘掌綸 湖南湘鄉
清 潘士權 湖南黔陽
清 潘　景 福建安溪
清 潘清逸 貴州廣順
宋 歐陽可夫 福建浦城

元 歐陽可山 浙江杭縣 附謝生
元 歐陽生 湖南長沙
明 歐陽方旦 湖北麻城
清 歐陽宗衡 江西萬安 表
清 歐陽振 湖南衡山
北魏 鄧　淵 河北安定
宋 鄧茂生 江西南城 表
明 鄧祥甫 江西高安
明 鄧　權 湖北監利 表
明 鄧華山 福建永安
明 鄧　容 廣東樂昌
清 鄧和尙 江蘇金山方外

清 鄧鎬山 江西高安
清 鄧林材 湖南新化
清 鄧顯鶚 湖南新化
清 鄧天林 福建上杭
周 衛　平 河南洛陽
北周 衛元嵩 四川成都 表
唐 衛大經 山西解梁
宋 衛　朴 江蘇江都 表
清 衛明發 湖北雲夢
清 衛永耀 山西鳳臺 表
清 衛仰璠 山西洪洞
北周 黎景熙 河南新鄭

宋 黎端吉 江西贛縣	明 魯軻 福建寧化	魏 諸葛原 山東平原 表	明 錢博 江蘇華亭
明 黎福榮 湖北監利	秦 樗里子 陝西長安	宋 諸先生 浙江錢塘	明 錢陸燦 江蘇常熟
清 黎立賢 江西南豐	明 樓楷 浙江鄞縣	明 諸伯遠 浙江青田	明 錢珙 江蘇如皐
遼 樂先生 河北冀州	清 懷振熙 浙江嘉興	明 諸彥賓 浙江青田 附諸伯遠	明 錢文則 江蘇山陽
清 樂嘉善 江西會昌	清 遲廷燊 河北滄州	明 諸彥熊 浙江青田 附諸伯遠	明 錢彭曾 浙江錢塘
清 樂治賢 湖南寧遠	清 談翀霄 廣東德慶	清 諸可繼 浙江錢塘	清 錢邦韶 江蘇丹徒 表
清 樂斌 福建南平	清 德格勒 遼寧滿洲	清 諸遠之 浙江杭縣	清 錢裕 江蘇高淳
清 樂雲鶚 福建南平 附樂斌	宋 滕峻 福建建安	唐 錢知微 河南洛陽	清 錢大昕 江蘇嘉定
後漢 樊英 河南南陽	清 滕海峯 江蘇江都	宋 錢弼 江蘇金壇 表	清 錢塘 江蘇嘉定
明 樊讓 甘肅武都	唐 臧兢 江蘇江都 附王遠知	宋 錢祐 浙江餘姚 表	清 錢玉炯 江蘇嘉定
清 樊騰鳳 河北唐山	**十六畫**	宋 錢道人 浙江蘭谿 表	清 錢陸燦 江蘇常熟
北齊 魯祈 陝西扶風 表	蜀漢 諸葛亮 山東陽都	宋 錢若水 河南新安	清 錢荊山 江蘇金匱 表

清 錢林 浙江仁和
清 錢彭曾 浙江錢塘
清 錢嘉鍾 浙江嘉善
清 錢廉 浙江鄞縣 表
清 錢曰濬 浙江上虞
清 錢愛蓮 浙江上虞 附錢曰濬
清 錢澄之 安徽桐城
清 錢景恂 安徽五河
戰國 盧生 河北大興
隋 盧太翼 河北河間
唐 盧山人 湖北江陵 表
唐 盧齊卿 河北涿州

唐 盧承業 河北涿州
唐 盧承慶 河北涿州 附盧承業
唐 盧母 河北涿州 列女
後晉 盧岳 山西太原
後周 盧生 河北大興
宋 盧鴻 浙江金華
明 盧翰 安徽阜陽
明 盧文燧 江西南昌
明 盧橘 河南陽武 表
清 盧元俊 江西武寧
清 盧昶 湖北大冶
清 盧正常 四川雷波

清 盧廷臣 河北邯鄲 表
清 盧政 甘肅皋蘭 表
晉 鮑玄 江蘇句容 附葛洪
晉 鮑靚 江蘇東海 表
唐 鮑該 陝西盩厔
明 鮑粟之 浙江錢塘
明 鮑清時 安徽歙縣 附葉致遠
明 鮑雲鳳 山東德州
清 鮑文炤 江蘇上海 表
唐 駱山人 河南濟源
明 駱用卿 浙江餘姚 表
明 駱斌 廣東歸善

清 駱潤玉 江蘇句容
清 駱士鵬 江蘇丹徒
清 駱師璟 安徽滁州
後漢 龍淵 湖北棗陽
梁 龍瀆老人 安徽當塗
唐 龍復本 河南開封 表
元 龍廣寒 江西新建
明 龍正 甘肅武都
金 閻生 山東平陰 附王廣道
明 閻子貴 山西祁縣
明 閻大節 山西祁縣 附閻子貴
宋 賴文俊 浙江處州

宋 賴白鬚 江西寧都 表
宋 賴先知 福建閩縣
北魏 燕鳳 察哈爾蔚縣
劉宋 暨生 江蘇武進 表
漢 衡胡 卷首附孔子
唐 衡相 湖南衡山
宋 篯叟 四川涪州 附譙定
明 霍昂 河南杞縣
明 橄大經 河北廣宗
清 諶會銜 湖南漵浦
宋 穆修 山東益都 附李之才
清 穆尼閣 西洋法國

元 操貴持 江西浮梁 表
春秋 橋庇 卷首附孔子

十七畫

上古 羲和 卷首附黃帝
唐堯 羲仲 卷首附堯陶唐
唐堯 羲叔 卷首附堯陶唐
宋 徽宗帝 卷首
漢 謝夷吾 浙江山陰
後漢 謝甄 河南召陵
唐 謝玠 江西興國 表
宋 謝枋得 江西弋陽
宋 謝昔臣 江西贛縣

宋 謝和卿 江西寧都 附劉淵則
宋 謝世南 江西興國
宋 謝永錫 江西興國 附謝世南
宋 謝石 四川成都
元 謝生 浙江杭縣
明 謝常德 安徽祁門
明 謝作霖 江西分宜 表
明 謝廷柱 福建長樂 表
明 謝憲時 福建寧化
明 謝純 福建甌寧
清 謝增 江蘇甘泉
清 謝應寬 安徽無爲

清 謝玉臨 安徽歙縣
清 謝芝生 安徽歙縣 附謝玉臨
清 謝體春 安徽宿州
清 謝天翺 湖北潛江
清 謝天翔 湖北潛江 附謝天翺
清 謝心治 湖北潛江 附謝天翺
清 謝允恭 湖南耒陽
清 謝獻廷 湖南東安
清 謝盛中 湖南永興 表
清 謝大樗 四川永川 表
清 謝少暉 四川資州
清 謝歷 甘肅皋蘭

清 謝廷寶 福建龍巖 表
清 謝　震 福建侯官
清 謝　震 福建南平
清 謝　詔 雲南宜良
清 謝禮耕 江蘇陽湖 表
清 謝　震 江蘇陽湖 表
清 謝　鴻 江蘇宜興
南齊 蕭惠開 江蘇武進
隋 蕭　吉 山東曹州
宋 蕭巽齋 江西吉水
宋 蕭才夫 江西吉水
宋 蕭　注 江西新喻

宋 蕭才清 江西雩都 表
金 蕭漢傑 河北大興
元 蕭　斞 陝西奉化
明 蕭鳴美 江蘇丹徒
明 蕭鳳鳴 江蘇昭文 表
明 蕭鳴鳳 河北大興
明 蕭雲山 貴州天柱
清 蕭人官 江蘇上元 表
清 蕭　引 江蘇宜興
清 蕭雲從 安徽蕪湖
清 蕭功誨 湖北沔陽
清 蕭三式 湖南常寧

清 蕭致良 湖南常寧 附蕭三式
清 蕭　珏 四川合川 表
清 蕭光漢 甘肅皋蘭 附謝歷
清 蕭雲濃 遼寧廣寧
宋 應　垕 江西宜黃
元 應　本 浙江錢塘 表
清 應文烈 江蘇上海 表
清 應斗橋 江蘇上海 表
清 應撝謙 浙江仁和
唐 鍾可朝 江西寧都 表
元 鍾繼元 浙江桐鄉
明 鍾　調 浙江海寧

明 鍾　誌 福建閩縣
清 鍾之模 浙江會稽
清 鍾承鼎 安徽舒城 表
清 瞿蘭譜 安徽舒城
清 瞿東海 安徽舒城
清 瞿運炎 安徽舒城 附瞿東海
清 瞿運功 安徽舒城 附瞿東海
清 瞿守明 安徽舒城 附瞿東海
清 瞿守榮 安徽舒城 附瞿東海
清 瞿守華 安徽舒城 附瞿東海
清 瞿守富 安徽舒城 附瞿東海
唐 薛　頤 河南滑縣

宋 薛亞 湖北江陵 表
宋 薛叔似 浙江溫州
宋 薛化光 山西正平
宋 薛奎 山西正平 附薛化光
宋 薛翁 四川富順
元 薛如鑑 浙江嘉興
元 薛月鑑 浙江嘉興 附薛如鑑
元 薛鑑心 浙江嘉興 附薛如鑑
元 薛白雲 浙江嘉興 附薛如鑑
元 薛秋蟾 浙江嘉興 附薛如鑑
明 薛仲義 河北元氏
清 薛福成 江蘇無錫

清 薛嵋 山東濱州
清 薛鳳祚 山東益都
清 薛德望 四川營山 表
漢 翼奉 江蘇邳州
漢 襄楷 山東臨邑
唐 豫章術者 江西南昌
宋 鮮于天一 四川南部
明 繆元吉 江蘇常熟 表
明 繆希雍 江蘇常熟
清 矯晨憘 遼寧海城
清 薩弼 遼寧鳳城
清 蹇逢泰 甘肅武鄉

清 霞峰道人 湖北長樂
唐 濮都監 江西寧都
清 濮文暹 江蘇溧水

十八畫

周 顏回 卷首 附孔子
劉宋 顏延之 山東沂州
劉宋 顏敬 江蘇銅山
北魏 顏惡頭 河北滄州
後梁 顏規 江蘇吳縣
宋 顏魯子 江西婺源 附陳同甫
春秋 顓孫師 卷首 附孔子
晉 戴洋 浙江長興

宋 戴厚甫 浙江錢塘 表
宋 戴生 廣東番禺
元 戴冑 浙江黃巖
元 戴士垚 浙江浦江 表
明 戴易 江蘇長洲
明 戴冠 江蘇長洲
明 戴端蒙 安徽天長
明 戴姓 安徽黟縣
明 戴紹 河南儀封 表
明 戴經 河南儀封 表
清 戴溱 江蘇句容 表
清 戴欽榮 江蘇句容 表

清　戴鴻　江蘇上海　附盛鈞
清　戴輔美　浙江嘉興
清　戴敦元　浙江開化
清　戴良　浙江浦江
清　戴震　安徽休寧
清　戴濬　江西永豐
清　戴國恩　江西婺源　表
清　戴日煥　湖南衡山
清　戴尚文　湖南漵浦
清　戴澤同　河南祥符
清　戴澤溥　雲南南寧
民國　戴姜福　江蘇吳縣

漢　魏伯陽　江蘇吳縣方外
漢　魏景卿　陝西平陵　附張仲蔚
北魏　魏寧　河北鉅鹿
北魏　魏道虔　河北清河
隋　魏先生　山西代州
唐　魏琮　陝西長安　表
宋　魏易齋　江西弋陽
宋　魏山人　江西吉水
遼　魏璘　河南開封
宋　魏漢津　四川成都　表
元　魏文昌　山西壺關　表
明　魏孟堅　福建松溪

清　魏企垂　江蘇陽湖　表
清　魏端　江西瀘溪
清　魏澄清　江西義寧
清　魏麟　湖北沔陽　表
清　魏鑑　湖南芷江
清　魏文通　河北臨榆
清　魏養志　河北南樂
漢　韓說　浙江山陰　表
晉　韓友　安徽舒城
唐　韓混　陝西長安
唐　韓凝理　山西長治
宋　韓慥　浙江臨安

宋　韓東野　江西婺源
宋　韓顯符　河南開封
元　韓性　浙江會稽
明　韓先生　浙江山陰　表
明　韓原善　河北盧龍
明　韓西元　河北遷安　附梅如玉
明　韓允　河北高陽
明　韓邦奇　陝西朝邑
清　韓寅秀　河北慶雲
清　韓達學　山西靜樂
清　韓光　山西稷山
清　韓鳴岐　河南滑縣

清 韓應春 甘肅皋蘭 表
清 聶湘吟 江西永豐
清 聶庭 山東長山
明 叢蘭 山東文登
清 叢立選 河北滄洲
清 擴超凡 四川合州
清 擴安一 四川合州 附擴超凡
清 擴鼎元 四川合州 附擴超凡
魏 關朗 山西解州
隋 臨孝恭 陝西長安
宋 儲泳 江蘇華亭
宋 瀛洲 四川成都

明 簡堯坡 福建閩縣
明 鵝池翁 江西彭澤
明 藍道衍 山東即墨
清 藍斌 福建龍溪
清 藍道人 甘肅天水 附雷逢源

十九畫

宋 譚章 湖南長沙
宋 譚元謨 江西興國
宋 譚仲簡 江西興國 附譚元謨
元 譚友文 江蘇嘉定
明 譚明 廣東南海
清 譚多濟 湖南茶陵

清 譚學元 湖南清泉
清 譚德政 四川綿州
清 譚炳 山西沁水
清 譚宗節 陝西寶鷄 表
晉 羅翁 湖南黔陽
後梁 羅尊師 陝西長安
宋 羅一新 浙江寧海
元 羅如意 四川南充 表
明 羅道傳 江西泰和
明 羅珏 江西鄱陽
明 羅天佑 四川長寧
明 羅白頭 貴州天柱 表

清 羅浩 江蘇東海
清 羅捧日 安徽新安 表
清 羅席珠 江西德化
清 羅登選 湖南衡山
清 羅金鑑 湖南新化
清 羅起鳳 湖南新寧 表
清 羅亻 四川郫縣 表
清 羅文思 四川合江
清 羅世珩 四川合江
清 羅在公 四川營山
清 羅德龍 福建長汀
清 羅聯章 福建長汀 附羅德龍

清　羅萬福　雲南宜良
蜀漢　譙周　四川西充
蜀漢　譙岍　四川西充　附譙周
宋　譙定　四川涪州
後漢　龐德公　湖北襄陽
北齊　龐倉鷹　山西太原　表
隋　龐晃如　湖北襄陽　表
清　龐啓鯨　浙江仁和　表
清　龐炳　河北雄縣
北魏　麴紹　河南滎陽　表
宋　鏡湖　江西吉水　表
明　邊彥駱　河南杞縣
清　顚道人　湖北興山

二十畫

漢　嚴豐　江西南昌
後漢　嚴遵　四川成都
晉　嚴卿　浙江會稽　表
唐　嚴善思　陝西朝邑
宋　嚴道者　浙江龍泉
明　嚴正笏　湖北石首　表
明　嚴俊　貴州安平
清　嚴元燮　江蘇丹徒
清　嚴榮　江蘇寶山　表
清　嚴遜　江蘇如皋
清　嚴光裕　江蘇清河　表
清　嚴可均　浙江烏程
清　嚴守謨　江西廣澤
清　嚴楚璧　湖北蘄水
清　嚴寅賓　湖北羅田
清　嚴組璋　山東歷城
清　嚴炳寰　河南扶溝
清　嚴亨　廣西灌陽
民國　嚴煦　江蘇丹徒
戰國　蘇秦　河南雒陽
漢　蘇竟　陝西平陵
後漢　蘇文　河南洛陽　表
唐　蘇粹明　浙江縉雲　附范越鳳
宋　蘇頌　江蘇丹徒
宋　蘇軾　四川眉州
宋　蘇繹　福建同安
清　蘇萬彙　安徽合肥
清　蘇雲山　山東商河
清　蘇于垣　雲南趙州
吳　闞澤　浙江山陰
漢　竇廣國　河南宜陽　表
宋　竇儼　河北薊州
清　饒之道　江西崇仁
清　饒懋猷　四川資州

二十一畫

二十二畫

清程樹勳壬學瑣記云。吳越春秋、則載子胥、少伯、文種、公孫聖。晉書、則載戴洋。龍城錄、則載馮存澄。五代史、則載梁太祖。夷堅志、則載蔣堅。稗史、則載朱允升。堯山堂外紀。亦載朱允升。徽州府志、則載程九圭。松江府志、則載陳雨化、蘇州府志、則載徐大衍、皇甫焯。元史、則載劉秉忠。然古今善六壬者。當不止此數人。惜余孤陋。於書籍所見有限。未能一一詳舉耳。

清汪中述學云。左氏春秋釋疑篇云。晉獻公筮嫁伯姬於秦。史蘇占之不吉。及惠公爲秦所執。曰先君若從史蘇是占。吾不及此。韓簡以爲先君多敗德。史蘇是占。勿從何益。南蒯將叛。筮之得坤之比。子服惠伯、以爲忠信之事則可。不然必敗。易不可以占險。由是言之。左氏之言卜筮。未嘗廢人事也。

中國歷代卜人傳總目

卷首

上古太昊伏羲氏　上古炎帝神農氏（司怪　巫咸）

上古黃帝軒轅氏（大撓　羲和　常儀　車區　容成）　唐帝堯

陶唐氏（羲仲　羲叔　和仲　和叔）　虞帝舜有虞氏　夏

禹王　商湯王　周文王　周武王　周

周公　周孔子（商瞿子木　橋庇子庸　馯臂子弓　周醜子家　孫虞子乘　田何子

裝　王同子中　周王孫　丁寬子襄　服生服光　楊何叔元　即墨城　孟但　周霸　衡胡　主父偃　項

生　田王孫　施讎　孟喜　梁丘賀　卜偃　端木賜　顏回　顓孫師　孟子）　漢高

帝　梁武帝　梁元帝　宋仁宗帝

宋徽宗帝　漢高祖帝　清世祖帝

清聖祖帝　清高宗帝

卷一　○江蘇省一

1 江蘇縣（今改稱首都市縣治移東山鎮）　東晉扈謙

梁陶弘景　宋劉虛白　元蔡槐

明李義人　明崔自均　清秦承業

2 上元縣（今幷入江寧縣）　明陳遇　明李槐

明賀確　清陳茂桐　清夏和元

清溫葆深　清湯榮

3 丹徒縣（今改為鎮江縣）　晉徐廣　劉宋孔恭

唐王居士　宋蘇頌　明馮淵

清 吳任臣 清 應撝謙 清 趙大川
清 李殿颺 清 錢 林 清 沈志言
清 王 暹
吳越 葉 簡 宋 諸先生

67 錢塘縣

宋 沈 括 宋 古 象 宋 范居中
父 儒 宋 徐大升 楊 淙 宋 張 介
宋 徐 復 郭 京 宋 富初庵
宋 仰宗臣 宋 徐鏡齋 宋 楊桂巖
宋 周 生 元 陸華之 元 王 逵
元 李國用 明 鮑粟之 明 錢彭曾
明 朱玩泉 清 高士奇 清 汪 渢
清 林 瀾 清 張永祚 沈 度

清 舒繼英 清 松山人 清 諸可繼
清 沈紹勳

68 杭 縣 元 謝 生 歐陽可山 清 諸遠之

69 海寧州 今改爲海寧縣 南齊 顧 歡 明 宋 鎮
子 徽 明 鍾 諷 明 程道生
清 陳之遴 清 陳 詵 清 沈祥正
張惠生 清 范 騋 清 周宗林
清 杭辛齋

70 富陽縣 宋 孫守榮 明 何 有

71 餘杭縣 宋 沈 野 楊希孟 明 趙 良

卷八 ○浙江省二

72 臨安縣 宋 韓 慥 宋 夏巨源

明 朱行恕張星元 明 葉廣彬
清 沈重華 清 嚴可均
82 歸安縣今改幷爲吳興縣 明 施侃 清 姚文田
清 仰思忠 清 卞斌 清 淩堃
清 姚承輿
83 長興縣 晉 戴洋 明 吳琉劉太和劉夫人
清 吳慶奎
84 德清縣 清 陳雲鳳 清 范時行
清 徐端 清 俞樾
85 鄞縣 宋 任炳 宋 王應麟
元 王昌世 明 袁珙別古崖
明 袁忠徹 明 倪光 明 楊少坡

明 胡宏 明 樓楷 清 陳昌泗
86 慈谿縣 明 陳茂禮
卷九 ○浙江省三
67 奉化縣 明 吳國才
88 鎮海縣 清 劉赤江
89 象山縣 明 劉端
90 山陰縣今改幷爲紹興縣 漢 謝夷吾 吳 闞澤
唐 沈七 元 張德元 明 張景岳
明 周述學 明 季本 明 朱燮元
清 趙振芳 清 沈燡燔 清 沈義方
清 潘爾杲
91 會稽縣今改幷爲紹興縣 宋 鄒淮 宋 徐吉甫

清 方略

104 衢州（今改為衢縣） 宋 張鬼靈 宋 余聽聲

明 祝宗元（趙緣督） 清 陳世對

105 龍游縣 南齊 徐伯珍 元 趙友欽

明 朱暉（子謙齋 方明） 明 章濬

106 常山縣 清 毛書有

107 開化縣 明 吾瑾 清 戴敦元

清 汪烈承 清 陳光瑞（弟光甕）

108 金華縣 宋 蔡碧雲 宋 何亘源

宋 盧鴻 宋 葛好問 元 厲周卿

元 許謙 元 鄭謐 明 劉日新

109 蘭谿縣 宋 葉容 元 金履祥

明 方拱之 明 陸位 明 楊子高

110 東陽縣 明 章懋 隋 舒綽 元 張去非

明 王烻（蔡星槎）

卷十一 ○浙江省五

111 義烏縣 元 朱震亨 清 金光

112 浦江縣 宋 吳德先（李常容） 元 柳貫

明 戴良 清 朱家佐（子） 宋

清 王宗臣

113 建德縣 唐 孫晤（楊集） 唐 孫生

宋 黃山人 清 張鳳藻

114 淳安縣 明 吳覲光 清 方尙節（鄭明暹）

卷十三 ○安徽省二

卷十六　〇江西省三

歷代卜人傳總目錄

裔孫 謙 宋 劉淵則 謝和卿 明 邱宏道

219 信豐縣 清 江宗淇

220 興國縣 唐 廖 瑀 父三傳 宋 胡從正

宋 譚元謨 裔孫仲簡 宋 謝世南 子永錫

明 曾從政 明 廖紹定 明 廖紹寵

清 廖邦明 清 廖安民

221 會昌縣 清 樂嘉善

222 定南廳 今改為定南縣 清 黃恆對

223 南康縣 清 黃啓珠

224 崇義縣 清 陳鴻川

225 寧都縣 唐 濮都監 劉則章 鄭彥遠 明 廖均卿

226 瑞金縣 清 管志寧

227 石城縣 清 尹良相

228 德化縣 今改為九江縣 晉 陶 淡 清 羅席珠

229 德安縣 宋 夏 竦

230 瑞昌縣 清 張昌貴

231 湖口縣 明 張思問

232 彭澤縣 明 鵝池翁

233 星子縣 清 崔運通

234 建昌縣 今改為永修縣 宋 王文卿

235 安義縣 清 熊德卿 清 萬吉士

清 彭昌旺 清 楊 承 清 涂建日

清 楊來谷

236 鄱陽縣 晉 陶 侃 晉 師 圭

宋 洪邁　宋 富春子　明 西渚子
明 童軒　明 羅玨
237 餘干縣　後漢 張遐　宋 司馬武子
元 左麒
238 樂平縣　明 雲隴耕夫
239 浮梁縣今縣治即景德鎮　明 吳弢　明 閔觀
240 婺源縣原屬安徽省民國二十三年劃屬江西　宋 程惟象
宋 朱熹　宋 陳同甫　宋 顏魯子
宋 董元善　宋 游克敬族孫朝宗
宋 李相士　宋 碧鑑相士　宋 韓東野
宋 張相士　宋 張尉　宋 蔣逸堂
元 胡一桂父方平　明 胡獻忠

明 江曉　明 江仲京兄抱一兄東白
明 李景溪　明 游暹汪朝邦
清 張士旺　清 汪鋼　清 汪勳文
清 江永　清 胡邦達　清 汪紱
清 江彥明　清 葉泰　清 洪騰蛟
241 德興縣　宋 吳景鸞祖法旺父克誠　宋 傅伯通
宋 周寬廖金精　宋 祝泌
元 梁饒　元 傅立　明 齊琦
從祖夢龍從祖貴澄　明 徐善繼弟善述　明 董德彰
明 程天昭　明 董燦　明 祝仲陽
清 傅仲乾　清 余樹芝　清 王朝元
張宿　清 陳錫周

242 萬年縣　明 柯佩彭容
243 靖安縣　清 陳鹿章
244 武寧縣　明 潘荃　清 盧元俊
245 義寧州今改爲修水縣　元 祝泰　清 魏澄清
清 胡星煌　清 陳釗

卷十七 ○湖北省

346 江夏縣今改爲武昌縣　周 鄭詹尹　宋 皇甫坦
清 傅之鉉
247 夏口廳今改爲漢口市　清 程思樂　清 黃友石
248 蒲圻縣　明 王進臣
249 崇陽縣　清 葉峙山沈叟
250 大冶縣　清 盧昶

251 興國縣今改爲陽興縣　清 石敬臺
252 漢陽縣　明 李國木弟國林　清 金鵬
253 漢川縣　明 尹賓商　清 丁鵬翥
清 田學臣
254 孝感縣　明 王儻　清 熊賜履
255 沔陽州今改爲沔陽縣　清 樓標子聯奎
清 葉傳薪　清 騰雲龍　清 蔣德高
清 定永桂　清 蕭功誨
256 黃岡縣　明 甘霖僧無礙　明 玄谷子
清 高序奎　清 張鳳鳴　清 朱心安
清 徐習功　清 張利川
257 黃安縣　清 周宗仁

歷代卜人傳總目錄

歷代卜人傳總目錄

476 泰安縣 晉 汶上老人 宋 開懷道民
清 郭載騋 清 張永爵
477 萊蕪縣 明 董從
478 肥城縣 清 尹匯瀛
479 惠民縣 清 李壽淵
480 陽信縣 宋 王訥 宋 楊知
明 張希儒 清 朱崇英父百揆
481 厭次縣故治在山東陵縣東北三十里 漢 東方朔
482 無棣縣 明 王守分子希哲
483 濱州今改為濱縣 後漢 郭鳳 清 薛嵋
484 利津縣 明 李登仙 清 李神仙
485 霑化縣 清 溫其中 清 范峻
清 郭景曜
486 商河縣 清 蘇雲山 清 李毓華
清 李懷敬 清 劉寶璋 清 李爽
487 高苑縣 清 何一鳳
488 博山縣 明 趙祜
489 濟寧州今改為濟寧縣 明 王泰 清 郭一標
490 兗州今改為滋陽縣 唐 伊慎
491 曲阜縣 周 楚丘父
492 寧陽縣 明 王賢
493 滕縣 明 王恭臨 清 劉有源
494 平陸縣 後漢 王輔
495 魚臺縣 後漢 單颺

496 沂州 今改為臨沂縣 劉宋 顏延之 後漢 趙彥 後漢 王成
劉宋 王微 清 宋之韓

497 蒙陰縣 明 公家臣

498 莒州 今改為莒縣 明 趙同

499 東莞縣 今為山東沂水縣治 北周 孫僧化

500 陽都縣 故治在山東沂水縣南 蜀漢 諸葛亮

501 曹州 今改為曹縣 隋 蕭吉 元 郭翁

卷二十四 ○山東省二

502 單父縣 今為山東單縣治 漢 呂公

503 聊城縣 清 郭從風

504 堂邑縣 景 步熊

505 茌平縣 清 紀法程

506 清平縣 唐 呂才 明 邢修業
清 張君勝

507 莘縣 明 敖山

508 高唐州 今改為高唐縣 晉 華嶠 唐 乙弗宏
禮 清 華玉書

509 恩縣 漢 宋景 清 楊蘭芳

510 德州 今改為德縣 明 李誠明 明 鮑雲鳳
清 李源

511 德平縣 清 葛傳鏊

512 平原縣 周 平原君 魏 管輅 郭恩
梁 劉峻 隋 明克讓 明 趙見庚
清 周廷琳 清 徐元吉 清 王德純

513 陵縣　明 康瀜
514 臨邑縣　後漢 襄楷　清 李至果
515 東平縣　後晉 王朴
516 東阿縣　明 崔勉
517 平陰縣　金 王廣道 閻生　明 張繼業
清 張春滋
518 壽張縣　清 孫性存
519 范縣　宋 張昭　清 兌裕庵
520 文登縣　明 叢蘭
521 掖縣　漢 費直
522 平度縣　後漢 公沙穆
523 都昌縣 故城在今山東昌邑縣西二里　後漢 逢蒙 徐房 李子雲
王君公

524 膠州 今改為膠縣　明 朱震　明 楊廷玉
孫鉦 玄孫永昆
525 高密縣　後漢 鄭玄 第五元先
526 即墨縣　後漢 王仲
527 益都縣　東晉 郭大夫　宋 傅霖 張詠
宋 李之才 穆修 种放　明 翟珂
明 王起陽　清 劉公言　清 薛鳳祚
528 臨淄縣　周 太公望　漢 甘公
漢 田何　漢 淳于意　晉 左思
529 樂安縣 今改為廣饒縣　魏 周宣
530 壽光縣　晉 劉敏元

564 左雲縣　清 王利仁　清 王世魁
565 朔州今改爲朔縣　北齊 皇甫玉
566 恆州今改爲忻縣　北魏 高崇祖　唐 張果
567 靜樂縣　清 韓達學
568 臨汾縣　清 彭鑾趙銘
569 洪洞縣　清 衛仰璠
570 翼城縣　清 焦騰鳳　清 趙春曦
571 太平縣今改爲汾城縣　清 孫夢祥　清 王宗炎
572 襄陵縣　晉 公孫彧　清 李根暢
573 永濟縣　唐 孟羽　宋 伊憲文
宋 苗訓子守信
574 臨晉縣　清 李則星　清 李興讓

575 解梁縣故治在山西臨晉縣西南　唐 衛大經
576 榮河縣　隋 侯生　清 王恩奎
577 猗氏縣　清 張建旂
578 解州今改爲解縣　北魏 關朗王彥
南齊 柳世隆　北周 柳敏
579 夏縣　宋 司馬光晁說之 牛師德　宋 賈衆妙
580 河北縣故城在山西芮城縣東北
581 芮城縣　春秋 子順　明 萬蓬頭
582 安邑縣　北魏 祖纖　北齊 王春
583 聞喜縣　晉 裴秀　晉 郭璞
唐 邱延翰　唐 裴行儉　明 王斆

614 許州（今改為許昌縣）　漢 劉諷　唐 張憬藏
　宋 杜生
615 襄城縣　宋 楚芝蘭（子繼芳）　明 李紹
616 郾城縣　宋 掌禹錫
617 召陵縣（故城在今河南郾城縣東三十五里）　後漢 謝甄
618 滎陽縣　隋 劉祐（劉輝馬顯）
619 鄭州（今改為鄭縣）　春秋 裨竈
620 衛州（今為河南汲縣治）　唐 高定
621 汲縣　唐 尚獻甫
622 武陟縣　清 申維清
623 安陽縣　唐 傅弈　清 許三禮
　清 李振文　清 李克岐

624 湯陰縣　宋 岳珂　清 杜會
625 臨漳縣　北齊 趙輔和
626 內黃縣　宋 傅珏　明 宋之韓
627 文安縣　隋 馬光
628 新鄉縣　明 李承寶
627 朝歌縣　春秋 端木賜　後漢 向長
630 輝縣　清 李元良
631 滑縣　漢 京房　唐 薛頤
　明 呂朗（吳日章 賈勛）　清 劉燃
　清 韓鳴岐
632 河內縣（今改為沁陽縣）　北齊 解法選　北齊 張子信
　元 許衡

633 濟源縣 唐 駱山人
634 溫　縣 漢 許　負 明 李星井
清 張四斗 清 王子湘
635 陽武縣 清 張世勳
636 雒陽縣 東周 蘇　秦 宋 程　顥
宋 程　頤

卷二十九 ○河南省三

637 洛陽縣 周 叔　服 周 王孫說
周 衞　平 漢 皇甫嵩眞 後漢 劉
輔 明帝劉莊 後漢 尹　軌 後漢 王　宗
魏 曹　植 魏 爰　邵 晉 潘　滔
晉 董仲道 唐 張　諲 唐 胡盧生

唐 錢知微 後晉 徐幼文 五代 王處訥
子熙元 宋 邵　雍 子伯溫 宋 劉　燁
宋 李建中 子宗魯 宋 楊可試 弟可弼 可輔
明 畢宗義 清 劉　恭
638 陽城縣 故城在河南登封縣東南三十五里 周 王　詡
639 偃師縣 魏 王　弼
640 鞏　縣 唐 黃　賀 明 趙　迎 賈 顯
641 永寧縣 今改爲洛寧縣 明 陳周史
642 新安縣 宋 錢若水 清 呂衍高
643 澠池縣 清 李士林
644 閿鄉縣 清 田秉德
645 伊陽縣 明 張應斗

646 信陽州今改為信陽縣 明 何弈家

647 南陽縣 後漢 李休 後漢 朱祐

後漢 樊英 金 胡德新

648 西鄂縣故治在今河南南陽縣南 後漢 張衡

649 鄧州今改為鄧縣 漢 蔡少公 宋 張虛白

650 棘陽縣故城在今河南新野縣東北 唐 岑文本

651 新野縣 隋 庾季才 隋 庾質子儉

652 汝陽縣今改為汝南縣 後漢 袁良 後漢 袁滿來

明 趙毅 明 方日中 明 秦潮

明 袁永基 清 桂繼攀

653 汝南縣 漢 蔡父 後漢 郭憲王仲子

654 平輿縣故城在今河南汝南縣東南六十里 後漢 許楊

後漢 廖扶 後漢 許曼祖父峻張巨君

後漢 許劭許虔

655 安城縣故城在今河南汝南縣東南七十里 晉 周浚

656 上蔡縣 明 張儒

657 新蔡縣 晉 干寶

658 西平縣 後漢 郅惲

659 確山縣 清 金景珠

660 光州今改為潢川縣 清 吳續胡明襄

661 光山縣 明 王相 清 胡煦

662 固始縣 清 吳其泰

663 新息縣 後漢 高獲

卷三十 ○陝西省一

664 **長安縣**

周 尹喜　秦 樗里子
漢 司馬季主　漢 田文　漢 谷永
漢 王朔　漢 孫賓　隋 來和
隋 臨孝恭　唐 王希明　唐 韓滉
唐 馮存澄　唐 李泌　唐 梁鳳
唐 張初雒　唐 王生　唐 白衣老人
唐 路生　後梁 羅尊師　宋 張衍
宋 王勛　宋 何遂　金 李茂
元 李欽夫　元 郝昇 王嘉
明 熊庠　清 趙舒翹　清 張延己

665 **萬年縣** 故城在今陝西臨潼縣東北即今長安縣治

唐 韋夏卿　唐 韋顗　北魏 唐文

666 **奉元縣** 即今陝西長安縣治

元 楊恭懿　元 蕭㪺

667 **杜陵縣** 故城在今陝西長安縣東南

隋 史萬歲
隋 韋鼎

668 **咸陽縣**

春秋 卜徒父　漢 蘇竟

669 **平陵縣** 故城在今陝西咸陽縣西北十五里

漢 張仲蔚 魏景淸

670 **安陵縣** 故城在今陝西咸陽縣東

漢 楷生
後漢 班固

671 **茂陵縣** 故城在今陝西興平縣東北

後漢 馬融

672 **興平縣**

清 吳壽貞 劉健庵

673 **高陵縣**

元 高儔

674 涇陽縣 元 袁思義 明 柴定向

675 三原縣 唐 李靖 明 馬尚賓 明 雷鳴 清 劉澇

676 盩厔縣 唐 鮑該 曹世[illegible]

677 蓮勺縣 故城在今陝西渭南縣東北七十里 漢 張禹

678 華原縣 故城在今陝西耀縣東南 唐 孫思邈

679 同州 故治即今陝西大荔縣 唐 桑道茂 宋 王湜 楊維德 明 張曰炳

680 大荔縣 清 史景玉

681 朝邑縣 唐 嚴善思 明 趙天秩 明 程濟 明 韓邦奇

682 夏陽縣 故治在今陝西韓城縣南 漢 司馬談 子遷 唐都 楊何 黃子

683 韓城縣 春秋 卜招父 清 强嶽立

684 華陰縣 秦 楊碩 唐 車三 清 史□□ 清 王宏撰

685 商州 今改為商縣 東晉 臺產

686 蒲城縣 宋 郭緒 清 王文煒

687 鳳翔縣 明 李律師 車龍光

688 岐山縣 唐 李淳風

689 寶鷄縣 清 陳備恪

690 扶風縣 北魏 王伯達

691 郿縣 宋 張載 明 郭伯郁

692 乾州 今改為乾縣 明 馬神仙

卷三十二 ○甘肅省

清 梁運昌 父上賓

724 連江縣 宋 鄭思肖 清 章鼎
清 黃明莊 清 游苹

725 福寧縣 今治為福建霞浦縣 明 葉森

726 霞浦縣 清 黃瑞鵠 清 陳逢堯
清 吳可泮

727 廈門廳 今改為廈門縣 明 蔡鼎

728 莆田縣 宋 鄭樵 宋 林霆
明 陳昂 清 吳天民

729 仙游縣 元 林雷龍 清 林蒙亨

730 晉江縣 明 丁衍夏 明 鄭毓季
清 莊肇汯

731 南安縣 清 黃士炯

732 惠安縣 明 鄭仰田

733 安溪縣 明 潘景 清 李光地
清 李淸時 清 王嚴龍 清 白美振
清 周士長

734 馬巷廳 今改置縣佐 清 洪伯壽

735 同安縣 宋 蘇繹 清 洪潮和 子彬海
清 施瑚璉

736 德化縣 宋 陳朗 清 李輿禹

737 龍巖州 今改為龍巖縣 宋 葉琇卿 清 章貢雲

738 長汀縣 清 蔡承謙 清 羅德龍 子聯章

739 寧化縣 明 魯柯 清 謝憲時

清　伊元復

740 上杭縣　明　鄧天林

卷三十四　○福建省二

741 永定縣　清　廖冀亨　清　廖鴻章

742 龍溪縣　宋　康　庶　明　林存祥

明　黃鍾選　明　張士楷　清　藍　斌

743 漳浦縣　唐　黃　矩　明　黃道周

744 長泰縣　明　林廷擢

745 平和縣　明　卓晚春

746 詔安縣　明　吳　朴

747 海澄縣　清　詹明章　清　張德春

清　吳邦基　清　黃懷人

748 南平縣　清　欒　斌子雲鶚　清　謝　震

749 延平縣　宋　池惠師

750 永安縣　明　鄧華山　明　高平川

明　馮繼功

751 建　州故治即今福建建甌縣　五代　吳　翁

明　熊汝嶽

752 建安縣今改為建甌縣　宋　黃　晞　宋　滕　峻

元　雷德潤　明　林　浤　明　黃　生

清　任元衷

753 甌寧縣今并為建甌縣　明　謝　純

754 建陽縣　宋　蔡元定父發　宋　蔡　淵

宋　蔡　沈　明　徐之謨朱之相

明熊宗立劉剡

755 浦城縣 宋楊億 宋鄭瑞

宋歐陽可夫 宋華仁仲 宋郭小山

明詹奇 明詹淙 清劉日開

祖鳳軒 父華宇 清祝疇

756 松溪縣 明魏孟堅

757 邵武縣 宋黃伯思 清張文瑾

758 建寧縣 明張時傑 明甘茂富

清余明陞 清徐家瑄

○臺灣省

759 臺灣縣 清曾明訓

卷三十五 ○廣東省

760 番禺縣 宋戴生 清陳仲良

清陳應選梁斗煥 清曹九錫子璿演

761 香山縣今改為中山縣 明李秩 明賈璶

明黃纖

762 南海縣 南漢胡萬頃 宋周克明祖傑 父茂元

宋何時 明譚明 明方權

清何夢瑤

763 順德縣 清李文田 清陳壽

清溫錫生 清楊麟高 清周夢薐

764 東莞縣 明尹遂祈 明彭誼

明劉杰 明周覺 清袁文桂

清林蒲

765 新寧縣今改爲台山縣　清 李文曜
766 新會縣　清 屈　杰　清 陳元力
767 三水縣　宋 張謙光
768 四會縣　清 吳顯時叔叔驊
769 開平縣　清 何　彬　清 吳爾康張之洞
770 鶴山縣　清 施通一
771 德慶州今改爲德慶縣　清 談翀霄
772 羅定縣　清 陳五雲　清 林啓燊
清 楊文暉
773 樂昌縣　明 鄧　容
774 翁源縣　宋 成　倬
775 英德縣　宋 石汝礪

776 連　州今改爲連縣　明 何　洲
777 澄海縣　清 余執中
778 歸善縣今改爲惠陽縣　明 駱　斌　清 劉　炘
779 博羅縣　明 張　萱
780 海陽縣今改爲潮安縣　宋 劉　允　明 柯　望
明 黃　愼
781 揭陽縣　清 程定山
782 長樂縣今改爲五華縣　清 徐啓隆　清 連卓琛
783 石城縣今改爲廉江縣　清 江應元
784 瓊山縣　宋 劉　遁　明 馮　明
785 文昌縣　明 林　廣　清 林士者
786 儋　縣　清 郭有經

805 霑益州今改為霑益縣　唐 閉珊居集
806 馬龍州今改為馬龍縣　唐 阿晌　清 朱承謨
807 陸涼州今改為陸涼縣　清 劉毓麟
808 羅平州今改為羅平縣　清 劉飛雲
809 河陽縣今改為澂江縣　清 葉文波
810 東川縣　清 朱應元
811 會澤縣　清 吳桂良
812 尋甸州今改為尋甸縣　明 張神卜　清 馬百良
813 鎮雄州今改為鎮雄縣　清 傅姓
814 楚雄縣　清 張維焯
815 琅鹽井今改為鹽興縣　清 王體元
816 建水縣　清 劉德厚

817 通海縣　清 陳文藻　清 李維新
818 石屏州今改為石屏縣　清 龔布　清 劉騰蛟
清 畢山人　清 游席珍
819 廣南縣　唐 夏侯生
820 景東廳今改為景東縣　清 饒時佐
821 騰越廳今改為騰衝縣　清 許爾超
822 永昌縣今改為保山縣　明 楊元　清 李應宣
清 吳觀國
823 太和縣今改為大理縣　清 楊增　清 董以忠
父 策
824 雲南縣今改為祥雲縣　明 楊體仁
825 趙州今改為鳳儀縣　清 蘇于垣　清 許超

卷三十七 ○遼寧省

848 滿州 清 德格勒 清 高其倬
849 瀋陽縣 清 范宜賓
850 鐵嶺縣 清 金世鑑
851 遼陽州（今改為遼陽縣） 漢 王仲 北魏 高謙之 北魏 閔宗 遼 呼拉布 元 石抹繼祖 清 黃雅林
852 襄平縣（故城在今遼寧遼陽縣西北七十里） 後魏 晁崇
853 遼中縣 清 史易 清 靳鴻發
854 蓋平縣 清 耿昭忠 清 于葆中（祖大墀姪兆鐸） 馬文貴 清 丁顯鴻（何玉冊） 清 孫步雲 清 邢崇陽 清 曲福厚

855 海城縣 清 嬌晨憙（咸允庵） 清 李玄眞 清 姜樂園
856 徒河縣（故城在遼寧錦縣西北） 北魏 屈拔
857 廣寧州（今改為北鎮縣） 遼 耶律純 遼 耶律倍 元 耶律楚材（元太祖帝） 清 艾向榮 清 李萬春 清 蕭露濃 清 孟昭謙
858 義縣 遼 焦希贇 清 陳世隆
859 綏中縣 遼 耶律乙不哥
860 錦西縣 清 張恆春
861 安東縣 民國 劉世銘（子長甲長第） 長連
862 鳳城縣 清 管文奎 清 薩弼
863 復縣 清 張俸 清 李浩年

丹徒馬步洲校

格物致知十事

明、劉伯溫郁離子云。天地之呼吸。吾於潮汐見之。禍福之素定。吾於夢寐之先兆見之。同聲之相應。吾於琴之弦見之。同氣之相求。吾於鐵與磁石見之。鬼神之變化。吾於雷電見之。陰陽五行之消息。人命繫其吉凶。吾於介鱗之於月見之。祭祀之非虛文。吾於豺獺見之。天樞之中。吾於子午之針見之。巫祝之理不無。吾於吹蠱見之。三辰六氣之變。有占而必驗。吾於人之脈色見之。觀其著以知微。察其顯而見隱。此格物致知之要道也。不研其情。不索其故。梏於耳目而止。非知天人者矣。蠱毒、害人之物也。左傳、皿蟲為蠱。疾如蠱。吹蠱、鮑照歌、含沙射流影。吹蠱痛行暉。是也。

皐按、此篇所論十事。曰天地。曰禍福。曰同聲。曰同氣。曰鬼神。曰陰陽五行。曰祭祀。曰天樞。曰巫祝。曰三辰六氣。即證之以潮汐、夢寐、琴弦、鐵石、雷電、及鱗介與月、豺獺與夫子午針、吹蠱、脈色、一問一答。確鑿無移。謂為足破不研其情。不索其故。梏於耳目而止者之大惑。不亦善乎。

中國歷代卜人傳卷首

潤德堂叢書之八

鎮江袁阜樹珊編次

上古

太昊伏羲氏

太昊伏羲氏、風姓。母華胥生帝於成紀。漢文帝時・黃龍見成紀・卽漢置之成紀縣・故城在今甘肅秦安縣北三十里・隋徙置秦安縣東・宋時移成紀之名於上邽・明省入秦州・卽今甘肅天水縣治・○邽姑咸切・音圭・齊韻・漢縣名・隴西有上邽・在今甘肅秦州境・有聖德象日月之明故曰太昊承木德而王易知錄云・古之王者易代改號・取法五行更旺相生・先起於木・太昊首以木德王天下・蓋木爲四時之首也・作都於陳之宛丘宛丘・今河南開封府陳州・帝生聰明睿智德合上下有龍馬負圖出於河上於是仰觀象於天俯察法於地中觀萬物之宜見陰陽有奇耦之數始畫八卦乾一兌二離三震四巽五坎六艮七坤八卦有三爻因而重之得卦六十有四所謂先天之易也御覽引春秋內事曰・伏犧氏始畫八卦・定天地之位・分陰陽之數・推列三光・建分八節・以文應氣・凡二十四・消息禍福・以制吉凶・古史考云・庖犧氏作卦始有筮・其後殷時巫咸善筮・

上古男女無別帝始制嫁娶以儷皮爲禮正其姓氏通以媒妁而民始不瀆法乾坤以正君臣父子夫婦之義而民始知人倫又作甲曆以定歲時起於甲寅干支相配歲以是紀而年不亂月以是紀而

時不易。晝夜以是紀。而人知度。東西南北以是紀。而方不惑。故曰治曆明時。則敬天勤民之本也。（路史註云。伏羲有甲子元曆。是太昊已有甲子。而世本皆謂黃帝命大撓作甲子。誤也。撓特配甲子作納音耳。）上古之世。茹毛飲血。帝乃作網罟。（罟。五古切。麌韻。網也。）教民佃魚。（佃。徒年切。先韻。又蕩練切。霰韻。義同。一治田也。二代耕農也。三田獵也。）養六畜。以爲犧牲。充庖廚。祀神祇。故後世稱之曰庖犧氏。而其興也。有龍馬之瑞。因而名官。故亦號龍師。飛龍氏、造書契者也。潛龍氏、造甲曆者也。居龍氏、治屋廬者也。降龍氏、驅民害者也。土龍氏、治田里者也。水龍氏、繁滋草木。以疏導泉流者也。又命五官。春官爲青龍氏。夏官爲赤龍氏。秋官爲白龍氏。冬官爲黑龍氏。中官爲黃龍氏。於是共工爲上相。柏皇爲下相。朱襄、昊英、常居左右。栗陸居北。赫胥居南。昆吾居西。葛天居東。陰康居下。各明刑政。以懷四方。百令既舉。萬民化洽。帝乃斷桐爲琴。琴二十七弦。以通神明之貺。以合天人之和。絙桑爲瑟。（絙。居登切。音揯。蒸韻。古鄧切。音亙。經韻。說文。緪。大索也。）瑟三十六弦。以修身理性。返其天眞。而樂亦由此起焉。帝生洪荒之後。開物成務。爲後世制作祖。在位百六十四年。（或云百五十年。）崩。葬於陳。今陳爲大皞之墟。其後裔當春秋時。有任宿須

句顓臾皆風姓之胤也。胤音孕・子孫相承續也・繼也・嗣也・避太祖清世宗諱・亦作胤・○補史記三皇本紀清張伯行道統錄○魏陳思王曹植・庖犧贊曰・木德風姓・八卦創焉・龍瑞官名

法地象天・庖廚祭祀・罟網魚畋・瑟以像時・神德通玄・○晉摯虞太常集庖犧贊曰・昔在上古・惟德居位・庖犧作王・世尚醇懿・設卦分象・開物紀類・施罟設網・人用不匱・○乾隆甘肅伏羌縣志人物・註云・帝之生・在今三陽州・漢時屬冀城・後改爲成紀縣・今三陽州改屬秦州・而以古論之・固爲本縣之地・則不妨兩存云・○清一統志・山東省濟甯州陵墓・載伏羲陵・在魚臺縣東北七十里・鳧山南・其前有廟・九域志・兗單皆有伏羲陵・路史又云・陵在山陽・今曲阜鄒滕嘉祥境內・俱有伏羲廟・殆以此故也・統志原按云・本朝遣官祭告伏羲陵・在河南陳州府淮甯縣・舊志沿明統志・誤入此・未免附會・姑存俟考・○長白麟慶見亭鴻雪因緣圖記羲陵謁聖云・太昊伏羲氏・陵在河南陳州府淮甯縣西北三里許・隋以前無考・唐貞觀時・始禁樵採・宋乾德四年立廟・祀以太牢・元明因之・國朝載入祀典・乾隆十年乙丑・奉旨重修・陵城牆高九尺・袤六百丈・規模壯麗・前有池・曰白龜・相傳卽蔡水得書處・有臺曰八卦・元和志謂始畫八卦處・道光丙戌孟夏・余赴睢邑・査辦教匪王會隴案・便道至陳州巡閱・爰偕邑令永雲樵・恭謁陵廟・瞻仰靈寢・肅然生敬・比回寓・有客謂史記注稱伏羲葬南郡・又稱塚在山陽高平西・且幾龜書出洛・並非蔡水・八卦本於河圖・何以舍圖取書・而曰畫龜書卦・遂皆指以爲僞・余曉之曰・上古文字未立・一畫開先・伏羲風姓・生於成紀・以木德王・而都於陳・開物成務・制器致用・爲五帝首・今滄桑變遷・宛邱之陵・巍然獨存・且聖人作易・幽贊生蓍・靈草挺翠・與龜池卦臺・輝映高深・俾先聖遺蹟・昭垂千古・不亦美乎・又何必閱執考據家言・自矜淵博哉・因吟曰・當時觀象無先聖・萬古鴻濛孰劃開・一自龜圖懸日月・至今蟲篆走風雷・靈蓍秀啓三朝策・古柏香生八卦臺・渾噩依然存太極・豐碑翻笑費鴻才・○阜按・觀此可以證明羲聖之陵・確在河南淮甯縣・非山東魚臺縣也・淸一統志河南省陳州府祠廟・又載伏羲廟在淮甯縣西北五里・明正統間重建云云・證以麟見亭先生恭謁陵廟所記・更無疑義・惟陳州府陵墓・並無伏羲陵字樣・此必遺漏之故・不足怪也・至伏羲廟不僅山東魚臺有之・據統志所載・安徽省廬江府合肥縣浮槎山頂・有伏羲廟・山西省大甯縣東門外・亦有伏羲廟・乃金大定三年建・甘肅省鞏昌府治・東郭內・又有伏羲廟・河南省河南府孟津縣西五里・又有伏羲廟・相傳爲龍馬負圖處・河南省汝甯府上蔡縣東三十里・湖北省安陸府天門縣東北五華山・均有伏羲廟・可見陵只有一・而廟不妨遍立也・○左傳定四年・正義引易云・伏羲作十言之教・乾・坤・震・巽・坎・離・艮・兌・消・息・○宋王十朋梅溪文集詠伏犧詩云・八畫中含萬象殊・洪荒一變遂歸儒・河圖不授庖犧氏・民到于今目尚塗・○學易筆談云・西教士之易說篇云・西

彩士花之安氏．頗注意於中國之經籍．曾著自西徂東一書．謂畫卦之伏羲．乃巴比倫人．巴比倫高原．爲西洋文化發源地．伏羲八卦．以乾爲天．以坤爲地．至今巴比倫人．猶稱天爲乾．地爲坤．此一證也．又巴比倫亦有十二屬象．與中國之十二辰．大略相同．其證二也．或因花氏之說．更加推求．謂伏羲畫卦．以備萬物之象．宇宙偉大之象．無不列舉．如天．地．水．火．風．雷．山．澤．以配八卦．而海爲天地間最大之一象．獨付闕如．而舉澤以爲山之對．則亦一疑問也．巴比倫介歐亞之間．四面皆大陸．距海最遠．其間惟裏海死海．爲瀦水最大之區．故稱之爲澤．亦足證花氏之說．不爲無因．花氏更稱巴比倫古代之王．有號伏巨者．與伏羲二字．音亦相近．當卽爲始畫八卦之人．亦可謂讀書得間矣．但我國上古之史．雖無可稽考．然自伏羲而後．代有傳人．一畫開天．卽文字所造始．儷皮爲禮．己姓氏之足徵．在中國之佚聞古蹟．無有可爲伏羲來自遠方之證者．況伏羲之陵．猶在中州．至今無恙．其果否爲伏羲埋骨之所．雖無從徵實．但有一事．足以參證．有決非人力所能爲者．則古聖揲以求卦之蓍草．是也．孔子曰．昔者聖人之作易也．幽贊於神明而生蓍．至今蓍草所產之地．厥惟伏羲文王周公孔子之墓．而他處無有也．惟近今所生之蓍．不及古時之長．余嘗采蓍於孔林．最長者乃不滿今尺三十寸．以合周尺僅四尺餘．所謂六尺及盈丈者．詢之孔氏云．久不得見矣．夫文周與孔子之墓．固確爲聖穴．決無可疑．則伏羲之陵而有蓍草．亦斷然足證其非妄矣．其非巴比倫產．可不辨自明．或者當伏羲之時．西北之人物殷繁．（其時東南皆水．陸地不多．）治化流被於歐亞兩州之交．故巴比倫得有伏羲之學說．（逮洪水爲災．地形改變．流沙阻隔．西道遂不復通．故禹域西限流沙．）未可知也．至八卦之象無海．則有說焉．夫江河海洋．皆後起之名辭．伏羲時．文字未興．烏得有此析類之名．卦象水火山澤．皆以對舉爲文．海洞無可對也．故以澤對山．洪荒之世．世界一澤國耳．舉目所見．惟山與澤．則亦以山澤象之耳．周易爲中古之書．取象較廣．坎爲大川．大川．亦卽海也．焉得以數千年後之名辭．而致疑於上古之世哉．○又化學之分劑與象數合篇云．西人物質之化分．譯之爲化學者，乃近世紀所發明者也．不謂地隔三萬里．時閱七千年．而吾易之象數．能與之一一脗合．無毫釐之差．嗚呼．是所謂範圍天地而不過．曲成萬物而不遺者．豈空談性理．所能悉其奧旨哉．張氏之銳易象闡微．取氣之分劑性質．以卦位爻數．乘除推衍．無不妙合．尤奇者陽三而陰二．足證古聖參天兩地之數．固俟之萬世而不惑者也．○又五行化合篇云．庖羲畫卦．觀變陰陽．分四時．播五行．至黃帝造甲子．以天干地支．分陰分陽．以經緯五運六氣．符造化之大原．備人事之終始．易道之範圍天地．曲成萬物者．至此愈精愈密．後王制治．大而禮樂政刑．小而百工技藝．胥無能違其軌則．而藥醫卜筮．風鑑諸家之導源於此者．更無論矣．自西學東漸．趨重於物質之文明．斥陰陽爲謬論．指五行爲曲說．承學之土。皆吐棄而不屑道。不知陰陽之道。實根於天地。盈天地之萬物。不論其有形可見。無形可見。無一不具有一陰一陽之性。卽無一能出此陰陽軌道之外者。動植諸物無論矣。卽礦物諸類。亦無不有陰陽。其他如數學之有乘除。有正負。化學之有分合。有加減。倫理有優劣勝敗。有積極消極。有演繹。有歸納。何一非一陰一陽之義哉。至五行之說。以水火木金土概之。說者疑爲不倫。不知水火木金土之五者。非僅以其質。乃所以代表陰陽之氣與數。其不以四不以六。而必以五者。則參天兩地。陽常饒而陰常乏。陰陽之數。僅限以五。化合雖成六氣。而實數仍不能出五以外。此中微妙之理。熟思當有所悟也。○易數偶得六合三合篇云。子與丑合。寅與亥合。卯與戌合。辰與酉合。巳與申合。午與未合。術家所謂六合。乃日與月合也。申子辰合水。亥卯未合木。寅午戌合火。巳酉丑合金。術家所謂三合。乃坎震離兌四正之位。各與左右相合也。易曰。日月合其明。六合也。四時合其序。三合也。日月合明。子一丑二一四時合序。一三七十。天地合從。巽乾對峙。辰巳天門。戌亥地戶也。鬼神合吉凶。謙艮稱平。西南神樞。故神字從申。東北鬼藏。故斗魁鬼象。（丑斗宮。）術家天德。月德。祿馬。刃煞。貴人諸名。均仿諸此。具有精義。如官居祿前。刃在祿後。官者職守。官居祿前者。先事後食之大義。刃者刑戮。刃隨于祿者。利與害俱之微旨也。故四時之序。功成者退。陰陽之義。過盛則災。衰病已見。而不急去。死期將至。授之以馬。馬動而不行。中壽之墓木拱矣。嗚呼。名之所在。卽義之所在。君子顧名思義。安而不忘危。存而不忘亡。治而不忘亂。是以身安而國家可保也。五行災祥。本諸一身。其道皆出于易。孔子上下繫傳。取中孚咸履各卦。反覆丁甯。示人以立身立德之道。其精義皆合於天地日月之法象。無一字虛設者。後儒空言釋之。致十翼盡等具文。無由徵實其用之所在。反目五行家言爲小道。斥言象數者爲無稽。學者畏難而喜易。遂以空談爲易學之正軌。易於是乎不亡而亡矣。○韓詩外傳云。伏羲察六氣。察陰陽。以養之身。而四時水火陞降。得以有象。百病之理。得以有類。於是嘗草治砭。以制民疾。而人滋信。廣博物志按。世謂神農嘗百草。而孔叢子世紀。皆以爲伏羲。蓋本有其始。而善其終。

上古

炎帝神農氏 司悋 承誠

炎帝神農氏、名軌。一曰石年。少典君第二子也。母有蟜氏、登感神而生帝於烈山。號曰烈山氏。亦爲厲山氏。軌。居夭切。音矯。篠韻。姓也。厲山。在湖北隨縣北四十里。一名烈山。亦名重山。又名麗山。禮記注。厲山氏。炎帝也。起於厲山。荊州記。隨縣北界有隨山。山有一穴。云是神農所生處。長於姜水。姜水。即岐水。在今陝西岐山縣西。源出岐山。南流合橫。流入於雍。水經注。岐水東逕姜氏城南。爲姜水。因姓姜以火德王天下。都於曲阜。曲阜在山東曲阜縣治東。風俗通。阜者茂也。言平地隆踊。不屬於山陵也。古者茹草木之實。食禽獸之肉。未知稼穡之利也。帝求利民宜久食者。以爲無易於穀。於是因地之時。相地之宜。制畝清甽。甽。古泫切。音畎。銑韻。漢書食貨志。水之廣尺深尺曰甽。亦作甽。又一畝三甽。注。壟也。或作畎。畎。舉遠切。音犬。銑韻。疏通流注曰畎。爲耜耒以教民播種。而農事興焉。易下繫曰。神農氏作斲木爲耜。揉木爲耒。耒耜之利。以教天下。蓋取諸益。又教之種樹桑麻瓜果。所以厚民生而贍衣食也。凡民之生。器用是賴。帝始作耜耨錢鎛以資之耕。耜。象齒切。音似。紙韻。耒。盧對切。音類。隊韻。手耕曲木也。柄之曲木謂之耒。耒端之刃謂之耜。耜。牀魚切。音鉏。魚韻。鋤省字。耨。乃豆切。音鎒。宥韻。奴沃切。音傉。沃韻。刺地除草之器。耘也。鉏田也。錢。即淺切。音翦。銑韻。田器。銚屬也。鎛。補各切。音博。藥韻。田器。鋤類也。杵臼井竈以資之食。范金、合土、大爲埏埴以資之用。埏。尸連切。音羶。先韻。水和土也。埴。質力切。音直。職韻。黏土也。土黃而細密曰埴。摶土爲坏也。衣食既足。器用不匱。農末相資。貨賄相通。於是列廛於國。日中爲市。使天下之民交易而退。各得其所。是故民皆力耕而勤於織。三十一歲而國有十一歲之儲。每歲陽月、盍百種。率萬民葦籥土鼓、蜡祭以報成功。爲民有疾病未知藥石。帝乃味草木之滋。察以寒溫平熱之性。辨其君臣佐使之宜。以爲醫藥以救其疾病。嘗一日而遇七十毒而方書以興復察水泉甘苦令人知所趨避民無夭札食力居安竦身戴德（竦・息拱切・音聳・敬也・）陶於至化所謂黃農之世也初庖犧既畫八卦帝乃命司怪主卜巫咸主筮以通天下之志以定天下之業以爲終萬物始萬物者莫盛于艮艮東北之卦也故重艮以爲始命之曰連山易（帝王世紀曰・炎帝重八卦之數・究八八之體・爲六十四卦・）又作太初曆以授時作穗書以同文（草綠字源云・炎帝神農氏・因上黨嘉禾八穗・乃作穗書・頒時令・）以火紀官月省時考時諸侯夙沙氏叛。不用帝命其臣箕文諫而殺之帝益修厥德夙沙氏之民自攻其君而歸帝於是南至南交。（書・堯典傳・南方交趾之地・）北至幽都。（書・堯典・疏・居北方名曰幽都之地・）東至暘谷。（書・堯典・釋文・暘谷・海嵎夷之地名・）西至三危。（書・禹貢・導黑水於三危・）莫不從其化。作扶犂之樂。制豐年之詠。以雅琴瑤瑟。保合太和。（越絕書曰・神農不貪・而天下共富之・不以其智自貴於人・而天下共尊之・）在位百四十年崩。（或云百十年・）葬長沙。（今爲湖南省會及商埠地・城瀕湘瀏二水交會之處・粵漢鐵路北段經之・○補史記三皇本紀道統錄・○烏程嚴可均云・漢藝文志・五行家有神農大幽五行二十七卷・雜占家有神農教田相土耕種十四卷・倉頡造字・在黃帝時・前此未有文字・神農之書皆後人追錄・亦不過謂神農之法・相傳如是・豈謂神農手撰之文哉・）

黃帝軒轅氏

大撓 羲和 常儀
車區 容成

上古

黃帝、姓公孫、名軒轅。有熊國君少典之子也。（有熊。古地名。卽今河南省新鄭縣治。）母曰附寶。見大電光繞北斗樞星。感而孕二十四月。生黃帝於壽丘。（壽丘。在今山東省曲阜縣東北六里。）生而靈異。有聖德。長於姬水。居軒轅之丘。（軒轅丘。在今河南省鄭縣西北。）國于有熊。因名軒轅。號有熊氏。又以姬爲姓。焉時神農氏衰。諸侯相侵伐。炎帝榆罔弗克征。軒轅乃習用干戈。以討不庭。諸侯咸賓。及榆罔稍侵凌諸侯。諸侯益叛。軒轅修德治兵。與榆罔戰於阪泉之野。（阪泉。今名黃帝泉。在今河北省保安縣東。）三戰然後勝之。（紀元考云。帝榆罔五十五年癈。神農氏亡。）又禽殺其臣蚩尤於涿鹿。（御覽引歸藏。曰。黃神與炎神。爭鬥涿鹿之野。將戰。筮於巫咸。曰。果哉。而有咎。涿鹿山名。在今察哈爾省。涿鹿縣東南。或云卽今宣化縣東南之鷄鳴山。黃帝誅蚩尤於涿鹿。卽此。今其地有土城。明志謂之軒轅城。中有黃帝廟。○廣博物志。引玄女法。九天玄女。授帝以三宮五意。陰陽之略。太乙遁甲。六壬步斗之術。陰符之機。靈寶五符五勝之文。遂克蚩尤於中冀。）於是諸侯咸尊軒轅爲天子。代神農氏而有天下。以土德王。都涿鹿。因雲瑞。遂以雲紀官。春官爲青雲。夏官爲縉雲。秋官爲白雲。冬官爲黑雲。中官爲黃雲。舉風后、力牧、太山稽、常先、大鴻、爲六相。以蒼頡爲左史。沮誦爲右史。命蒼頡製字。字有六義。一象形。二假借。三指事。四會意。五轉注。六諧聲。使天下義理必歸文字。文字必歸六書。是爲萬世文教之祖。作陣法、設旗麾。麾、呼逶切、音撝、支韻、旌旗之屬、所以指撝也、有不順者征之。披山通道。東至於海。西至崆峒。崆峒在甘肅省平涼縣西、接化平縣界、涇水發源於此、亦作空桐、又曰鷄頭、史記五帝紀、黃帝西至空桐登鷄頭、卽此、南至於江。北至熏鬻。熏鬻、卽獯鬻、漢書禮樂志、匈奴虐、熏鬻殛、遷徙無常處。以師兵為營衛。上古穴居而木棲。民未有寧處。軒轅乃立宮室棟宇之制。作合宮以祀上帝。見日月星辰之象。著星官書。命大撓作甲子。廣博物志云、黃帝命大撓、探五行之情、而定之納音、風后釋之、以致其用、而三命行矣、羲和占日。常儀占月。車區占星。象容成總而兼之。造蓋天儀以象周天之形。作調曆以建寅春正月為歲首。是歲己酉朔日南至。獲神策寶鼎。迎日推策。作十六神曆。精邪分以置閏。于是時惠而辰從矣。審陰陽。洞性命。咨岐伯而作內經。於是而人得以盡年矣。製裳衣。作冕、垂旒、充纊、易下繫曰、黃帝垂衣裳而天下治、蓋取諸乾坤、冕、米演切、音免、銑韻、旒、離尤切、音留、尤韻、冕旒、古天子諸侯及卿大夫之禮冠也、纊、庫謗切、音曠、漾韻、絮也、今之新綿也、為青衣黃裳。象天地之正色。觀翬翟草木之華。翬、呼威切、音輝、微韻、雉五采備曰翬、翟、第機切、音狄、錫韻、山雉尾長者、染五采為文章。以表貴賤。而袞冕衣裳之制興。袞、古穩切、音滾、阮韻、古者天子之禮服也、范金為貨。制金刀。立五幣。權輕重。以制國用。而貨幣行。命隸首作算數。伶倫造律呂。榮猨鑄十二鐘。猨、于元切、音袁、元韻、猿本字、作雲門大卷之樂。名曰咸池。咸池、黃帝所作樂名也、堯增修而用之、咸、皆也、池之言施也、咸池、言包容浸潤也、復製器用命甯封爲木正。揮、作弓。夷牟作矢。歧伯、作鼓吹鐃角靈鞞神鉦。鐃、尼肴切、音呶、肴韻、鐃如鈴、無舌有柄、執而鳴之、以止擊鼓、鞞、蒲糜切、音秕、齊韻、騎鼓也、鉦、支盈切、音征、庚韻、鐃也、似鈴、柄中上下通、共鼓、化胡、作舟楫以濟不通。邑夷、作車以行四方。作杵臼而穀始繫。作釜甑而民始飯。以烹以炰。炰、蒲肴切、音庖、肴韻、同炮、以火熟之也、以爲醴酪。醴、力米切、音禮、齊韻、酒一宿熟也、酪、勒壑切、音落、藥韻、酪、牛馬乳所造、有乾溼二種、澤有橋梁行有屝履。屝、附胃切、音翡、未韻、屝、草屨也、器用既備乃畫野分州得百里之萬區營國邑置左右大監監於萬國萬國以和。遂經土設井以制兵法置步制畝。本作畮、畮、六尺爲步、步百爲畮、舊制量田地、以縱橫各五尺、營造尺、即一十五方尺爲方步、二百四十方步爲畝、一畝面積、凡六千方尺、以定民業八家爲井井開四道而分八宅井一爲鄰鄰三爲朋朋三爲里里五爲邑邑十爲都都十爲師師十爲州分之於井而計於州則地著而數詳是爲井田寓兵爲後世兵農之祖。當是時、草昧漸開軒轅順天地之紀幽明之占死生之說存亡之難肇萬古文明之化時播百穀草木淳化鳥獸蟲蛾傍羅日月星辰水波土石金玉勤心力節財用由是民不習僞官不懷私人無夭札物無疵厲風雨時而休徵至屈軼生於庭。屈軼、草名、黃帝軒轅氏、有屈軼佞人入朝、則草指之、博物志謂堯時有屈軼草、又名指佞草、鳳凰巢于閣。麒麟游于郊。於是採首山之銅。鑄三鼎于荊山之陽。荊山・在河南省閿鄉縣南三十五里・一名覆釜山・史記封禪書・黃帝采首山之銅・鑄鼎於荊下・故名其處曰鼎湖・○魏陳思王曹植黃帝三鼎贊云・鼎質之淸・古之神氣・黃帝是鑄・以象太乙・能輕能重・知凶識吉・世衰則隱・世和則出・八月既望。鼎成而軒轅崩。軒轅自擇亡日・與羣臣辭別・○抱朴子曰・黃帝生而能言・役使百靈・可謂天授自然之體者・猶復不敢端坐而得道・故陟王屋而受丹經・登崆峒而問廣成・論道養則資元素二女・精推步則訪山稽力牧・講占候則詢風后・著體診則受雷岐・審攻戰則納五音之策・窮神姦則記白澤之亂・相地理則書青烏之說・故能畢記秘要・窮盡道眞・在位百年。年百十有一歲。或言壽三百年・葬於橋山。御覽・云・橋作喬・橋山在陝西中部縣西北・以沮水穿山而過若橋然・故名・上有黃帝冢・亦曰子午山・○史記封禪書・漢武帝北逐巡狩・祭黃帝冢曰・吾聞黃帝不死・今有冢・何也・或對曰・黃帝已仙上天・羣臣葬其衣冠耳・其臣左徹取衣冠几杖而廟祀之。抱朴子曰・汲羣冢中竹書・言黃帝既仙去・其臣有左徹者・削木爲黃帝之像・帥諸侯朝奉之・故司空張茂先撰博物志・亦云黃帝仙去・其臣思戀罔極・或刻木立像而朝之・或取其衣冠而葬之・或立廟而四時祀之・子二十五人。得姓者十有四人。元配西陵氏女、曰嫘。嫘音縲・教民蠶。後世祀爲先蠶。生子昌意玄囂。後皆有天下。史記五帝本紀道統錄○張守節史記正義云・任用風后・力牧・常先・大鴻・四人・皆帝臣也・皇甫謐帝王世紀云・黃帝夢大風・吹天下之塵垢皆去・又夢人執千鈞之弩・驅羊數萬羣・帝寤而嘆曰・風爲號令・執政者也・垢去土・后在也・天下豈有姓風名后者哉・夫千鈞之弩・異力能遠者也・驅羊數萬羣・是能牧民爲善者也・天下豈有姓力名牧者哉・於是依二夢之占而求之・得風后于海隅・登以爲相・得力牧於大澤・進以爲將・黃帝因著占夢經十一卷・又云・幽明之占・數也・言陰陽五行・黃帝占數而知之・索隱封禪書曰・黃帝得寶鼎神策・于是推策迎日・神策者神蓍也・黃帝得蓍以推算曆數・于是逆知節氣日辰之將來・故曰推策迎日也・○明包汝揖南中紀聞云・黃帝即位・丁巳八年甲子・因命大撓作甲子以紀元・此曆家鼻祖也・考歷代編年史・及康節皇極經世・挨次積算・自黃帝八年爲一甲子起・至我明天啓四年・僅七十三甲子・總七十三甲子計之・大略四千三百餘年耳・

帝堯陶唐氏（羲仲 羲叔 和仲 和叔）

唐 帝姓伊耆、名堯。帝嚳高辛氏之子。帝摯之弟。黃帝軒轅氏之曾孫也。帝母陳鋒氏女曰慶都。爲高辛氏妃。感赤龍之祥。孕十有四月而生堯于丹陵。育于母家伊侯之國。後徙著（易知錄云。著。今山西省祁縣。）故曰伊耆氏（御覽。耆。作祁。）摯登帝位。受封於陶。（陶。今山東省定陶縣。）年十有五。復封于唐。（唐今河北省唐縣。堯爲唐侯。國于此。）摯在位九年。政微弱。而唐侯德盛。諸侯歸之。摯乃率羣臣造唐而致禪。年十有六。（或云年二十而登帝位。）踐天子位于平陽。（平陽。故治在今山西省臨汾縣西南。古帝堯所都。孔叢子曰。堯身修十尺。眉乃八彩。賢聖也。尚書大傳曰。堯八眉。舜四童子。八者如八字也。）史以爲其仁如天。其知如神。就之如日。望之如雲。克明峻德。以親九族。（上自高祖。下至玄孫。凡九族。）平章百姓。（王先謙云。平章百姓。即定姓別族之義。）協和萬邦。黎民於變時雍。（時。是。雍。和也。言天下衆民皆變化從上。是以風俗太和。）乃命羲和氏。順天之道。曆象日月星辰。分爲四序。以授民時。羲仲居嵎夷。理東作。以殷春中。羲叔居南交。理南訛。以正夏至。和仲居昧谷理西成。以殷秋中。和叔居朔方。理朔易。以正冬至。四時之氣既正。日星之躔無爽故人民之作息。鳥獸之孳乳。皆可得而理也。置閏法定四時成歲。允釐百工。庶績咸熙。南夷越裳氏來朝。獻神龜。神龜蓋千歲。方三尺餘。背有科斗紋。堯命錄之。謂之龜曆。庭有草曰蓂莢。蓂。莫經切。音冥。清韻。莢。吉協切。音夾。葉韻。蓂莢。瑞草。又名曆草。堯時生於庭。十五日之前日生一葉十五日之後日落一葉小餘則一葉厭而不落觀之可以知旬朔巡狩而周流五嶽存鰥寡賑荒札一民饑曰我饑之一民寒曰我寒之一民罹辜曰我陷之帝在位五十載嘗游於康衢兒童歌曰立我烝民莫匪爾極不識不知順帝之則又有老人擊壤歌於路曰日出而作日入而息鑿井而飲耕田而食帝力何有於我哉及觀于華華封人祝曰。華。地名也。即今陝西省華縣。封人者。謂華地守封疆之人也。使聖人富壽多男子堯曰辭多男子則多懼富則多事壽則多辱封人曰天生萬民必授之職多男子而授之職何懼之有富而使人分之何事之有天下有道與物皆昌天下無道修德就閒千歲厭世去而上仙乘彼白雲至於帝鄉何辱之有堯久於位言誰為我訪問能順時為治之人而登用之放齊曰嗣子丹諸開明、堯曰吁嚚訟可乎。嚚。魚巾切。音銀。眞韻。愚也。口不道忠信之言。爲嚚。又言誰可順此事者驩兜曰共工旁聚布功、可用堯曰、共工善言、其用僻似恭漫天、不可是時龍門未開呂梁未發。河出孟門。江淮通流。無有平原高阜。故洪水滔天。懷山襄陵。堯咨四嶽有能治水者。皆曰鯀可。（鯀・古本切・音袞・阮韻・禹父名・）堯曰鯀負命毀族、不可。嶽曰、異哉。試不可用乃已。堯於是聽嶽用鯀。九載、功用不成。堯曰嗟四嶽。朕在位七十載。汝能庸命。踐朕位。嶽應曰、否德忝帝位。堯曰、悉舉貴戚及疏遠隱匿者。衆言於堯曰、有鰥民。（無妻曰鰥・）曰虞舜。（虞・氏也・舜・名也・）堯曰然。朕聞之。其何如。嶽曰。瞽子父頑。（心不則德義之經・）母嚚弟傲。能和以孝烝烝治。不至姦。（姦・古顏切・刪韻・私也・亂也・淫也・僞也・淫行也・）堯曰、我其試哉。乃妻以二女。（長娥皇・次女英・）觀其德於二女。舜飭下二女於嬀汭。（嬀・姑透切・音潙・支韻・汭・儒稅切・音芮・霽韻・嬀汭・謂嬀水隈曲之處也・在今山西省永濟縣南・源出歷山・西流入黃河・）如婦禮。遂歷試諸艱。舉八元八愷。流四凶。使禹平水土。益掌火。棄教民播種。契爲司徒。敷五教。堯命舜位。舜讓於德。堯不從。乃薦舜於天。正月上日。（上日・朔日也・）舜受終於文祖。（受終者・堯於是終帝位之事・而舜受之也・文祖・堯始祖之廟・）攝行天子之政。代堯巡狩方嶽。作五刑。（五刑・墨・黥面・劓・音異・截鼻・剕・音廢・刖足・宮・割勢・辟・音闢・大辟死刑・）七十有七載、作大章之樂。（大章・章之也・言堯德章明也・）以夔爲樂正。擊石拊石。象上帝石磬之音。而致鳳儀獸舞焉。八十載。禹治水功成。定九州貢賦。秉元圭入覲。告成肇十有二州。封十有二山。濬川、乃封伯禹於夏。封四嶽於呂。加賜伯益。封契於商。封棄於郃。於時堯老矣。命舜曰。咨爾舜。天之歷數在爾躬。允執厥中。四海困窮。天祿永終。千聖一中之傳、發之自堯。始堯崩於陽城（在河南省登封縣東北。俗名車嶺。）百姓如喪考妣。三年、四海遏密八音。（遏。河葛切。音頞。曷韻。遏密。遏絕密靜也。帝堯死。百官感德思慕。三載之內。皆絕靜八音。不復作樂也。）在位九十八年。通舜攝二十八年。凡一百一十七歲。（御覽七作八〇史記五帝本紀莊子道統錄）

帝舜有虞氏

虞 帝名舜。父曰瞽瞍。系出虞幕。故爲有虞氏。舜母握登、生舜於桃墟（桃墟。在山東省泗水縣東南。亦魯邑。「水經注」。泗水出卞縣。故城東南。桃墟西北。春秋莊公七年。謝息納季孫之言。以孟氏城邑與晉。而遷于桃。「杜注」魯國卞東南有桃墟。世謂之曰。陶墟。舜所陶處也。）因以爲姓。舜生有聖德。濬哲文名。溫恭允塞。母死。而瞍更娶妻生象。瞍愛後妻子。欲殺舜。舜避逃。及有小過則受事。父母瞽弟。日以篤謹。年二十以孝聞。三十而帝堯問可用者。四嶽咸薦曰。有鰥在下。虞舜父頑、母嚚、象傲。克諧以孝。烝烝乂。（烝。諸仍切。音蒸。蒸韻。烝烝。厚貌。乂。魚肺切。隊韻。治也。才德過人也。）不格姦。帝乃妻之二女。以觀其德。舜飭二女於嬀汭。如婦禮。帝善之。使愼徽五典。五典·五常之教·父義·母慈·兄友·弟恭·子孝也·五典能從。納于百揆。百揆·官名·猶冢宰也·揆·度也·度百事、總百官、納舜於此官·賓于四門。四門·四方之門·四門穆穆。諸侯遠方賓客皆敬。昔高陽氏有才子八人。世謂之八愷。高辛氏有才子八人。世謂之八元。此十六族者、世濟其美。不隕其名。舜舉以佐堯。帝鴻氏有不才子。掩義隱賊。好行凶德。天下謂之渾沌。少皞氏有不才子。毀信惡忠。崇飾惡言。天下謂之窮奇。顓頊氏有不才子。顓·朱穿切·音專·先韻·頊·虛曲切·音旭·沃韻·顓頊·古帝·黃帝孫·昌意子·在位七十八年·不可教訓。不知話言。天下謂之檮杌。檮·駝敖切·音桃·豪韻·杌·吳滑切、音兀·月韻·檮杌·狀如虎·毛長二尺·人面虎足猪牙·尾長一丈八尺·攪亂荒中·蓋以人稱檮杌·乃頑凶無疇匹也·此三族、世憂之。縉雲氏有不才子。貪於飲食。冒於貨賄。天下謂之饕餮。饕·他臯切·音滔·豪韻·貪也·餮·惕噎切·音鐵·屑韻·饕餮·惡獸名·古代鐘鼎彝器·多琢其形以爲飾·呂氏春秋·先識周鼎著饕餮·有首無身·食人未咽·害及其身·以言報吏也·一云·貪財爲饕·貪食爲餮·蓋喻凶人也·比於三凶。舜流之四裔。以禦魑魅。魑·敕伊切·音螭·支韻·魅·米肆切·音媚·寘韻·魑魅·山澤之神·時洪水未平。堯使舜入大麓。相視原隰。烈風雷雨而舜行不迷。於是使禹治水。益掌火。棄播百穀。契司五教。皐陶爲士師。三載、堯乃薦舜於天。使攝行天子事。正月上日受終於文祖。察璿璣玉衡以齊七政。美珠謂之璿·璿·音旋·璣·機也·以璿飾璣·所以象天體之轉動也·衡·橫也·謂橫簫也·以玉爲管橫而設之·所以窺璣而齊七政之運行·猶後世之渾天儀也·七政·日月五星也·舜初即位·首察璣衡·以齊七政。歲首建寅。蓋曆象授時所當先也。又云。衡長八尺。璣徑八尺。圓周二丈五尺強。類上帝。禋六宗。望山川。徧羣神。輯五瑞。既月乃日。覲四嶽羣牧。班瑞于羣后。五載一巡守。羣后四朝。敷奏以言。明試以功。車服以庸。肇州。封山。濬川。象以典刑。流宥五刑。鞭作官刑。扑作敎刑。金作贖刑。眚災肆赦。眚。音省。梗韻。誤過也。怙終賊刑。欽哉欽哉。惟刑之恤哉。二十有八載。堯崩。三年喪畢。舜避堯之子於南河。朝覲訟獄者。咸之舜。謳歌者。亦謳歌舜。舜乃即天子位。正月元日。格於文祖。詢四嶽。闢四門。明四目。達四聰。咨十二牧。曰。食哉惟時。柔遠能邇。惇德允元。而難任人。蠻夷率服。復申命禹。益。稷。契。皋陶。使任舊職。以終其事。命垂作共工。伯夷典三禮。夔典樂。敎胄子。龍作納言。夙夜出入朕命惟允。申錫羣后。封堯子朱於丹。丹水。俗稱丹河。發源陝西商縣西北冢嶺山。東南流經商南縣。又東入河南。經內鄉淅川。東會淅水。又東南稱均水。折西南至湖北均縣。入於漢水。亦稱丹淵。又稱丹江。舜封堯子丹朱於丹水。即此。以奉先祀。謂之虞賓。朝於瞽瞍。封象於有庳。庳。弼肆切。音鼻。寘韻。有庳。古地名。舜弟象不仁。舜封之於此。故地在今湖南省道縣北。接東安縣界。三載一考績。三考黜陟幽明。分北三苗。庶績咸熙。帝明於庶物。察於人倫。樂取於人以爲善。立誹謗之木。設求善之旌。植敢諫之鼓。以廣直言之路。養國老於上庠。養庶老於下庠憲其行止貴德而尚齒作米廩以教於國是以未施敬於民而民敬之。作劄韶樂九成。劄・疏浞切・音朔・覺韻・劄韶・即簫韶・虞舜樂也・言簫見細器之備・　鳳凰來儀。帝庸作歌曰。勅天之命惟時惟幾。蓋安不忘危也。帝又彈五弦之琴。作南風之歌。其詞曰、南風之薰兮可以解吾民之慍兮。南風之時兮可以阜吾民之財兮。九敍惟歌。恭己南面。無爲而天下治。初以孝升聞、及其爲天子也、以天下養。故曰大孝。宅位三十有三載。子商均不肖。乃咨禹而巽位焉。正月朔日受命於神宗。帥百官如帝之初。命之曰、人心惟危道心惟微。惟精惟一。允厥執中。此堯命舜、舜益以三言。因以命禹。爲十六字傳心之要典焉。舜薦禹於天。十有七年。舜崩於蒼梧而終禪焉。蒼梧・亦曰九疑・　是爲零陵。零陵・帝舜所葬・即今湖南省甯遠縣東南之舜陵・　舜生三十徵庸三十在位又五十載。凡百一十歲。史記五帝本紀道統錄

夏禹王

夏　禹姓姒氏、黃帝之玄孫也。黃帝生昌意。昌意生顓頊。顓頊生鯀。鯀娶有莘氏女、曰志。是爲修己。見流星貫昴。夢感而孕。歲有二月。生禹於石紐。石紐山・在四川省北川縣南一里・唐書地理志・石

泉縣有石紐山。清一統志。舊志有二石結紐。因名。有大禹廟。又譙周蜀中本紀。禹本汶山郡。廣柔縣人。生於石紐。廣柔縣廢。在今四川省汶山縣西北地。有石紐村。時洪水滔天。懷山襄陵下民其憂。堯詢治水於四嶽。僉舉鯀。堯試之九載。績不成。舜登庸攝政。以鯀負命毀族。殛諸羽山。殛。紀力切。音棘。職韻。誅也。謂誅責之也。書。舜典。羽山。在江蘇省東海縣西北九十里。接贛榆縣。及山東郯城縣界。禹貢。徐州羽畎夏翟。孔安國傳。羽中旌旄。羽山之谷有之。郭璞山海經注。謂卽舜殛鯀處。清一統志及孫星衍尚書疏。皆從此說。而使禹續父業。禹爲人敏給克勤。其德不違。其仁可親。其言可信。聲爲律。身爲度。傷父功之弗克。思蓋前愆。祗承于帝。勞身焦思。纚風沐雨。爲天下先。娶塗山女名曰憍。憍。基妖切。音驕。蕭韻。同驕。生子啓。辛壬癸甲。啓呱呱泣。禹弗子。惟荒度土功。辛壬癸甲。四日也。娶塗山甫及四日。卽往治水也。呱呱。泣聲。弗子。弗念子也。荒。大度相也。土功。治水土之功也。言娶妻生子。皆有所不暇。顧惟以大相水土之功爲急也。居外八年。過門不入。陸行乘車。水行乘船。泥行乘橇。橇。子劣切。音撮。又卒嘬切。音蕝。皆屑韻。集解。他書或作蕝。駰案。橇形如箕。擿行泥上。橇音直。謂以板置泥上以通行路也。正義。橇形如船而短小。兩頭微起。人曲一脚。泥上擿進。用拾泥土之物。今杭州溫州海邊有之也。山行乘檋。檋。居旭切。音挶。沃韻。一作橋。集解。駰案。謂以鐵如錐。頭長半寸。施之履下以上山。不蹉跌也。正義。按上山前齒短。後齒長。下山前齒長。後齒短也。敷土隨刊。奠高山大川。自冀州始。次兗。次青。次徐。揚。次荊。豫。梁。雍。周行宇內。東造絕域。絕域。謂極遠之地域。西延積石。積石。山名。讀史方輿紀要。積石。在西甯衞西南百七十里。禹貢。導河自積石。是也。南踰赤岸。北過寒谷。徊崑崙。察六扈。脈地理。銘金石。瀉流沙於西隅。決弱水於北漢青泉赤淵分入洞穴通江東流至於碣石。碣石。山名。漢書地理志。大碣石山。在驪成縣西南莽曰碣石。驪成故城。在今河北省樂亭縣西南。疏九河於涽淵。涽。呼溫切。音昏。元韻。同潛。溷亂也。開五泉於東北。鑿龍門闢伊闕。伊闕。山名。亦名闕塞山。龍門山。在河南省洛陽縣南。昔大禹疏以通水。兩山相對。望之若闕。伊水歷其間北流。故謂之伊闕。春秋之闕塞也。水土既甯成賦中邦則以三壤任土作貢。九貢以定由是六府孔修弼成五服。聲教訖四海錫元圭。告成功於天下舜受堯禪以爲司空俾宅百揆舜子商均不類薦禹於天命之曰、人心惟危道心惟微惟精惟一允厥執中歷數在汝躬終陟元后禹固辭舜曰毋乃受命神宗是時有苗弗率昏迷不恭舜咨禹徂征苗民逆舜益曰、惟德動天無遠弗屆滿招損謙受益至誠感神矧茲有苗禹拜昌言曰俞班師振旅帝誕敷文德舞干羽兩階七旬而有苗格後十七歲、舜崩三年喪畢禹避商均於陽城天下朝覲訟獄謳歌者、不歸商均禹不得已踐天子位以金德王改載曰歲唐虞曰載。夏曰歲。商曰祀。周曰年。蓋載始一歲而終。歲以星一歲而周。祀以祭一歲而徧。年以禾一歲而熟。是四者名異而實同也。都安邑。安邑。今縣名。屬山西省。在解縣東北。漢置。卽今夏縣安邑兩縣地。至後魏分置南安邑。北安邑二縣。北安邑。尋改夏縣。以地卽夏禹所都之安邑。故名。國號夏定正朔仍有虞以建寅爲歲首色尚黑牲用玄作樂曰大夏易曰連山連山三易之一周禮・春官・太卜掌三易之法・一曰連山・二曰歸藏・三曰周易・連山夏易・以艮爲首・歸藏商易・以坤爲首・周易以乾爲首・桓譚新論・連山八萬言・又曰・連山藏於蘭臺・按連山於唐前已佚・今玉函山房及嚴可均有輯本・係採集帝王世紀・水經注等書所引用者而成・鄭玄易贊及易論云・夏曰連山・殷曰歸藏・周曰周易・鄭玄又釋云・連山者象山之出雲・連連不絕・歸藏者萬物莫不歸藏於其中・周易者言易道周普・无所不備・

定天下爲九州貢金九牧鑄鼎象物使人識神姦。神姦・蓋指鬼神怪異之物能害人者・因洛龜獻圖演洪範九疇皇極居五以一御八蓋建極居中之意。天與禹神龜・負文而出・列於背・有數至九・禹第之・以爲洪範九疇・治天下之大法・其類有九・一五行・二五事・三八政・四五紀・六三德・七稽疑・八庶徵・九五福六極・

追王父鯀封堯後於唐舜後於虞作賓王家舉皋陶將畀以政而皋陶卒封其後於英六任伯益以國政薦之於天命奚仲爲車正建旌旗斿旐。旌・卽嬰切・音精・庚韻・析羽注旄於竿首・謂之旌・旗・勤怡切・音其・支韻・以竹木爲梃・揭布帛等・用爲標識號令者也・斿・離尤切・音留・尤韻・旌旗之旒也・旐・直擾切・音肇・篠韻・旗名・畫龜蛇者・象其扞難避害也・以別尊卑等級惡旨酒而戒亡國。禹時儀狄作酒・禹飲而甘之・遂疏儀狄・絕旨酒・曰・後世必有以酒亡其國者・

好善言而懸鞀鐸。鐘・鼓・磬・鐸・鞀・鞀・音陶・鞀・有柄搖鼓・以待四方之士・曰導以道者擊鼓・諭以義者擊鐘・告以事者振鐸・啓以憂者擊磬・有訟獄者搖鞀・

一饋十起一沐三握髮以勤勞天下之民嘗適郊見罪人下車泣之左右曰彼自不順何痛爲禹曰堯舜之民皆以堯舜之心爲心吾爲民辟民各自以其心爲心乃吾德薄也安能勿痛會於塗山。塗山・在安徽省懷遠縣東南・

執玉帛者萬國致羣臣於會稽防風氏後至戮之文命弘敷

一懷執中之訓。故曰祗台德先不距朕行云。在位二十七年。享年百有六歲。崩于會稽。因葬焉。（會稽山、本名苗山、禹上苗山大會計、因而更名曰會稽、崩卽葬此、山在今浙江省紹興縣東南、其脉自仙霞嶺大盆山東北分支而出、北行迤邐曹娥浦陽二江之間、而起頂於此、）益宅相位十五載。乃避啓於箕山。（箕山、在河南省登封縣東南、亦稱崿嶺、又名許由山、堯時巢父、許由、隱於箕山、其後伯益避禹之子於箕山、皆卽此、下有牽牛墟、卽巢父牽牛所經之地、）天下之人。仍歸啓。啓能敬承嗣位。家天下由此始。（史記夏本紀道統錄○御覽引黃帝元女兵法曰、禹問於風后曰、吾聞黃帝有勝負之圖、六甲陰陽之道、今安在乎、風后對曰、黃帝藏會稽之山下、其坎深千丈、廣千丈、鎮以盤石、致難得也、禹北見六子、問海口所出、禹乃決江口鳴角、會稽龍神、爲見玉匱浮、禹乃開而視之、中有天下經十二卷、禹未及持之、其四卷飛上天、禹不能得也、得四卷復下陂池、禹不能拯也、禹得中四卷、開而視之、）

商湯王

商　湯名履、一名天乙。（御覽、天作帝、）契之後也。契事唐虞爲司徒。封於商。賜姓子氏。十三傳至主癸。娶扶都氏。見白氣貫月。感而生湯。商世八遷都。湯始居亳。（亳、步碍切、音薄、藥韻、商湯所居之地、卽今河南省商丘縣、）從先王居。作帝誥。亳與葛爲鄰。葛伯不祀。（葛、古國名、夏諸侯嬴姓之國、故城在今河南省寧丘縣東北、）湯始征之。作湯征。時夏桀昏淫無道。而湯聖敬日躋。雖聰明天縱。而檢身若不及。嘗曰、學聖王之道者。譬其如日。靜思而獨居。譬其若火。夫舍學聖之道而靜思獨居。譬去日之明於庭而就火之光於室也。又曰、致道者以言。入道者以忠信。道者以心。樹道者以人。聞伊尹耕於有莘之野。（有莘。或謂卽今山東省曹縣北之莘塚集。或謂卽今陝西省郃陽縣東南之有莘里。或謂今河南省陳留縣東之故莘城。）使人往聘迎之。三反然後肯往從湯。言素王及九主之事。（索隱。素王者太素上皇。其道質素。故稱素王。九主者三皇五帝及夏禹也。）湯進尹於桀。桀不能用。尹醜有夏。復歸於亳。湯出、見野張網四面。祝曰、自天下四方皆入吾網。湯曰、嘻。盡之矣。乃去其三面。祝曰、欲左左。欲右右。不用命。乃入吾網。諸侯聞之曰、湯德至矣。澤及禽獸。況人乎。歸之者四十餘國。桀殺直臣關逢龍。湯使人哭之。桀怒。囚之夏臺。（夏臺。卽鈞臺獄名。在河南省禹縣南。夏桀嘗囚湯於此。）已而得釋。時桀惡益甚。諸侯昆吾氏。（昆吾。古國名。夏伯昆吾封此。後爲成湯所滅。昆吾國。卽帝丘。今直隸大名府開州。州治今改稱濮陽。蓋漢時舊名也。）黨桀爲亂。湯乃興師率諸侯以伐昆吾。遂伐桀。作湯誓曰、格汝衆庶。悉聽朕言。匪台小子敢行稱亂。有夏多罪。天命殛之。今爾有衆。汝曰、我君不恤我衆。舍我穡事而割正夏。予惟聞汝衆言。夏氏有罪。予畏上帝。不敢不正。今汝其曰、夏罪其如我何。乃夏王率遏衆力。率割夏邑。有衆率怠弗協。疾視其君曰、是日曷喪。予及汝偕亡。夏德若茲。今朕必往。爾尚輔予一人。致天之罰。予其大賚爾。無不信。朕不食言。爾不從誓言。予則孥戮汝。罔有攸赦。桀敗於有娀之墟。娀・胥邕切・音嵩・東韻・有娀・古國名・契母曰簡狄・有娀氏之女・史記正義・有娀・當在蒲州・今爲山西省永興縣・奔於鳴條。鳴條・古地名・今山西省安邑縣北・有鳴條岡・即其地・一名高侯原・遂伐三嵏。嵏・子紅切・音宗・東韻・三嵏・古國名・在今山東省曹縣西南・湯既勝夏。欲遷其社。不可。作夏社。放桀南巢。南巢・古地名・清一統志・南巢・在今安徽省巢縣東北五里・即居巢故城・惟有慙德。予恐來世以爲口實。仲虺作誥。虺・羽鬼切・音卉・尾韻・仲虺・湯左相奚仲之後・言有夏昏德。民墜塗炭。天乃錫王勇智。表正萬邦。不邇聲色。不殖貨利。用人惟己。改過不吝。克寬克仁。兆民無不孚信。王其懋昭大德。立中道於天下。以義制事。以禮制心。垂諸後世。綽乎有餘裕矣。蓋德之日新。實有以順天而應人也。時諸侯大會。湯取天子璽。置之於座。再拜從諸侯之位。曰、天下非一家之有也。惟有道者宜處之。湯三讓。諸侯固推。湯乃踐天子位于亳都。作湯誥。誕告萬方。曰、惟皇上帝。降衷下民。若有恆性。克綏厥猷惟后。言君道之重如此。爰戒侯邦。無從匪彝。匪彝・謂違背典常之行爲・無即慆淫。慆・他刀切・音滔・豪韻・慆淫・猶言荒怠・各守爾典。以承天休。建國號曰商。改正朔。易服色。改歲曰祀。以建丑冬十二月爲歲首。以水德王。色尚白。以伊尹爲阿衡仲虺爲左相。發明德。作八政。制官刑。儆於有位。旁求俊乂。立賢無方。築五庫。藏五兵。以示不用。與民休息。立禹後。與古聖賢有功者之後。封孤竹等國。各有差。以立天之道先陰後陽。立地之道先柔後剛。乃作歸藏之易。（歸藏。三易之一。周禮。春官。太卜掌三易之法。二曰歸藏。桓譚新論。歸藏四千三百言。又歸藏藏於太卜。隋書經籍志。有歸藏十三卷。晉太尉參軍薛貞注。然志云。歸藏漢初已亡。晉中經有之。惟載卜筮。玉函山房及嚴可均有輯本。係採集山海經注。北堂書鈔。太平御覽。西溪易說等所引用者而成。○續博物志。按乾鑿度曰。垂皇策者。蓋伏羲用著卦已重矣。然而世質民淳。法惟用七八。六十四卦皆不動。若乾止於乾。坤止於坤。不能變也。夏商因之。皆以七八爲占。連山歸藏是已。後世澆薄。始用九六爲占。不如是不足以應天下之變。）以坤爲首。又作諸器用之銘。以爲儆戒。其盤銘曰、苟日新。日日新。又日新。時大旱七年。以身禱於桑林之野。祝曰、無以予一人之不敏。傷民之命。以六事自責曰、政不節歟。民失職歟。宮室崇歟。女謁盛歟。（女謁。謂婦人請託。）苞苴行歟。（裹曰苞。藉曰苴。以物相遺者。必苞苴之。）讒夫昌歟。（昌。盛也。）何不雨至斯極也。言未已、大雨方數千里。歲則大熟。天下歡洽。作樂曰大濩。（濩。胡誤切。音護。遇韻。大濩。湯樂也。）在位十三年。壽百歲而崩。葬於徵。（韓詩內傳曰。湯崩葬於徵。今扶風徵陌。是也。○史記殷本紀道紀錄。）

周文王

周

文王姬姓、名昌。后稷公劉之後。立國於豳。豳・卑因切・音彬・眞韻・國名・亦作邠・周之先公劉所立・故豳城在今陝西省栒邑縣西・或謂即今陝西邠州・後乃去豳。度漆沮。漆沮・本爲二水名・源出陝西省同官縣東北大神山・踰梁山。梁山・即今陝西省韓城縣西・接郃陽縣界・括地志・梁山・在雍州好時縣西北十八里・鄭玄云・岐山西南・止於岐下。岐山・在陝西省岐山縣東北・國語周語・內史過曰・周之興也・鸑鷟鳴於岐山・鸑鷟・鳳屬也・昌乃古公子孫公少子季歷子也。季歷娶有部之女曰太任。端莊誠壹。維德之行。其妊文王也。以胎教。目不視邪色。耳不聽淫聲。口不出傲言。既而生昌。昌生而明聖。太任口教之。一而識百。其初誕、有赤爵銜丹書於酆。酆・周國名・姬姓・故城在今陝西省鄠縣東・亦作豐・括地志云・酆縣東三十里有豐宮・淸一統志云在鄠縣東五里・文王作邑於豐時所居・止於昌戶。丹書云・敬勝怠者吉・怠勝敬者滅・義勝欲者從・欲勝義者凶・凡事不強則枉・不敬則不正・枉者廢滅・敬者萬世・以仁得之・以仁守之・其量百世・以不仁得之・以仁守之・其量十世・以不仁得之・不仁守之・不及其世・此蓋聖瑞・古公知其聖瑞也。我世當有興者。其在昌乎。季歷之伯兄曰太白。次曰虞仲。知古公意在昌。然非立季歷則無以及昌。相與託採藥。逃荊蠻。文身斷髮。示不可用。以讓季歷。古公卒。季歷立。是爲公季。公季卒。子昌立。是爲西伯。曰文王。帝王世紀云・文王龍顏虎目・有四乳・雒書靈聽・姬昌日角鳥鼻・高長八尺二寸・皐按・古之尺度・與今之尺度不同・娶有莘氏女太姒。有聖母德。昌爲世子。朝於王季。日三。王季・即季歷・鷄初鳴。衣冠至寢門。問內豎安否。內豎曰安。則喜。日中及暮皆至問如初其有不安則不脫衣冠色憂行不能正履王季愈復膳乃復初及嗣位遵后稷公劉之業則古公公季之法嘗出獵卜之曰所獲非龍非彲（彲、勅伊切、音螭、支韻、與螭同、獸名、若龍而黃、一說無角螭、）非虎非熊所獲霸王之輔於是西伯獵果遇呂尙於渭濱之陽與語大悅曰、自吾先君太公曰當有聖人適周周以興子眞是矣故號之曰太公望載俱歸立爲師號尙父（譙周曰、太公望、姓姜、名尙、字子牙、尙父官名、東海人、嘗屠牛於朝歌、賣飯於孟津、武王號爲師尙父、朝歌、地名、古沬邑、殷自帝乙以至紂、俱都此、世以爲殷墟、周武王滅紂、以其地封康叔、是爲衛國、秦末、項羽立司馬卬爲殷王、都此、漢置朝歌縣、隋廢、故城在今河南省淇縣北、孟津、津名、在河南省孟縣南、）相與講求道德篤仁敬老慈少禮下賢者日中不暇食以延四方之士士以此多歸之西北善養老伯夷叔齊在孤竹（孤竹、商時國名、亦作觚竹、漢屬遼西郡、當今河北省盧龍縣、至熱河省朝陽縣一帶地、正義、孤竹故城、在平州盧龍縣南十二里、殷時諸侯竹國也、孤竹君、姓墨胎、夷齊、即孤竹君二子、）往就其養太顚閎夭、散宜生、鬻子、辛甲之賢悉歸焉嘗行於野見枯骨命吏瘞之（瘞、壹計切、音翳、霽韻、幽瘞也、謂埋藏也、）吏以無主對西伯曰有天下者天下之主有一國者一國之主寡人非其主乎爲之更葬天下聞之曰、西伯澤及枯骨況生者乎於是歸之者三十餘國是時紂方以沈湎淫荒（湎、米演切、音緬、銑韻、沈于酒也、）峻法酷刑事而西伯治岐耕者九一仕者世祿。關市譏而不征。（譏・吉衣切・音機・微韻・詰・問也・伺察也・征・諸盈切・正・平聲・庚韻・賦稅也・）無禁澤梁。（澤梁川澤魚梁之所也・）無孥有罪。孤獨鰥寡謂之窮民。尤爲軫念。（軫・止引切・音診・軫韻・傷也・痛也・）以此怙冒之德日著四方。紂十一祀、以西伯九侯及鄂侯爲三公。九侯進女於紂、不喜淫。紂殺之而醢九侯。（醢・黑改切・音海・賄韻・臠割也・）鄂侯爭之並殺。惡侯西伯聞而歎息。崇侯虎惡之。譖於紂曰、西伯積善絫仁。（絫・魯猥切・紙韻・通作累・）諸侯皆嚮之。將不利於帝。紂怒、迺拘西伯於羑里。（羑・矣九切・音酉・有韻・羑里・殷紂囚周文王處・國策趙策・作牖里・牖與羑通・今河南省湯陰縣北・有牖城・即其地・）西伯艱貞晦明以蒙大難。閎夭之徒患之。乃求有莘氏美女、驪戎之文馬、有熊之九駟、及他珍奇物。因殷嬖臣費仲獻之紂。紂大悅。曰、此一物足以釋西伯。況其多乎。乃赦之。且曰、譖西伯者、崇侯虎也。西伯既出、盡獻河西地。請紂除炮烙刑。紂許之。且賜弓矢斧鉞。使得專征伐。昌退而修德。諸侯歸者益衆。虞芮爭田。（地理志・虞在河東太陽縣・芮在馮翊臨晉縣・）久而未平。相與朝周。入其境、耕者讓畔。行者讓路。入其邑、男女異路。斑白不提挈。（挈・苦結切・契・入聲・縣持也・提也・）入其朝、士讓爲大夫。大夫讓爲卿。二君慙而相謂曰、吾之所爭、周之所恥。何往爲。祇取辱耳。遂還讓其所爭田以去紂。十五祀、西伯伐犬戎。犬戎・古戎種族名・在陝西鳳翔府北境・十六祀、伐密須氏。密須・古國名・亦稱曰密・周文王滅之・以封姬姓・故地在今甘肅省靈臺縣西・十七祀、敗耆國。耆國・正義・卽黎國也・孔安國云・黎在上黨東北・括地志・故黎城・在潞州黎城縣東北十八里・十八祀、伐邗。邗・雩劬切・音于・虞韻・今河南省沁陽縣西北有邗城・十九祀、伐崇。崇國名・唐虞之際・封鯀於崇・舜殛鯀・以其國更封諸侯・至殷時・有崇侯虎・其國在今陝西省鄠縣東・此爲殛鯀之後・所別封也・作豐邑自岐徙都焉殷臣祖伊恐。自其邑奔告紂。紂曰、我不有命在天乎。是何能爲是時西伯三分天下有其二而率商畔國以事紂、終身不二也。立靈臺以候日景占星象望雲物庶民子來不日成之紂二十祀、西伯寢疾篤謂世子發曰、見善勿怠時至勿疑去非勿處三者道之所以止也世子再拜受敎命丙寅、西伯昌崩年九十七凡卽位五十年其學以緝熙敬勝上紹堯舜禹湯之心法所著易書演六十四卦繫以彖辭易・正義云・伏羲制卦・文王卦辭・周公爻辭・孔子十翼也・卦・易卦也・伏羲所作・卦有畫無辭・卦辭易卦下之辭也・亦云彖辭文王所作・統論一卦之義者也・如乾卦下・元亨利貞四字是・爻辭・易六爻下爻辭・舊說謂文王作・漢鄭衆・賈逵等・則謂周公所作・以升卦爻辭云・王用亨於岐山・明夷卦爻辭云・箕子之明夷・皆文王後事・故也・而皮錫瑞易經通論・則謂是孔子作・十翼・易之上下彖・上下象・上下繫・文言・說卦・序卦・雜卦也・孔子所作・乾鑿度・仲尼五十究易作十翼・漢書藝文志・孔氏爲彖・象・繫辭・文言・序卦之屬十篇・易正義・序論十翼云・孔子所作・先儒更無異論・文王易經・本分上下二篇・則彖象釋卦・亦當隨經而分・故易家數十翼云・上彖一・下彖二・上象三・下象四・上繫五・下繫六・文言七・說卦八・序卦九・雜卦十・鄭學之徒・並同此說・○則因羑里之囚而示處憂患之道也、曰、吾以明天人之理而順受之耳、葬於畢、（畢、周國名、姬姓、即今陝西省咸陽縣北畢原、文武周公所葬之畢也、）諡曰文、（史記周本紀齊太公世家道統錄）

周武王

周武王、名發、文王仲子也、文王長子伯邑考、早卒、故發爲世子、娶呂尚女、曰邑姜、文王之爲世子也、朝於王季、（即季歷、）問寢視膳、動有禮法、及武王爲世子、率而行之、不敢有加、文王薨、嗣爲西伯、以太公望爲師、周公旦爲輔、召公、畢公、皆爲左右、積公纍仁、一如服事之志、武王嗣位之十三年、紂惡日甚、微子去之、箕子囚、比干死、天下之人心皆去紂而之周、於是武王曰、是有重罪、不可不伐、一月壬辰、以革車三百乘、虎賁三千人、東伐紂、至於孟津、（孟津、在河南省孟縣南十八里、）諸侯會者八百、王乃作泰誓三篇、以誓戒軍旅、甲子、師次商郊、紂率其衆七十萬人、拒武王、皆倒戈以北、罔有敵者、紂乃反走登鹿臺之上、衣其寶玉、遂自焚、商民筐篚壺漿、迎武王、王入商、誅首惡、諸侯皆尊武王爲天子、王即天子位、始改正朔、以建子月爲歲首、改祀曰年、以木德王。色尚赤。服以冕。（夏以建寅月為正。平旦為朔。殷以建丑月為正。鷄鳴為朔。周以建子月為正。夜半為朔。）悉反商政。釋箕子囚。封比干墓。式商容閭。散財發粟。而民皆悅服。興滅繼絕。以存先代之後。以殷之餘民封紂子武庚。（武庚。商紂之子。名祿父。）使弟管叔、蔡叔、霍叔。監其國。遂罷兵西歸。王既渡河而西。乃偃武修文。歸馬華山之陽。（華山。在陝西省華陰縣南。亦曰太華山。世以為五嶽中之西嶽。）放牛桃林之野。（桃林。古地名。稱為桃林塞。亦曰桃原。今河南省閿鄉縣以西。至陝西省潼關縣以東。皆其地。）衅東甲而藏之。（衅。喜印切。震韻。同釁。禮。樂記。車甲。衅而藏之府庫。而弗復用。）倒載干戈。包以虎皮。天下知武王之不復用兵也。追王太王亶父。（亶。多旱切。旦。上聲。旱韻。信也。）王季歷、文王昌。柴於上帝。（柴。疑為祡字。）望於山川。以告武成。（孔安國曰。武功成也。）乃大封諸侯。同異姓者。當是之時。惇信明義。（惇。都昆切。音敦。元韻。厚也。）崇德報功。垂拱而天下自治。於是遷都於鎬。建學行禮國中。並立四代之學。辟雍居中。北虞學。東夏學。西殷學。養國老於東膠。養庶老於虞庠。兼用燕饗食之禮。詩曰。鎬京辟雍。（鎬。何老切。音皓。皓韻。鎬京。地名。本名曰鎬。周武王營以為都。因稱鎬京。又稱西都。故址在今陝西省長安縣西南。辟雍。即辟廱。周大學之名。見於禮記者則又有辟雍。上庠。東序。瞽宗。東序亦曰東膠。與成均為五學。皆大學也。三輔黃圖。文王辟雍。在長安西北四十里。亦曰辟廱。如璧之圓。雍之以水。象教化流行也。）自西至東。自南至北。無思不服。言心服也。箕子既釋囚。朝見於王。王就而訪道焉。箕子爲洪範九疇九疇、卽洛書之數也初一曰五行 九類以五行爲始・水火木金土・ 次二曰敬用五事 五事在身・貌言視聽思・用之必敬・乃善・ 次三曰農用八政 農・厚也・厚用之・政乃成・食貨・祀・司空・司徒・司寇・賓師・ 次四曰協用五紀 協・和也・和天時・使得正用・五紀・歲・月・日・星辰・曆數・ 次五曰建用皇極 皇・大極中也・凡立事當用大中之道・行九疇之義・ 次六曰乂用三德 治民必用剛・柔・正直之三德・ 次七曰明用稽疑 明用卜筮考疑之事・將舉事・而汝則有大疑・先盡汝心以謀慮之・次及卿士衆民・然後卜筮以決之・ 次八曰念用庶徵 雨・暘・燠・寒・風・五者・各以其時・所以爲衆驗・ 次九曰嚮用五福威用六極 言天所以嚮・勸人用五福・壽・富・康甯・攸好德・考終命・所以威・沮人用六極・凶短折・疾・憂・貧・惡・弱・ 人君修己治人之道莫有加焉箕子既傳道於武王王乃封之朝鮮以遂不臣之意王又召師尚父問黃帝顓頊之道師尚父曰、在丹書王齋戒受書其言曰、敬勝怠者吉怠勝敬者滅義勝欲者從欲勝義者凶凡事不強則枉弗敬則不正枉者滅毀敬者萬世藏之約行之得可以爲子孫常者此之謂也王聞其言惕若恐懼而爲戒書於席之四端及諸衣服器用各有銘武王之學反身修道細行必矜而威德遠暢浹於荒裔九夷八蠻咸通道致貢十有四年西旅貢獒一篇 旅獒・尚書周書篇名・注・西戎遠國・貢大犬・獒・音熬・豪韻・爾雅・狗四尺爲獒・ 用訓於王十五年巡守方岳祀百神朝諸侯十九年崩壽九十三。武王歿後。周公相成王。乃象武王之功。爲大武之樂。孔子與賓牟賈言曰、總干山立。武王之事也。發揚蹈厲。太公之志也。足以觀武德云。太平御覽律歷。引董巴議曰。武王作周歷。周公作魯歷。○史記周本紀尙書洪範道統錄・

周公

周 周公、名旦。文王第四子也。篤仁孝。多材藝。食邑扶風雍縣東北之周城。周城・在今陝西省岐山縣東北・孟子梁惠王・太王去邠。踰梁山・邑於岐山下居焉・此卽太王所邑之地・ 號宰周公。武王十一年、東伐紂。渡孟津。陳師牧野。周公輔行。作牧誓。破殷誅紂。大告武成。武王封紂子武庚祿父。使管叔、蔡叔、霍叔、監之。克殷二年。武王不豫。羣臣懼。太公召公穆卜。穆・敬也・穆卜・言王疾・當敬卜吉凶・ 周公曰、未可以戚我先王。乃自以爲質。設三壇。北面而立。戴璧秉圭。告於太王王季文王。令史策祝詞。請以身代。納册於金縢。誡守者勿敢言。翼日王有瘳。瘳・敕優切・音抽。尤韻・疾瘉也・ 又七年王崩。成王幼。周公負扆以朝諸侯。扆・於希切・音依・又上聲・尾韻・義同・淮南子氾論・負扆而朝諸侯・注・負・背也・扆・戶牖之間・言南面也・負扆・亦作斧扆・其狀如屏風・以絳爲質・高八尺・東西當戶牖之間・繡爲斧文・故名・ 抗世子法於伯禽。伯禽・周公長子・ 使與成王居。王有過則撻伯禽。以示成王知父子君臣長幼之道也。既而使伯禽代。就封於魯。魯・國名・姬姓・侯爵・文王第四子・周公旦所封也・周公有大勳勞於天下・位冢宰・留相天子・乃封其長子伯禽為魯侯・都於曲阜・即今山東曲阜縣・誡之曰、我文王之子武王之弟王之叔父吾於天下亦不賤矣然一沐三握髮一飯三吐哺起以待士猶恐失天下之賢子之魯愼無以國驕人、管叔及蔡叔霍叔、流言於國曰、周公將不利於孺子。公乃辟居東都。辟・彌儀切・音避・寘韻・通避・取易之三百八十四爻繫以辭易六爻下之辭・曰爻辭・易繫辭・爻也者・言乎變者也・又云・爻也者・效天下之動者也・蓋爻錯則變動矣・以承文考之志二年、罪人斯得作鴟鴞之詩以貽王。鴟・尺伊切・音蚩・支韻・鳶也・鳶・音淵・先韻・猛禽也・鴞・希么切・音囂・蕭韻・與梟同・鷙鳥也・鴟鴞詩・豳風篇名・序謂周公救亂也・成王未知周公之志・公乃為詩以遺王・名之曰鴟鴞焉・或謂為周公悔誅管蔡之過・以儆成王之辭・王猶未悟。則天大雷電以風禾盡偃大木斯拔邦人大恐王與大夫盡弁弁・避彥切・音卞・霰韻・冠名・古吉禮之服用冕・通常禮服則用弁・狀如兩手相合拚時・故名・以啓金縢之書縢・徒登切・音騰・蒸韻・金縢者・以其匱用金緘也・將卜天變乃得周公冊祝請命之說王感悟執書以泣曰、其無穆卜昔公勤勞王家予沖人弗及知今天動威以彰公之德惟朕小子其親迎我國家禮亦宜之王出郊天乃雨反風、禾盡起歲則大熟當管蔡挾武庚而率淮夷以叛也。淮夷・淮南北近海之夷・姓嬴氏・淮夷小國・入周因氏焉・其地今淮甸・公奉王命興師征伐作大誥。討武庚誅之。封微子於宋。（微子・殷紂庶兄・名啓・紂淫亂・數諫不聽・遂去之宋・在今河南省商邱縣・）作賓王家。以紹殷後。致辟管叔於商。（辟・避繹切・音闢・陌韻・刑法也・商・成湯代夏有天下・國號商・都亳・今河南省商邱縣・）因蔡叔於郭鄰。（郭鄰・逸周書作虢隣・鄉遂之地・孔傳・郭鄰・中國之外地名・）降霍叔爲庶人。平淮夷。踐奄。收殷餘民。以定東土。唐叔得禾。異母同穎。（唐叔・周成王封其弟叔虞於唐・今山西冀城縣西・有古唐城・）獻之王。王命餽周公於東。公既得命。作嘉禾。歸報成王。東征凱還。後相王。冕喪朝先王廟。延訪羣臣。諸侯畢會。立制度。成周禮之書。（周禮・舊傳・爲周公制作・書分天官地官春官夏官秋官冬官六篇・）作武樂。頌量於天下。越裳氏來朝。（越裳・古國名・在安南南部・）獻白雉。曰、吾受命吾國之黃耇。曰。（耇・歌歐切・音苟・有韻・亦作耈・老壽也・）天無烈風淫雨。海不揚波。三年矣。意者中國有聖人乎。盍往朝之。周公歸之王。王稱先王神靈。致薦於宗廟。使者還迷其歸路。公作指南車錫之。七年。成王長。周公還政。恐王之壯而有所淫佚也。（佚・移疾切・音逸・質韻・通作逸・安佚不勞也・）乃作無逸。令王知稼穡之艱難。作立政。令王知任用之專官。作豳風。（無逸・立政・皆尚書周書篇名・豳風・詩・國風之一・）令王知民俗之勤儉。王朝步自周。欲營居雒。使太保召公相所居之宅。以爲天下之中。四方入貢。道里爲均。命周公往營東都雒邑。（雒・盧各切・音洛・藥韻・洛邑・地名・古作雒・周武王遷殷民於洛水之濱。作洛邑。使周公築城。謂之東都。其後成王欲宅於洛邑。嘗使召公先相宅。傳至平王。遷都於此。亦曰王城。戰國以後。改爲洛陽。故城在今河南省洛陽縣西。郟。訖洽切。音夾。洽韻。鄏。如欲切。音辱。沃韻。郟鄏。卽王城也。郟。山名。卽北邙山。周營王城。北枕郟山。鄏。邑名。河南有郟鄏陌。其南爲定鼎門。蓋鼎所從出也。卜得吉乃定鼎郟鄏。公欲退休明農。王留公治雒而已。歸鎬京。又命遷殷頑民於雒。公傳王命以誥殷之多士。勉其甯居。故作多士。詳敍官制。以授成王。王因而訓迪百官。作周官。多士。周官。書周書篇名。公將歿。曰。必葬我成周。以明吾不敢離王。及薨。王讓公葬於畢。從文王。以明予小子不敢臣周公之意。賜魯得郊祭文王。用天子禮樂。以褒周公之德云。史記周本紀　道統錄

孔子

商瞿　子貢　顏回　子張　孟子

周　孔子、名丘。字仲尼。父叔梁紇。母顏氏。其先宋人也。宋。國名。周微子所封地。在今河南商丘縣。宋自微子微仲、六傳而至弗父何。以有宋授厲公。而世爲宋卿。及孔父嘉、別爲公族。以孔爲姓。又三傳至防叔。畏華氏之逼而奔魯。故孔氏爲魯人。防叔生伯夏。伯夏生叔梁紇。爲鄹邑大夫。初顏氏歸叔梁紇。禱於尼丘。有麟吐玉書之祥。以魯襄公二十二年庚戌之歲十一月庚子。孔廣牧生卒考云。卽夏曆八月二十八日。生孔子於魯昌平鄉陬邑。陬。咨謳切。音鄒。尤韻。與鄹通。論

語作郰。即今山東省曲阜縣之郰城。生而首上圩頂。因名丘。圩、雲劬切。音于。虞韻。俗讀如圍。亦讀如墟。索隱。圩頂。言頂上窊也。故孔子頂如反宇。反宇者若屋宇之反。中低而四旁高也。方三歲、而叔梁紇卒。葬防山。防山、在曲阜縣東二十五里。孔子爲兒嬉戲。嘗陳俎豆。俎豆、禮器。古祭祀燕享。用以薦牲者。以木爲架。而漆飾之。設禮容。禮容、謂禮制儀容也。魯大夫孟釐子病且死。誡其嗣懿子曰、孔丘聖人之後。滅於宋。其祖正考父佐戴、武、宣公、三命茲益恭。故鼎銘云、一命而僂。僂、落侯切。音樓。尤韻。傴也。再命而傴。傴、於武切。於上聲。麌韻。背曲也。三命而俯。俯、方矩切。音府。麌韻。仰之反。身曲首垂。面向下也。循牆而走。亦莫余敢侮。饘於是。鬻於是。以餬余口。其恭如是。吾聞聖人之後。雖不當世。必有達者。今孔丘年少好禮。其達者歟。吾即歿。若必師之。孔子貧且賤。及長。嘗爲委吏、料量平。爲司職吏、畜蕃息。年二十四、母顏氏卒。殯於五父之衢。五父、地名。在曲阜縣東南。遂合葬於防。年二十七、問官於郯子。春秋、郯子、郯國之君。昭公時朝魯。嘗與叔孫昭子。論少皞氏以鳥名官之故。仲尼師之。二十九、學鼓琴於師襄。春秋、魯師襄。以擊磬爲官。善鼓琴。論語謂之擊磬襄。孔子嘗從學琴。三十四、與南宮敬叔適周。問禮於老聃。周、李耳。楚之苦縣人。字伯陽。一名重耳。外字聃。亦稱老聃。相傳母懷之八十一歲而生。故號爲老子。爲周守藏史。孔子往問禮焉。孔子退曰。鳥、吾知其能飛。魚、吾知其能游。獸、吾知其能走。至於龍、吾不能知其乘風雲而上天。今見老子。其猶龍乎。後見周衰。乃西出函關隱去。著道德經五千餘言。莫知所終。訪樂於萇弘。周、萇弘。敬王時爲大夫。孔子嘗就問樂。歷郊社之所。考明堂之則。察廟朝之度。於是喟然曰、吾乃今知周公之聖。與周所以興也。既反。弟子益進。昭公二十五年甲申、孔子年三十五、魯亂。孔子適齊、爲高昭子家臣。仕於大夫者謂之家臣。與齊太師語樂。聞韶音、三月不知肉味。景公問政。對曰、君君、臣臣、父父、子子。景公善之。他日又問政。對曰、政在節財。景公說。欲封以尼谿之田。晏嬰以絫世不能殫其學。窮年不能究其禮。不可。春秋。晏嬰。齊大夫。字平仲。事靈公莊公。相景公。節儉力行。食不重肉。妾不衣帛。一狐裘三十年。名顯諸侯。公惑之。孔子遂行。反乎魯。定公元年壬辰、孔子年四十二。陽虎執國政。故孔子不仕。退修詩書禮樂。弟子彌衆。九年庚子、孔子年五十一。魯以孔子爲中都宰。一年、四方則之。遂爲司空。又爲大司寇。十四年乙巳、孔子年五十六。攝行相事。七日誅亂政大夫少正卯。戮之。兩觀之下。三月而魯大治。粥羔豚者弗飾賈。男女行者別於塗。道不拾遺。齊人聞而懼曰、孔子爲政必霸。霸則吾地近矣。我爲先幷矣。盍致地。犂沮曰、請沮之。沮之不可。致地庸遲乎。於是選齊國中女子八十人。皆衣文衣而舞康樂。文馬三十駟。遺魯君。陳魯城南高門外。季桓子語魯君爲周道游。往觀終日。怠於政事。子路曰、夫子可以行矣。孔子曰、魯今且郊。如致膰於大夫。則吾猶可止。桓子卒受齊女樂。郊又不致膰於大夫。孔子遂行。歌曰、彼婦之口。可以出走。彼婦之謁。可以死敗。蓋優哉游哉。維以卒歲。適衛（衛·國名。周武王封其弟康叔於衛·至秦二世始滅。今自直隸大名府·開州以西·至河南之衛輝懷慶·皆衛地也·）主顏濁鄒家。衛人致粟六萬石。頃之。或有譖者。孔子恐獲罪。遂去衛。將適陳。過匡。（陳·國名。周初封舜之後胡公於陳·春秋之季。為楚所滅、今河南省開封府以東。南至安徽省亳州以北·皆其地·匡·地名·春秋衛地·在今河北省長垣縣西南·）匡人以為陽虎。止之五日、然後得去。去之蒲。（蒲·古地名·春秋·衛地·即今河北省長垣縣治·）月餘反乎衛。主蘧伯玉家。南子請見孔子。不得已見之。於是去衛過曹。去曹適宋。（曹·國名。周文王子·曹叔振鐸封於曹。春秋之季·為宋所滅·即今山東省曹州府之地·宋·國名·周微子所封地·在今河南省商邱縣·）與弟子習禮大樹下。宋司馬桓魋欲殺孔子。拔其樹。孔子微服過宋。適鄭。（鄭·國名·本周西都畿內地·宣王封弟桓公於此·在今陝西華州境·後遷於新鄭·為春秋鄭國·即今河南省新鄭縣·戰國時為韓所滅·今自河南開封府以西·至成皋故關·皆春秋時鄭地也·）遂至陳。主司城貞子家。居三歲。而反於衛。靈公不能用。將西見趙簡子。至河、聞竇鳴犢、舜華之死也。臨河歎曰、美哉水。洋洋乎。吾之不濟此。命也夫。子貢趨而進曰、何謂也。竇鳴犢、舜華、晉之賢大夫也。而簡子殺之。丘聞之也、刳胎殺夭。（刳。苦胡切。音枯·虞韻·剖也·）則麒麟不至其郊。

竭澤涸漁則蛟龍不處其淵。覆巢毀卵則鳳凰不翔其邑。君子諱傷其類也。夫鳥獸於不義尚知避之。況丘乎。乃還息陬鄉。作槃操以哀之。而反乎衛。又主蘧伯玉家。靈公問陳與孔子語、仰視蜚雁。蜚、匪微切。與飛通。色不在孔子。孔子遂行。復如陳。明年、自陳遷蔡。蔡、國名、周武王弟叔度之封地、是爲上蔡、故城在今河南省上蔡縣西南、傳至平侯、地爲楚奪。自蔡如葉。葉、春秋楚葉邑、今河南省葉縣地。復去葉反蔡。楚昭王使人聘孔子。孔子將往拜禮。陳蔡大夫謀曰、孔子賢者。所刺譏皆中諸侯之疾。諸大夫所設行、皆非仲尼意。今楚大國也。來聘孔子。孔子用於楚。則陳蔡用事大夫危矣。於是相與發徒役圍孔子於野。絕糧七日。從者皆病。孔子講誦弦歌不衰。召子路問曰、匪兕匪虎。兕、徐姊切、音祀、紙韻、獸名、犀之雌者、頂止一角、文理細膩、其皮堅厚、可以制甲。率彼曠野。吾道非耶。吾何爲於此。子路曰、意者吾未仁耶。人之不我信也。意者吾未智耶。人之不我行也。孔子曰、有是乎。由、譬使仁者而必信。安有夷齊。使智者而必行。安有比干。夫君子博學深謀而不遇時者衆矣。何獨丘哉。且芝蘭生於幽林。不以無人而不芳。君子修道立德。不爲窮困而改節。子路出、召子貢、告如之。子貢曰、夫子之道至大。故天下莫能容。盍少貶焉。孔子曰、賜、良農能稼而不能穡。良工能巧而不能順。君子能修其道而不能為容。今爾不修爾道而求為容。賜、而志不遠矣。子貢出、顏回入問亦如之。顏回曰、夫子之道大。故天下莫能容。雖然不容何病。不容然後見君子。夫道之不修也。是吾醜也。夫道既大修而不用。是有國者之醜也。孔子歡然歎曰、顏氏之子。使爾多財。吾為爾宰。（宰・主也・活也・如言宰制・）於是使子貢至楚。楚昭王興師迎孔子、乃得免。既、將以書社地七百里封孔子。令尹子西沮之。乃止。於是孔子自楚反乎衛。先是季桓子病。輦而見魯城。喟然歎曰、昔此國幾興矣。以吾獲罪於孔子。故不興也。遺言謂康子。必召仲尼。桓子卒。康子欲召仲尼。其臣止之。康子乃召冉求。至是冉求為季氏將。與齊戰於郎。（郎・春秋・魯地名・今山東省魚臺縣境・）克之。季康子曰、於軍旅學之乎。性之乎。冉有曰、學之孔子。康子曰、我欲召之可乎。對曰、欲召之。毋以小人間之則可矣。季康子逐公華、公賓、公林。以幣迎孔子。孔子歸魯。實哀公之十一年丁巳。而孔子年六十八矣。魯終不能用孔子。孔子亦不求仕。乃敘書傳、禮記、刪詩、正樂晚而喜易序易彖繫辭說卦文言正義云、序易、序卦也。夫子作十翼、謂上彖下彖上象下象上繫下繫文言序卦說卦雜卦也、正義曰、文王既繇六十四卦、分為上下篇、先後之次不易、孔子就上下二經、各序其相次之義、彖、夫子所作、統論一卦之義、或說其卦德、或說其卦義、或說其卦名、莊氏云、彖、斷也、言斷定一卦之義也、繫辭者、聖人繫屬此辭於爻卦之下、分為上下篇者、以簡篇重大、是以分之、又云、繫辭者、取綱繫之義也、象、上象卦辭、下象爻辭、萬物之體自然、各有形象、聖人設卦以寫萬物之象、今夫子釋此卦之象也、說卦者、陳說八卦德業、變化德象所為也、文言者、夫子贊明易道、申說義理、釋乾坤二卦、經文之言、故稱文言、又雜卦者、六十四卦以為義、於序卦之外、別言聖人之興、因時而作、隨其事宜、不必相因襲、當有損益、又云、雜揉衆卦、錯綜其義、或以同相類、或以異相明、故附之、讀之、韋編三絕、曰、假我數年若是、我於易則彬彬矣。弟子蓋三千焉。身通六藝者、七十二人。顏回最賢。蚤死。後惟曾參得傳孔子之道。魯哀公十四年庚申、春狩大野。狩、舒救切、音守、宥韻、冬獵為狩、叔孫氏車子鉏商獲獸、以為不祥。仲尼曰、麟也、胡為來哉、反袂拭面涕泣沾襟。子貢問曰、夫子何泣爾。孔子曰、麟之至為明王也。出非其時。吾是以傷焉。乃因史記作春秋。上自隱公。下訖哀公十四年。辭約而指博。故吳楚自稱王。而貶之曰子。踐土之會。實召天子、而諱之曰天王狩於河陽。推此類以繩當世。筆則筆。削則削。游夏不能贊一辭、曰、後世知丘者以春秋。罪丘者亦以春秋。明年辛酉、子路死於衛。壬戌、孔子病。負手曳杖而歌曰、泰山其頹乎。梁木其壞乎。哲人其萎乎。子貢聞之、曰、泰山其頹。吾將安仰。梁木其壞。吾將安仗。哲人其萎。吾將安倣。夫子殆將病也。遂趨而入。夫子歎曰、賜汝來何遲。予疇昔夢坐奠於兩楹之間。夫夏后氏殯於東階之上。（殯・賓印切・音儐・震韻・停喪也・）則猶在阼。（阼・族誤切・音祚・遇韻・主人所立之階也・古者賓主相見・賓自西階・主人自東階・因答謝賓客・故曰阼・）殷人殯於兩楹之間。則與賓主夾之。周人殯於西階之上。則猶賓之而丘也、殷人也。夫明王不作。天下其孰能宗予。余殆將死。寢病七日。以魯哀公十六年四月己丑卒。（即夏曆二月二十一日・○王充論衡云・孔子病・商瞿卜期日中・孔子曰・取書來・比至日中・何事乎・聖人之好學也・且死不休・其爲百世之聖・蓋不虛矣・）年七十三、葬魯城北泗上。弟子皆服心喪三年而去。惟子貢廬於冢上凡六年。弟子及魯人往從冢而家者百有餘室。因命曰孔里。孔子年十九、娶亓官氏。（亓官一作上官・亓・讀若箕・）朞年生鯉。字伯魚。先孔子卒。伯魚生伋。字子思。曾子曰、江漢以濯之。秋陽以暴之。皜皜乎不可尙已。（史記孔子世家道統錄○禮運云・孔子曰・吾觀殷禮・杞不足徵也・吾得坤乾焉・○儀禮引演孔圖云・孔子修春秋九月而成・卜之得陽豫之卦・○史記。仲尼弟子列傳・正義引中備云・魯人商瞿・字子木・孔子弟子・特好易・使向齊國・瞿年四十・今復使行遠路・畏慮・恐絕無子・夫子正月與瞿母筮・告曰・後有五丈夫子・子貢姓端木・名賜・問曰・何以知之・子曰・卦遇大畜・艮之二世・九二甲寅木爲世・六五景子水爲應・世生外象生象・來爻生互內象・艮別子・應有五子・一子短命・顏回云・字子淵・亦稱顏淵・何以知之・內象是本子・一艮變爲二醜・三陽爻五・於是五子・一子短命・何以知短命・他以故也・冒廣生京氏易表例言云・今本易緯辨中備・此文佚。○史記仲尼弟子列傳。又云。昔夫子當行。使弟子持雨具。已而果雨。弟子問曰。夫子何以知之。夫子曰。詩不云乎。月離於畢。俾滂沱矣。昨暮。月不宿畢乎。○京氏易傳下引孔子易云。有四易。一世二世爲地易。三世四世爲人易。五世六世爲天易。游魂歸魂爲鬼易。八卦。鬼爲繫爻。財爲制爻。天地爲義爻。福德爲寶爻。同氣爲專爻。○京氏易積筭法。引夫子曰。西伯夫子。研理窮通。上下囊括。推爻考象。配卦世應。加乎星宿。局於六十四所。二十四氣。分天地之數。定人倫之理。尋五行之端。災祥進退。莫不因茲而兆矣。○圖書集成藝術典。卜筮部。引家語云。孔子常自筮。其卦得賁焉。愀然有不平之狀。子張進曰。姓顓孫。名師。師聞卜者得賁卦。吉也。而夫子之色。有不平。何也。孔子對曰。以其離耶。在周易山下有火謂之賁。非正色之卦也。夫質也。黑白宜正焉。今得賁。非吾之兆也。吾聞丹漆不文。白玉不雕。何也。質有餘。不受飾。故也。○又引誠齋雜記云。孔子使子貢。久而不來。孔子命弟子占之。遇鼎。皆言無足。不來。顏回掩口而笑。子曰回也。哂。謂賜來乎。對曰。無足者乘舟而至也。果然。○漢王充論衡實知篇云。聖人前知千歲。後知萬世。孔子將死。遺書曰。有一男子。自云秦皇。上我之堂。踞我之牀。顚倒我衣裳。至沙丘而亡。其後秦王兼吞天下。號始皇。巡狩至魯。觀孔子宅。乃至沙丘道病而崩。孔子又曰。董仲舒亂我書。其後江都相董仲舒。論思春秋。造著傳記。又曰亡秦者胡也。其後二世胡亥。竟亡天下。此孔子後知萬世也。不案圖書。不聞人言。吹律精思。自知殷宋大夫子氏之後。此孔子前知千歲也。○史記滑稽列傳。引孔子曰。六藝於治一也。禮以節人。樂以發和。書以道事。詩以達意。易以神化。春秋以道義。○淸萍鄉文廷式純常子枝語。引唐釋湛然。法華玄義。釋籤第十六云。天文者。如孔子有三備卜經。上知天文。中知人事。下知地理。按。隋經籍志。五行類有易三備三卷。又易三備一卷。當即三備卜經。又有顏氏撰孔子通覆訣三卷。蕭吉五行大義卷四。引孔子元辰經。○山陰祁駿佳遯翁隨筆。載邵康節云。孔子定書。以秦誓綴周魯之後。知周之後。必爲秦也。康節素通數學。又深知數之不妨於道。故爲此的實之論也。儒之固而腐者。乃云數非聖賢所重。而不與康節之論。曰。特取其悔過云爾。非預讖其繼周也。試詰之曰。悔而不再作者。方謂之悔過。今彭衙令狐汾曲之師。貪而且忿。皆在作誓之後。果能悔過否乎。既非眞能悔過。孔子奚取焉。且數百年之中。數百國之君。豈無一言之幾道。而可綴周魯之末者。乃獨取一夷狄君長之誓。豈理也哉。大抵聖至孔子。已集大成。凡六合內外。十世古今。皆如鏡照物。特多有不欲明言者。亦存重道不重數之義耳。豈道之至者。而不知數者哉。道爲其大無外之道。豈數獨在道外哉。故當以康節之論爲的。○前漢書儒林傳。自魯。商瞿子木。受易孔子。以授魯。橋庇子庸。子庸授江東。馯臂子弓。子弓授燕。周醜子家。子家授東武。孫虞子乘。子乘授齊田何子裝。及秦禁學。易爲筮卜之書。獨不禁。故傳受者不絕也。漢興。田何以齊田從杜陵。號杜田生。授東武王同子中。雒陽周王孫。丁寬。齊服生。皆著易傳數篇。同授淄川楊何。字叔元。元光中徵爲大中大夫。齊卽墨成。至城陽相。廣川孟但。爲太子門大夫。魯周霸。莒衡胡。臨淄主父偃。皆以易至大官。要言易者本之田何。○丁寬。字子襄。梁人也。初梁項生。從田何受易。時寬爲項生從者讀易精敏。材過項生。遂事何。學成。何謝寬。寬東歸。何謂門人曰。易以東矣。寬至雒陽。復從周王孫。受古義。號周氏傳。景帝時。寬爲梁孝王將軍。拒吳楚。號丁將軍。作易說三萬言。訓故舉大誼而已。今小章句是也。寬授同郡碭田王孫。王孫授施讎。孟喜。梁丘賀。繇是易有施孟梁丘之學。○道統錄。尹和靖曰。趙岐謂孟子通五經。尤長於詩書。岐未爲知孟子者。某謂孟子精通於易。孟子踐履處。皆是易也。試讀易一遍。然後看孟子便見。揚子謂孟子知言之要。知德之奧。非苟知之。亦允蹈之。此最善論孟子者。○舊說秦焚詩書百家語。周易獨以卜筮得存。故於諸經中。最爲完善。鄭玄有注已佚。魏有王弼注。唐孔穎達爲之疏。唐有李鼎祚集解。所採子夏孟喜等三十五家之說。補康成之逸象。若發明漢學者也。宋有程子易傳。經文用王弼本。大旨黜數崇理者。朱子本義。爲折衷程子之說。而中明象傳之義者。淸有孫星衍集解。乃以李氏集解合於王注。又采集唐以後諸家之解易理者。裒爲一帙。最爲賅備。○淸俞正燮癸巳類稿原相上篇云。孔子三朝記少閒篇云。堯取人以狀。舜取人以色。文王取人以度。文具大戴禮。

漢高祖帝

漢高祖、姓劉氏。名邦。字季。沛豐邑中陽里人。豐邑。本秦沛縣之豐邑。漢高祖起兵於沛。收沛子弟還守豐。卽此。漢置縣。明嘉靖間。河决城陷。遷治於縣東南華山。尋復還舊制。淸屬江蘇徐州府。**秦時、爲泗上亭長。**泗水亭。在江蘇沛縣東一百步。漢高祖微時爲亭長於此。亭有高帝碑。班固爲文。史記正義。秦法。十里一亭。十亭一鄉。師古曰。亭長者。主亭之吏也。亭謂停留行旅宿食之館。**二世立。**二世。秦始皇子。名胡亥。**帝起兵於沛自立爲沛公。**史記曰。秦二世元年秋。陳勝等起。沛令欲以沛召勝。沛父老皆曰。生平所聞劉季奇怪。當貴。且卜筮之。莫如劉季最吉。乃立爲沛公。沛縣秦置。高祖定天下。以沛爲湯沐邑。後以屬沛郡。亦謂之小沛。北齊時廢。隋復置。故城在今江蘇沛縣東。明徙今治。淸屬江蘇徐州府。入咸陽。咸陽。古秦地。今陝西長安縣東之渭城故城。秦孝公始都咸陽。即此。始皇初併天下。收天下兵器聚之咸陽。銷以爲鍾。鐻金人十二。徙天下豪富十二萬戶於咸陽。皆在此。三秦記。地在九嵕之南渭水之北。山水皆陽。故曰咸陽。降秦王子嬰除秦苛法約法三章。三章。殺人者死。傷人及盜抵罪。已而項羽攻破咸陽立帝爲漢王以蕭何爲相韓信爲大將還定三秦破羽於垓下。垓。歌哀切。音該。灰韻。或作晐。垓下地名。是高岡絕巖。今猶高三四丈。在今安徽省靈璧縣之東南。五年即皇帝位國號漢建都關中今陝西省之地。別稱關中。讀史方輿紀要。秦孝公徙都之。謂之秦川。亦曰關中。注。潘岳關中記。東至函關。西至隴關。二關之間。謂之關中。徐廣曰。東函谷關。南武關。西散關。北蕭關。地居四關之中。亦曰四塞。帝不修文學然寬仁愛人豁達大度好謀能聽卒成帝業在位十二年、崩於長樂宮。史記集解。皇甫謐曰。高祖以秦昭王五十一年生。至漢十二年。年六十三。前漢書臣瓚曰。帝年四十二即位。十三年壽五十五。臯按。帝於乙未年即位。丙午年崩。瓚說較是。無謚以其功高而爲漢帝之太祖故特稱高祖匹夫崛起而有天下者自高祖始當已定天下七年、曾立兄劉仲爲代王而匈奴攻代。代。古代國。戰國。趙滅代。置代郡。秦漢仍之。有今山西省東北部。及河北省蔚縣附近地。治桑乾縣。在今山西省陽高縣西北。晉移置代縣。在今河北省蔚縣東。東晉廢。劉仲不能堅守棄國亡間行走雒陽自歸天子天子爲骨肉故不忍致法廢以爲郃陽侯。郃。曷閤切。音合。合韻。郃陽。今縣名。屬陝西省朝邑縣北。梁山之南。東渡黃河即山西省臨晉縣境。本戰國魏合陽邑。漢始置郃陽縣。清屬同州府。高帝十一年、淮南王英布反。高帝自將往誅之劉仲子沛侯濞。濞。披義切。音備。寘韻。水暴至聲。年二十有氣力以騎將從破布軍布走荊王劉賈爲布所殺無後上患吳會稽輕悍無壯士以填之諸子少乃立濞於沛爲吳王（此高帝十二年丙午也・）王三郡五十三城已拜受印高祖召濞相之謂曰、汝狀有反相（應劭曰・高祖有聰略・反相徑可知・至於東南有亂・克期五十・占者所知也・）心獨悔業已拜因附其背、告曰、漢後五十年東南有亂者豈汝耶然天下同姓爲一家也愼無反濞頓首曰不敢景帝三年丁亥、濞果率吳楚七國反濞兵敗渡江走丹徒爲人鏦殺（鏦・初江切・音聰・江韻・小矛也・刺也・謂以戈刺之・）葬丹徒縣南其地名相唐（史記高祖本紀前漢書高帝紀圖書集成相術部引史記吳王濞列傳）

梁武帝

梁武帝、姓蕭氏名衍字叔達小字練兒南蘭陵人（南蘭陵・晉時嘗僑置蘭陵縣於今江蘇省武進縣治・並置南蘭陵郡・隋時並廢・）蕭相國何之後也（以宋孝武大明八年甲辰歲・生於秣陵縣同夏里三橋宅・）生而奇異、兩骻駢骨（骻・庫化切・音跨・髀間也・腰骨也・）頂上隆起有文在右手曰武帝及長博學多通好籌略有文武才幹與南齊同族建武二年乙亥、初仕齊爲雍州刺史都督軍事鎭襄陽（襄陽・清爲湖北襄陽府治・爲自古攻守必爭之地・）永元二年庚辰、其兄懿爲嬖臣茹法眞等讒構而死乃起兵圍建康（建康・故城在今江蘇江甯縣南・）中興二年壬午、四月、弒齊王寶卷。追廢爲東昏侯。遂篡帝位。時年三十九歲。紀元天監。帝孝慈恭儉。初政重儒。立學設謗木。斷貢獻。甚有可觀。後崇信佛教。三度捨身同泰寺。侯景以河南來降。納之。魏來求成。又許之。景疑。遂反。太清三年己巳、三月丁卯、賊攻陷臺城。臺城、在江甯縣治北、元武湖側、本吳後苑城、晉咸和中、修繕爲新宮、亦謂之宮城、宋齊梁陳皆因爲宮、與鷄鳴山相接、四月、帝以所求不供。憂憤寢疾。五月丙辰、崩於淨居殿。在位四十八年。壽八十有六。追尊爲武皇帝。廟號高祖。紀元七、天監、普通、大通、中大通、大同、中大同、太清。帝雖萬幾多務。猶卷不輟手。燃燭側光。常至午夜。午夜、謂夜半也、身衣布衣。木綿皁帳。一冠三載。一被二年。膳無鮮腴。惟豆羹糲食而已。五十外便斷房室。不正容止不與人相見。雖覿內豎小臣。覿、音狄、錫、謂見也、亦如遇大賓。凡陰陽緯候卜筮占決草隸尺牘騎射弓馬。莫不稱妙。造制旨孝經義。周易講疏。六十四卦二繫文言序卦等義。樂社義。毛詩春秋問答。尚書大義。中庸講疏。孔子正言。孝經講疏。涅槃大品淨名三慧諸經義等書。歷觀古昔人君。恭儉莊敬。藝能博學。罕或有焉。梁書本紀

梁元帝 劉景

梁　元帝、姓蕭氏。名繹。字世誠。小字七符。武帝第七子。天監七年戊子、八月丁巳生。初封湘東王。侯景旣廢簡文帝。又廢豫章王而自立。世祖命王僧辨平景。大寶三年壬申。世祖猶稱太清六年。四方征鎭王公卿士勸進表三上。冬十一月丙子。世祖乃卽位於江陵。（江陵縣・淸屬湖北荆州府・）改太清六年。爲承聖元年。時年四十五歲。州郡已大半入魏。詔令所行千里而近。民戶著籍不盈三萬。西魏遣于謹等。會蕭詧伐梁。承聖三年甲戌、十一月辛卯、魏軍大攻城陷。世祖見執。十二月辛未、西魏害世祖。遂崩焉。在位三年、追尊爲孝元皇帝。廟號世祖。世祖聰明俊朗。天才英發。凡百技術無所不該。嘗不得信。筮之遇剝之艮。曰、南信已至。今當遣左右季心往看。果如所說。賓客咸驚其妙。凡所占決皆然。初從劉景受相術。因訊以年。答曰。未至五十。當有小厄。禳之可免。世祖自勉曰、苟有期會。禳之何益。後果如景言。壽僅四十有七。著有孝德傳。忠臣傳。周易講疏。老子講疏。筮經。洞林。文集等書。都四百三十卷。（梁書）

本紀南史梁本紀○梁玄帝集洞林序云．藍闕玄枵之野．鬼方難測．朱鳥之舍．神道莫知．而緹幔曉披．既辯黃鍾之氣．靈臺夕望．便知玉井之色．復以談乎天者．雖絕名言之外．存乎我者．還居稱謂之中．余幼習星文．多歷歲稔．海中之書．略皆尋究．巫咸之說．偏得研求．雖紫微迢遞．如觀掌握．青龍顯晦．易乎鏡覽．羨門五將．亟經玩習．韓終六壬．常所寶愛．至如周王白雉之筮．殷人飛燕之卜．蓍名聚雪．非關地極之山．卦有衙書．能擬西郊之氣．交通七聖．世經三古．山陽王氏．眞解談玄．河東郭生．終能射覆．兼而兩之．竊自許矣．

宋仁宗帝

宋仁宗皇帝、姓趙氏。名禎。初名受益。眞宗第六子。大中祥符三年庚戌、四月十四日生。乾興元年壬戌、二月戊午、眞宗崩。遺詔太子即皇帝位。時年十二歲、次年癸亥。紀元天聖。至嘉祐八年癸卯。二月辛未、帝崩於福甯殿。壽五十有四。遺制皇子曙、即皇帝位。諡曰明孝皇帝。廟號仁宗。紀元九、天聖、明道、景祐、寶元、康定、慶曆、皇祐、至和、嘉祐。仁宗恭儉仁恕。出於天性。在位四十二年之間、吏治若媮惰、（媮．音偷．尤韻．苟且偸倖也．）而任事蔑殘刻之人。刑法似縱弛（弛．音豕．紙韻．猶言放鬆．）而決獄多平允之士。國未嘗無弊倖。而不足以累治世之體。朝未嘗無小人。而不足以勝善類之氣。君臣上下惻怛之心。（怛．音達．曷韻．悲慘也．）忠厚之政。有以培壅宋三百餘年之基。子孫一矯其所爲。勗至於亂（馴・音旬・眞韻・由漸而至曰馴・）傳曰、爲人君止於仁帝誠無愧焉仁宗撰有洪範政鑒十二卷御製序曰、宸宮餘暇記覽史籍洪範之說緬然可尋（緬・音免・銑韻・思貌・藐遠也・）而伏鄭所編靡聞全錄前則歆向所傳散佈羣篇後則京夏諸儒衍釋證兆簡牘廣紀顚末弗齊不有彙分何從質信亦嘗取書林之奏合日官之藏參咨邇臣覆究曩例遂采五行六沴前世蔡侯最稽應者次爲十二卷名曰洪範政鑒若語非典要過涉怪譎則略而不載若占有差別互存考驗則析而詳言君人者承天子民必逆知未萌前慮諸慝（慝・音忑・職韻・惡之匿於心者也・）庶乎嗣祖宗之構順陰陽之權故因題辭兼以自勵云云康定元年十一月丙辰、內出御製洪範政鑒十二卷。示輔臣。即此本也。其書以五行分類自春秋以迄歷代事應采摭頗詳蓋亦古帝王敬畏修省之意（宋史本紀 四庫提要子部術數類存目二）

宋徽宗帝

宋　徽宗皇帝、神宗第十一子。名佶。元豐五年壬戌、十月丁巳、生於宮中。元符三年庚辰、正月己卯、哲宗崩。皇太后垂簾、哭謂宰臣曰、家國不幸。大行皇帝無子。天下事須早定。章惇厲聲曰、在禮律當立母弟簡王。皇太后曰、神宗諸子。申王長而有目疾。次則端王當立。惇又曰、以年則申王長。以禮律則同母之弟簡王當立。皇太后曰、皆神宗子。莫難如此分別。於次端王當立。知樞密院曾布曰、章惇未嘗與臣等商議。如皇太后聖諭極當。尚書左丞蔡卞、中書門下侍郞許將、相繼曰、合依聖旨。於是惇爲之默然。乃召端王入卽皇帝位。時年十九歲、皇太后權同處分軍國事。（九月辛未、章惇罷。十月貶章惇爲武昌軍節度副使。）明年辛巳、紀元建中靖國。至宣和七年乙巳、十二月己酉、中山奏金人斡離不粘罕、分兩道入攻。郭藥師以燕山叛。北邊諸郡皆陷。又陷忻代等州。圍太原府。太常少卿傅察、奉使不屈死之。己未下詔罪己。令中外直言極諫。郡邑率師勤王。募草澤異才。有能出奇計及使疆外者。庚申、詔內禪皇太子桓、卽皇帝位。（皇太子時年二十六歲）尊帝爲敎主道君太上皇帝。居于龍德宮。時年四十四歲。紀元六、建中靖國、崇甯、大觀、政和、重和、宣和、次年丙午、紀元靖康。正月己巳、徽宗詣亳州太淸宮行恭謝禮。遂幸鎮江府。四月己巳、還京師。二年丁未二月丁卯、金人脅帝北行。紹興五年乙卯、四月甲子、崩于五國城。壽五十有四。五國城・遼五國部節度使所駐之地・嘯亭雜錄・五國城・古稱五國頭城・以據五國總路之首得名・乾隆中・築伯都納城・掘得宋徽宗國畫鷹軸・又獲古瓷器數十件・竝得碑碣・錄徽宗晚年日記・云於天會十三年・寄跡於此・知五國城即此地・今吉林扶餘縣・七年丁巳、九月甲子、凶問至江南。十二年壬戌、八月己酉、梓宮還臨安。臨安・今浙江杭縣・宋高宗南渡・以爲行在・稱臨安府・十月丙寅、權攢於永祐陵。諡上尊號曰顯孝皇帝。廟號徽宗。身通百藝書畫尤工。大觀二年戊子、秋八月、嘗卜以易數一一口乂乂一乃御製易運碑刻之延福殿東壁。其略曰始建元基高宗御字德基・紹興德壽謂紹興年・德壽宮・承太乙循運盡在陽九之數高宗聖壽・八十一歲・祖傳甲庚吉太祖子孫再傳・建炎炎共盛之勢建炎年號・奈何五行逆順天地之數非由人致朕嘗聞易孰善本基庚子辛丑禍起東南謂方臘・鼙動干戈元衡立劫壬寅癸卯宣和間・天下大亂・亦云哀哉甲辰乙巳與金虜夾攻燕山・丙午丁未金虜入寇・二帝北狩・內有丙火天下生靈塗炭至半是時天下大亂・江表之虞駕幸江表・莫知所辜戊申己酉高宗初立・時正災刼金虜渡江・苗劉內變・庚戌辛亥偏重勢輕高宗航海・劉豫稱帝於汴・壬子癸丑後成改建改元紹興・甲寅乙卯立應豐禨〔是年大行〕。丙辰丁巳朕已何在〔徽宗以紹興五年崩〕。祖宗復有中興之後云云〔是年孝宗以建國公進封普安郡王。復紹太祖之後〕。其後亦皆歷驗。信乎聖哲先知之明。因往推來。在天數者。果不可逭〔逭。音換。翰韻。逃避也〕。

〇宋史本紀。宋趙葵行營雜錄。引坦齋筆衡

宋高宗帝

南宋

高宗皇帝、徽宗第九子。名構。字德基。大觀元年丁亥、五月乙巳、生東京之大內。二十一歲靖康二年丁未、四月、即位。紀元建炎。時年二十五歲辛亥、改元紹興。至紹興三十二年壬午六月、詔皇太子眘、〔眘。古愼字。見說文心部。或作昚。書。益稷愼乃在位。正義。當謹愼汝所在之位也。〕即皇帝位。帝稱太上皇帝。退處德壽宮。淳熙十四年丁未、十月乙亥、崩於德壽殿。壽八十有一。謚曰憲考皇帝。廟號高宗。高宗資性朗悟。博學彊記。讀書日誦千餘言。自能推步星命。或臣下不能仰副聖意。則曰吾奴僕宮陷故也。實則高宗恭儉仁厚。以之繼體守文則有餘。以之撥亂反正則非其才也。況時危勢逼。兵弱財匱。乎君子於此。蓋亦有憫高宗之心。而重傷其所遭之不幸也〔宋史本紀四朝聞見錄〕

清世祖帝

清　世祖皇帝、姓愛新覺羅氏。名福臨。嘗自號癡菴道人。太宗第九子。崇德三年戊寅、正月三十日戌時生。癸未八月二十六日、襲父位。時年六歲。叔父睿親王多爾袞。從叔父鄭親王濟爾哈朗、同輔政。明年甲申紀元順治。實明之崇禎十七年也。四月、命多爾袞率師經略中原。五月得明天下。九月大駕自盛京遷都燕京。十月初一日卽皇帝位於武英殿。定有天下之號仍曰清。紀元仍曰順治。命多爾袞攝政。二年乙酉五月、滅明福王。六月下令薙髮。旋滅流賊李自成。七月下令易服。三年丙戌十二月、滅明唐王。並滅張獻忠。八年辛卯、正月十二日親政。十八年辛丑、正月初七日子刻、因病痘、崩於養心殿。壽二十有四。上尊謚曰、孝章皇帝。廟號世祖。世祖嘗校獵遵化。（遵化。清爲直隸州。屬直隸省。民國改縣。今屬河北省。）至後爲孝陵之地。（康熙二年六月。葬孝陵。在遵化州西北七十里之鳳臺嶺。一名鳳臺山。封曰昌瑞山。）停轡四顧。曰、此山王氣鬱葱。非常可爲朕壽宮。因自取佩韘擲之。（韘式摺切。音攝。葉韻。韘。射決也。所以拘弦。以象骨韋系。著右巨指。段注。謂韘。卽今人之扳指。拘弦。卽鉤弦。韘爲射時鉤弦之用。故傳云。能射御則佩韘也。）諭侍臣曰。韘落處定爲穴。即。可。因。以。起。工。後。有。善。青。烏。者。視。之。相。驚。以。爲。吉。壤。也。丹陽唐邦治清皇室四譜清稗類鈔方技

清聖祖帝

清、聖祖皇帝、名玄燁。燁·音曄·火光貌·又音煜·義同·嘗自號體元主人。世祖第三子。順治十一年甲午、三月十八日巳時、生於景仁宮。十八年辛丑正月、世祖大漸。特定漢字御名。卽玄燁二字。清之避御名。立廟諱自此始。旋遺詔立爲皇太子。嗣大統。十九日、卽皇帝位於太和殿。時年八歲、以內大臣索尼、蘇克薩哈、遏必隆、鼇拜、四人輔政。是年滅明桂王。天下混一。明年壬寅、紀元康熙。帝又定臺灣。征厄魯特。降西藏。又討平臺灣之朱一桂。及南方之苗亂。國事大定。在位南巡者六。皆道江蘇。並幸浙江。東巡者一。特詣闕里。西巡者一。幸太原西安。幸五台者四。至六十一年壬寅、十一月十三日戌刻、崩於暢春園。壽六十有九。上尊謚曰、仁皇帝。廟號聖祖。雍正元年九月、葬景陵。在孝陵之東馬蘭峪。有御製詩文集。又御定星曆考原六卷。凡分六目。一曰象數考原。二曰年神方位。三曰月事吉神。四曰月事凶神。五曰日時總類

六日用事宜忌考古者外事用剛日內事用柔日其日以卜不以擇趙岐孟子註、謂天時爲孤虛王相則戰國時已漸講之然神煞之說則莫知所起易緯乾鑿度有太乙行九宮法太乙天之貴神也漢志兵家陰陽類亦稱順時而發推刑德隨斗擊因五勝假鬼神而爲助又陰陽家類稱出於羲和之官拘者爲之則牽於禁忌拘於小數舍人事而任鬼神則神煞之說自漢代已盛行矣夫鬼神本乎二氣二氣化爲五行以相生相剋爲用得其相生之氣則其神吉得其相剋之氣則其神凶此亦自然之理至其神各命以名雖似乎無稽然物本無名凡名皆人之所加如周天列宿各有其名亦人所加非所本有則所謂某神某神不過假以託其名位別其性情而已不必以詞害意也歷代方技之家所傳不一展轉附益其說愈繁要以不悖於陰陽五行之理近是是書簡汰諸家刪其鄙倍而括其綱要於順天之道宜民之用大聖人之於百姓事事欲其趨利而遠害無微不至矣又御纂周易折中二十二卷是編冠以圖說殿以啓蒙未嘗不用數而不以數談河洛致晦玩占觀象之原冠以程傳次以本義未嘗不主理而不以屏斥讖緯併廢互體變爻之用其諸家訓解或不合於伊川紫陽而實足發明經義者皆兼收並采不病異同惟一切支離幻渺之說咸斥不錄不使溷四聖之遺文蓋數百年分朋立異之見至是而盡融數千年畫卦繫辭之旨乃至是而大彰矣（清史稿本紀・清皇室四譜・四庫提要子部術數類一・經部易類六○汲修主人嘯亭雜錄云・仁皇帝解易・占噶爾丹叛時・倭犯烏蘭布通・其勢甚急・上命李文貞公占易・得復之上六・文貞變色・上笑曰・今噶爾丹背天犯順・自蹈危機・兆乃應彼・非應我也・因立下親征詔・果大捷焉・○浙江湖州府志・載康熙乙酉・聖祖召德清陳雲鳳舉人・至蒙養齋・纂修六壬書・復被旨纂修命書・河南陳州府志・載康熙庚子・聖祖又召太康縣劉璐舉人・纂定六壬書・浙江山陰縣志・載庚子年・聖祖特旨・又命會稽鍾之模舉人・在御書房分纂奇門書・○畿輔通志・載王蘭生進士・受聖祖指示・凡校周易折中・卜筮精蘊・蘭生之力居多・清史稿本傳・胡煦・康熙壬辰進士・授檢討・甲午・命直南書房・尋命直蒙養齋・與修卜筮精蘊・戊戌・與修卜筮彙義・書成藏之祕府）

清高宗帝

清高宗皇帝、名弘曆。嘗自號信天主人。七十後、自稱古稀天子。又自稱十全老人。為世宗第四子。（世宗名胤禛・紀元雍正・）其初次序、實為第五。康熙五十年辛卯、八月十三日子時、生於雍親王藩邸。雍正元年癸卯八月、世宗密建皇儲。緘其名於乾清宮正大光明殿扁額後。十三年乙卯五月、命入值辦理苗疆事務。八月遺詔、立爲皇太子。嗣大統。九月初三日、卽皇帝位於太和殿。時年二十五歲。明年丙辰、紀元乾隆。帝兩平準噶爾。定回部。再定金川。靖臺灣。服緬甸安南。再降廓爾喀。在位南巡者六、皆幸江蘇浙江。東巡者六、皆登泰山謁曲阜。西巡者一、幸嵩洛。幸五臺者五。歲乙卯卽位六十年。既滿。明年嘉慶元年丙辰、正月朔日、御太和殿內禪。遂稱太上皇帝。退居甯壽宮、仍訓政。四年己未、正月初三日辰刻、崩於養心殿。壽八十有九。上尊謚曰、純皇帝。廟號高宗。九月葬裕陵。在孝陵西勝水峪。有樂善堂集。及御製詩文集。又勅撰協紀辨方書三十六卷。三年告成進呈。欽定凡本原二卷。義例六卷立成宜忌用事各一卷。公規二卷。年表六卷。月表十二卷。日表一卷。利用二卷。附錄辨譌各一卷。舉術家附會不經繁碎多礙之說。一一訂以四時五行生剋衰旺之理。蓋欽天監舊有選擇通書。體例猥雜。動多矛盾。我聖祖仁皇帝嘗纂星歷考原一書。以糾其失。而於通書舊本尚未改定。是書乃一一駁正。以祛羣疑於趨吉避凶之中存崇正闢邪之義於以破除拘忌足以利用前民御製序文特標敬天之紀敬地之方二義而以人之禍福決於敬不敬之間因習俗而啟導之尤仰見聖人牖民覺世開示以修吉悖凶之理者至深切矣又勅輯元趙友欽原本革象新書五卷舊題老子月波洞中記二卷周鬼谷子命書唐李虛中注三卷晉郭璞玉照定眞經張顒注一卷南唐宋齊邱玉管照神局三卷後周王朴太淸神鑑六卷宋徐子平氏珞琭子賦注二卷宋岳珂三命指迷賦一卷遼耶律純星命總括三卷金張行簡人倫大統賦一卷（清史稿本紀清皇室四譜四庫提要子部術數類、清史稿藝文天文算法推步之屬及術數類相書命書之屬）

金史方技傳　元中書右丞相總裁脫脫等修

太史公序九流述日者、龜策、扁鵲、倉公列傳。劉歆校中祕書、以術數、方技載之七略。後世史官作方技傳、蓋祖其意焉。金世如武禎、武亢之信而不誣、劉完素、張元素之治療通變、學其術者、皆師尊之、不可不記云。

中國歷代卜人傳卷一

潤德堂叢書之八

鎮江袁阜樹珊編次

江蘇省一

江蘇省、在我國東南部、爲沿海各省之一。春秋時、分屬吳楚二國。秦置會稽、鄣諸郡。漢、晉俱爲揚、徐二州。唐分屬江南、及淮南道。宋分屬江南東路、及浙江淮西等路。元分屬河南、江浙等處、行中書省。明初直隸京師、後爲南京轄地。淸初改置江南省、康熙六年、始析置江蘇省。以江寧、蘇州二府之首字得名。總督及江南布政使駐江寧、巡撫及江蘇布政使駐蘇州、民國仍之。其地東濱黃海、及東海。東南界浙江。西鄰安徽。西北連河南。北接山東。共轄六十一縣。省會曰鎮江。

一 江寧縣

晉分秣陵立臨江縣。漢秣陵縣地。更名江甯。故城在今江蘇江甯縣西南六十里。隋移於冶城。即今首都市。唐移治白下。尋又還治冶城。宋以後因之。淸與上元縣同爲江蘇省治。江甯府亦治此。光緒二十三年。於城北下關。開作商埠。爲滬甯鐵路之終點。三國吳。東晉。劉宋。齊。梁。陳。皆都於此。謂之六朝。南唐李氏。明太祖。又先後建都其地。民國臨時政府。亦先設於此。遂併上元縣入江甯縣。仍爲江蘇

東晉

扈謙、省治・十九年改稱首都市・定爲國都・首都市直隸行政院・江甯縣仍屬江蘇省・十七年移江蘇省政府治鎭江縣・精易卦嘗在建康筮一卦百錢日限錢五百以三百供母二百飲酒幷施貧乏五百足一卦千錢不爲也桓溫妾、產桓玄時、至艱謙筮曰、公第六閒馬埒埒音劣・廄埒也・壞竟便產當是男兒聲氣雄烈震動四海溫贈錢三十萬夫人亦贈錢三十萬謙辭無容錢處溫不聽後仍筮卦養母錢日以醉客不問識與不識一日母亡謙辭酒家許氏云因緣盡矣安葬而去不知所之數日、許氏家人於落星路邊、見謙臥地始謂其醉捉手引牽惟空衣無尸云修仙者死・謂之尸解・言將登仙・假託爲尸以解化也・集仙錄云・形如生人者尸解也・足不青・皮不皺者・尸解也・目光不落・無異生人者・尸解也・有死而更生者・有未殮而失尸者・有髮脫而形飛者・皆尸解也・白日解者爲上・夜半解者爲下・謙居金陵攝山寺碑云、北望荒郇扈謙卜筮之宅是也同治江甯縣志方技○圖書集成卜筮部紀事・引海西公本紀云・初桓溫有不臣之志・欲先立功河朔・以收時望・及枋頭之敗・威名頓挫・遂潛謀廢帝弈・而立簡文帝・以長威權・然憚帝守道・恐招時議・以宮闈重閟・牀笫易誣・乃言帝爲閹・遂行廢辱・初帝平生每以爲慮・嘗召術人扈謙筮之・卦成答曰・晉室有磐石之固・陛下有出宮之象・竟如其言・○孝武文李太后傳云・后諱陵容・本自微賤・始簡文帝爲會稽王・有三子・俱夭・自道生廢黜・獻王早世・其後諸姬絕孕將十年・帝令卜者扈謙筮之・後房中有一女・當育二貴男・其一終盛晉室・時徐貴人生新安公主・以德美見寵・帝常冀之・有娠而彌年無子・會有道士許邁者・朝臣時望多稱其得道・帝從容問焉・答曰・邁是好山水人・本無道術・斯事豈所能判・但殿下德厚慶深・宜隆奕世之緒・當從扈謙之言・以存廣接之道・帝然之・更加採納・又數年無子・乃令善相者・召諸愛妾示之・皆云非其人。又悉以諸婢媵示焉。時后爲宮人在織紡中。形藏而色黑。宮人皆謂之崑崙。旣至。相者驚云。此其人也。帝以大計召之侍寢。后數夢兩龍枕膝。日月入懷。意以爲吉祥。向儕類說之。帝聞而異焉。遂生孝武帝。及會稽文孝王。鄱陽長公主。第。晉濟。牀鐘也。

梁

陶弘景、字通明。秣陵人。幼得葛洪神仙傳。晝夜研究。便有養生之志。讀書萬餘卷。善琴棋。工草隸。建元壬戌、（年二十七）。齊高帝引爲諸王侍讀。雖在朱門。閉影不交外物。惟以披閱爲務。永明壬申、（年三十七）。脫朝服挂神武門。上表辭祿。隱居句容句曲山。自號華陽隱居。晚號華陽眞逸。又曰華陽眞人。性好著述。尚奇異。顧惜光景。老而彌篤。尤明陰陽五行風角星算山川地理方物圖產醫術本草。又常造渾天象。梁武帝蚤與之游。及卽位。徵之不出。每有吉凶征討大事。無不諮請。時人謂之山中宰相。大同癸丑、（年八十一）。無病而卒。或傳其仙去。謚貞白先生。著有卜筮要略三命鈔略相經夢記眞誥等書傳於世。南史隱逸隋書經籍志○弘景相經序云。相者蓋性命之著乎形骨。吉凶之表乎氣貌。亦猶事先謀而後動。心先動而後應。表裏相感。莫知所以然。且富貴壽夭。各値其數。董賢甫在弱冠。便位過三公。貲半於國。而裁出三十。身摧家破。馮唐袴穿郎署。揚雄韜立高閣。而並至白首。或垂老玉食。而官不過尉史。或覲襟若神。僅至齠齔。或不辨菽麥。史保貴者。此又明其偏有得也。

宋

劉處白、金陵人。善相。陳執中、爲某州通判。使者將劾之。處白曰、無患。公當作宰相。使者果被召、半道而去。王益知韶州日。幾大拜。還金陵。召處白問狀。處白曰、當得一都官止耳。大不懌。（懌、音睪。陌韻。悅也。）以他事訟繫之。已而益果終都官郎中（同治上元江甯縣志方技）

元

蔡槐、字月湖。德興人。僑居建康。工相術。莫知所師授。與人言。率肆意。指陳無所諱避。人信而畏之。至元丙戌、與學士傅立等。偕召。詔問朕壽幾何。對曰、仁者壽。陛下壽及八旬。時春宮未建。嘗賜見便殿。俾定儲君於諸王孫中。對曰、某太孫龍鳳之姿。天日之表。他日必爲太平天子。後七年登極。卽成宗也。久之。大臣有爲姦利者。請問休咎。槐拒不往。他日見於朝。辭色甚怒。槐曰、相公能憂國愛民。自可享期頤之福。何問爲。然亦懼其讒。授集賢學士。辭不拜。乞歸田里。從之。已時相果敗。元貞改元。復召不赴。隱居鍾山。（同治上元江甯縣方技　光緒江西通志方術）

明

李義人、名尙志。一字何事。負經濟才。兵農典禮。以及奇門遁甲之祕。無不深究。意不可一世。然韜光不露。冷然沉雄奇士也。尤究心老易。孝廉王亦臨。嘗集多士

開社中林堂。延義人坐皐比。講經義。四方來聽者。履相錯也。圖書集成術數部名流列傳

明 崔自均、江寧人。老學究、焦太史先生之親也。善起觀梅數。多奇中。焦鏡川大尹、當歲考時。問以名次。崔占之曰、某日出案。則第二人。如出某日則第一矣。已而果第一。詢之則某日前原是第二。是日後方置諸首也。先大夫庚午秋闈後。往扣之。甫入門。值崔送客出。已入、向先大夫曰、得毋爲科第事來乎。不必占。吾已得公數矣。必中無疑。第名次在榜後耳。先大夫中一百三十名。不知崔所挾何術也。客座贅語

清 秦承業、字補之。號易堂。江寧人。天資超卓。所讀經史。闇誦不遺一字。乾隆庚寅舉於鄉。辛丑成進士。廷試二甲第一。散館授編修。官至侍講學士。乞病歸。生平性嚴冷。言眞率。有睥睨一世之概。年四十。妻徐卒。遂終身不娶。亦不置妾媵。晚好形家言。日徘徊山水間。年八十四卒。諡文懿。著有瑞芝軒文集等。繆荃孫續碑傳集翰詹

2 上元縣

漢・秣陵縣地・三國吳改建業・晉改建康・隋改江寧・唐置上元・清與江寧縣同爲江蘇省治・民國廢入江寧縣・

明 陳遇、上元人。字中行。元末爲溫州教授。尋棄官。隱居樂道。工畫山水。尤精象數。

太祖下金陵。遣使聘至。留幕中、參密議、優禮備至。既成帝業。累遷翰林學士、禮部侍郎、皆不受。帝終始敬信。稱爲先生而不名。學者稱靜誠先生。洪武甲子卒。賜葬鍾山。明史列傳

明　李槐、善風鑑。居金陵。朱蘭嵎太史、爲諸生時。槐決其必售。及試禮部、復遇槐。曰、精采殊常。鼻端已正。奪魁無疑。脚指甲如有楞。功名有萬里之行。榜發果驗。後奉旨册封高麗。如其言。圖書集成藝術典相術部 同治上江兩縣志方技

明　賀確、字存誠。居金陵。少事博士業。一不利、卽棄去。肆力經史百家天文地理醫卜之書。論古今事如倒囊出物。聞者聳聽。曾薦修宋遼金三史。辭不就。暇則縱尋山水間。優游以老。年九十三。所著友菊詩集一卷。乾隆江南通志隱逸 光緒浙江通志寓賢

清　陳茂桐、字嶧陽。嶧・音亦・山名。上元監生。世居觀音門。性慷慨重義氣。於堪輿一道最究心。嘗慨然曰。形家詐人。率以一家利害立說。而陷人於停棺不葬之罪。何其傎也。傎與顚同・狂也・癸丑之難。桐戚友之柩無爲賊焚者。皆其素所規勸利導也。所居在燕

子磯側出江爲黃天蕩風濤洶湧。洶、兇去聲、腫韻、又音匈、冬韻、義同、洶湧、水之聲勢也、 舟楫多不測桐激同志稟官捐貲設局置紅船救生購義塚備施材取生順死安之義額其堂曰、順安周家山設局置船至今不廢桐有力焉以孫海仁官貤贈奉直大夫貤、音移、移也、凡本人應得封誥、移與他人、曰貤封、貤贈、 子熙、亦能繼父志。同治上江兩縣志流寓

清 夏叟、和元、賣卜洞神宮所言多奇中所藏石、不下數十種皆米顛袖中物也。同治上江兩縣志摭佚

清 溫葆深、深一作琛、字明叔上元人官侍郎精星命學著有春樹齋叢說一卷光緒丙子刊本載在清史稿術數類其言曰、漢書藝文志歷譜家曰、又以探知日月五星之會凶阨之患吉隆之喜其術皆出焉此聖人知命之術也此實星命之學明見於正史者而史記有五星廟博物志言東方朔爲歲星其說皆在隋唐以前皆可爲星命學之證然若以近傳之果老正宗旋機抉微乾元祕旨等書參考之然日月五星三語不符合也惟國朝康熙間、疇人傳云順治中、 西士穆尼閣氏著天步眞原數

種隱然與漢志說合。其一曰性情部、則日月七政、與在天經星、性情咸備。其二曰世界部、謂七政之會衝方、可以知寒暑晴雨也。其三爲人命部。選擇部、則此星命術之妙用、近與舒繼英、于蘭林不同、遠亦與蔣大鴻氏、有逕庭矣。原書、薛北海鳳祚、爲敘刻之。葆深又曰、眞原之學、不論官魁、不取炁孛、只論七政之性情燥溼寒熱。蒙嘗見萬曆間武進徐常吉諸家要旨、其引西域回回天文云。日所照物燥熱、月所照物滋潤。土所照寒微燥、木溫熱多潤少、火極燥熱、金亦溫和熱少潤多、水性不定、遇寒則寒、遇熱則熱、又曰、水屬氣生風。共五十三字。蓋先尼閣而著之簡編者。而尼閣術實同此。然則此書實本回曆。故其選擇部原本仍題曰回回曆選擇也。因考回曆、昉於元時。明袁了凡新書、嘗以其立成通之大統。葆深謹閱盛京通志載文殊所說善惡宿曜經曰、第五尾四足、箕四足、斗一足、在寅。歲星位焉。其神如弓。故曰人馬。言歲星、言人馬、證之、則確乎西域星術所本。蓋惟西術以寅爲人馬宮也。則是眞原之術、其來伊久。殆即隋唐經籍志所謂聿斯經歟。葆深又曰、造命以造葬二事爲重。然如世俗忌葬致忌數十年、欽天監奉刊修造吉方立成一書、計每年只三煞坐山値向須忌避之、而太歲、歲破、尤須謹避。三合前方、三合後方宜修之、而奏書博士、亦利興修、謹細圖之、一年利東西、一年利南北。如天造地設、誠以其例仿刊傳之、海澨山陬、咸知趨避矣。·春樹齋叢說○萍鄉文廷式·純常子枝語云·癸未十二月十四日·左宗棠代遞溫葆深遺摺·輒爲請謚·交部議處·注云·宗棠疏·惟言應否加恩予謚·出自聖裁·未嘗竟請謚也·蓋政府惡而傾之。○又云·溫明叔侍郎·乃寶文靖之師·嘗爲文靖推平生休咎·無一字不驗·然此事要關夙慧·侍郎之門人·有梅姓甘姓者·傳之·皆不甚驗·

清

湯榮、字沐之。上元人。少孤失學。性躭青鳥之術。徧求名師從之游。覽竟窺其奧。覓得善地以安先靈。昔人云、獲福仗佳城。安葬須吉日。又旁搜擇日諸書。著擇日便覽。光緒辛卯、刊版行世。便覽自序

3 丹徒縣

春秋吳朱方邑·後屬楚爲谷陽·漢置丹徒縣·吳改武進·晉復曰丹徒·南徐州記云·秦時以其地有天子氣·使赭衣徒三千人·鑿京峴南坑·以敗其勢·故名爲丹徒·故城在今江蘇丹徒縣東南十八里·即今丹徒鎮·宋齊梁陳因之·隋大業三年·廢潤州爲延陵縣·唐時復置·即今治·明清皆爲江蘇鎮江府治·民國初·廢府·存丹徒縣·十七年國民政府改爲鎮江縣·移江蘇省政府治之·城西雲臺山下·清咸豐八年·開作通商港·天津條約·訂開三口之一也·城當運河長江之交·滬甯鐵路經之·舊時商業甚盛·上海外以此爲最·自滬甯鐵路通行後·商業漸衰。

晉

徐廣、字野民。邈弟也。學尤精純。百家。術數。無不研覽。謝玄爲兗州、辟從事。歷文學祭酒。義熙初、詔撰車服儀注。封樂成侯。尚書奏、請廣、撰國史。從之。累遷官領史如故。勒成晉紀四十六卷。上之。初桓玄篡位。逼帝出宮。廣陪列。悲動左右。及劉裕受禪。恭帝遜位。廣獨哀感。涕泗交流。謝晦見之、謂曰。徐公將無小過也。廣收淚而言曰。君爲宋朝佐命。吾乃晉室遺老。憂喜之事。固不同時。乃更歔欷。因辭衰老。乞歸桑梓。性好讀書。老猶不倦。年七十四卒於家。著有答禮問。行於世。（晉書本傳）

劉宋

孔恭、妙善占墓。宋武帝劉裕、皇考墓在丹徒之侯山。其地秦史所謂曲阿丹徒間。有天子氣者也。帝常與孔恭經墓。欺之曰。此墓何如。恭曰。非常地也。（南史宋武帝紀）

唐

王居士、丹徒人。善卜。垂簾都城。倦游歸里。許渾贈以詩云。筇杖倚柴關。都城賣卜還。雨中耕白水。雲外斸靑山。有藥身長健。無機心自閒。卽應生羽翼。華表在人間。（唐許渾丁卯集）

宋

蘇頌、字子容。泉州南安人。父紳、葬潤州丹陽。因徙居之。第進士。累遷集賢校理。

英宗時、遷度支判官。元佑中、拜右僕射。後因賈易除知蘇州。頌諫爲不可。爭論未決、頌遂上章辭位。以中太一宮使、居京口。紹聖四年丁丑、拜太子少師致仕。建中靖國元年辛巳夏至、自草遺表。明日卒。年八十二。頌器局閎遠、不與人校短長。以禮法自持。雖貴、奉養如寒士。自書契以來、經史九流百家之說、至於圖緯律呂星官算法山經本草、無所不通。尤明典故。喜爲人言、亹亹不絕。（亹。音尾。亹亹。強勉也。）朝廷有所制作、必就而正焉。（宋史本傳　光緒丹徒縣志名賢）

明

馮淵、字濟川。儀徵人。避地京口。精於占筮。洪武初、浙省賫白金解京。（賫。音躋。同齎。齎。齊韻。持以與人也。）經郡境、爲盜刦。明太祖震怒、捕甚急。府衞官巾服待罪、詣淵請卜。淵示所得易繇曰、犬吠月、滿地血、二十八人扶棺來。便是此時節、使捕者伏京峴山松林中以俟。夜半月色滿江、村犬皆吠。俄聞山巔有哭聲。時盛暑、林甿乘夜涼。（甿。音萌。田民也。）染絳色帛、聞哭意爲竊葬人也。急趨入戶、避凶煞。偶觸染器、覆地赤、水橫流如血。邏卒往視。（邏。羅去聲。巡也。巡察之兵。曰邏卒。）其舁棺者果二十八人。（舁。音余。又去聲。義同。共舉也。今謂扛抬曰舁。）遂悉就擒。斧其棺、白金見。所著有海。底。眼。索。隱。顯。少。聖。有。詩。贈。云。賣。卜。生。涯。薄。輕。身。遠。市。朝。欲歸。盤。谷。隱。不。受。小。山。招。（圖書集成藝術典卜筮部名流列傳。鎮江府志。嘉慶丹徒縣志方技）

明

陳允昌、字應期。晚號充彜。京口人。少。聰。穎。有。奇。志。讀。書。求。大。意。雅。不。喜。章。句。學。弱。冠。補。博。士。弟。子。家。貧。爲。里。塾。師。及。壯。蹟。於。時。因。喟。然。曰、余。豈。爲。一。第。厄。哉。乃。盡。斥。其。少。時。業。一。意。爲。古。人。詩。歌。未。幾。秦。隴。間。盜。起。廷。論。悉。泄。泄。莫。以。爲。亟。允。昌。聞。之。輒。奮。袂。扼。腕。既。而。曰、大。丈。夫。立。功。業。此。其。時。哉。因。去。而。更。日。揣。摩。經。濟。有。用。之。學。凡。天。文。地。志。韜。鈐。兵。食。邊。籌。治。亂。以。及。風。角。占。驗。六。壬。奇。門。諸。書。莫。不。攷。徼。究。變。迨。中。原。鼎。沸。江。之。左。患。之。允。昌。曰。余。夜。占。乾。象。天。意。有。在。殆。不。可。遏。以。近。地。論。斗。牛。間。多。祲。氣。當。在。淮。揚。分。然。揚。爲。甚。其。不。免。乎。先。是。有。輔。臣。負。重。望。荷。推。轂。者。皆。以。爲。必。殄。寇。先。生。曰、無。庸。也。行。且。寇。必。滋。熾。已。而。悉。驗。又。嘗。策。郡。之。郛。不。任。兵。西。一。山。高。而。險。攻。則。敵。必。得。志。於。斯。倘。城。之。而。犄。角。可。百。世。利。也。圖。而。上。之。兵。守。者。守。不。之。善。後。卒。如。所。慮。及。兵。逼。江。之。北。民。惶。懼。其。進。而。卜。允。昌。門。者。蓋。踵。相。接。

也。允昌曰。幸無慮。非謂其不來。第無傷耳。迄亦驗。時自監司郡守以下。莫不隆禮賓師之。然從未聞一干以私。先後尚書管公紹寧、都御史張公國維、張公伯鯨、聘薦皆不應。吁、允昌雖不用。而其所論議。謀讜隱憂。先識皆一時之所不能及。使當日秉國成。齊寄命者皆能知允昌憂時料事。預爲之防。亟爲之慮。則明之天下綢繆消殄。豈復有甲申之事哉。允昌著書甚富。悉燬於火。自是遂無志問世云。時已年七十。乃日下簾爲君平業。約得幾百錢。卽撤而歸。蓋不謀其羨也。一日忽無病卒。年八十三。一子冷士嵋、字又湄。嘗受業允昌門。諸所述、皆嘗所目擊。而承于允昌者。故具道之、丹徒冷士嵋江泠閣文集陳允彝傳○阜按。乾隆江南通志文苑。載明陳應昌。字克彝。與江泠閣文集。所識陳允昌。晚號允彝微別。疑爲傳寫之譌。光緒丹徒縣志書目。載陳應昌。著有天文躔次。歲時占驗。天文地理圖說。

蕭鳴美、字虞颺。天啓辛酉舉人。知淳安縣。擢御史。卒於官。鳴美精易學。發明象數。與漳浦黃道周善。道周著易象正、三易洞璣等書。鳴美著周易說義行世。光緒丹徒縣志名賢清印天吉、京口人、康熙戊寅、毛西河年七十八、天吉爲其推演命造、其八字爲癸亥、壬戌、壬戌、庚戌、蓋生於明之天啓癸亥、十月初五日戌時也、天吉謂八十五不死、當享壽至九十一、（阜按、淸史稿載毛奇齡、康熙癸巳、卒於家、年九十一、）然西河竟以是年卒、西河之姬人年三十二、爲康熙丙午、正月十六日子時生、其八字爲丙午、庚寅、丁酉、庚子、蓋卽曼殊也、亦令天吉推命、而殷殷以子息爲問、天吉謂今年不育、則終無子矣、（清稗類鈔方技）

清　張譽星、字階平、丹徒人、郡增廣生、祖玉裁、字禮存、丁未榜眼、父宏載、字壯輿、歲進士、候選司訓、譽星生有至性、肆力於學、素敏捷、彊記經史百家、暨有明先正制藝、靡不朗貫、凡禮樂河渠兵農錢穀、以及陰陽醫卜九章釋典稗志之說、睨視而不忘於心、然自抑損、甚人接之、若無有者、至事關利義、輒鯁守忍狷、不毫髮私急人窘難、又務拯翼之、乃快、以故聲望溢隆、康熙己未卒、得年七十、（京江張氏家乘宜興儲兆豐撰傳）

清　楊龐、字仁常、自號六鶴居士、幼聰慧、目甚異、能相人吉凶、値明亡、棄舉業、遊浙東、遇一異人、謂龐曰、子毋效江湖術士、從吾遊、可識川嶽鍾靈之秀、遂從遊、足跡遍天下相人術益工善以氣色定人窮通以骨格定人殀壽以聲音定人貴賤以舉止定人生死萬無一失嘗曰相人別有神會不在五官六府間也其言如此（民國丹徒縣志方技）

清　駱士鵬、康熙戊午舉人精堪輿從雲間蔣大鴻遊得其傳（蔣氏地理辨正自序　民國丹徒縣志方技）

清　嚴元燮、字理乾號南岑乾隆壬申進士年六十始登第秉鐸池陽在任十年絕饋緣日以課生爲本郡守寶公出辦公務知其謹愼託代理府事士民均受其澤化治六邑七十致仕以淡泊終其身年八十三卒著有讀易巵言下學寤言等書又善形家言嘗論郡城山水脉絡甚允邑志錄之（光緒丹徒縣志宦績）

清　劉夢升、字與公諸生品端學博內介外和以不欺爲主窮極性命之理旁通象數不屑屑於章句獎掖後進如不及非禮不苟同人以是嚴憚而樂親之門下士成就甚多編修張玉裁其一也歿後門人私諡端文先生（民國丹徒縣志儒林）

清　劉夢震、字長公諸生天資穎悟幼承家學品行端粹博綜羣書下筆成章足跡

偏天下。名公鉅卿。爭相禮敬。海內英雋之士。多及其門。平生著述甚富。有太極通變圖學相字心易詩文集等。同上

清　莊忠棫。字中白。深思篤學。博覽窮經。世業鹽筴。鹺綱改。家中落。經粵寇。生產盡廢。貧甚。槖筆走四方。讀書不倦。少治易。通張惠言焦循之學。好讀緯。以爲微言大義。非緯不能通經。亂平。曾文正公延致書局。與劉壽曾、袁昶、諸人。爲道義交。學益進。邑人柳興恩。稱其竭力著書。窮而不愁。更出虞卿之上。又曉星度陰陽之占候。居江淮間久。習於河漕鹽三政。興廢利弊之故。言之娓娓可聽。可以覘其學識矣。著有周易通義。蒿庵詩文集等書。民國丹徒縣志儒林。誤作莊棫。按徒縣志摭餘。作莊忠棫。

清　顧鎮生。字蘇人。吳縣處士。父壓。官丹徒學教諭。鎮生產於任所。遂流寓焉。性端介。講求禮學。嚴義利之辨。絕意進取。寢饋諸大家文。有根柢。並精醫及形家言。邑人柳興恩、周伯義、皆心折之。民國丹徒縣志文苑

清　呂之樸。字抱經。世居焦東呂家圩。少繼祖業。讀吏治書。精心案牘。咸豐三年癸

丑。粵寇犯境。當事知其能。召佐戎幕。旋入焦山營。委造軍火。兼帶兵船。竭力攻賊。江南底定。因功選授雲南通海縣知縣。又署白鹽井提舉司事。下車卽撫卹災民。堆儲倉穀。嚴定章程。剔除積弊。便耕弭訟。實心從公。學校橋梁。亦次第就理。至今士民仰頌之。樸生平篤志嗜古。博覽詩書。兼通堪輿算學。工詩詞。善書畫。子四。熙、慕超、蘄、承哲。（光緒丹徒縣志選舉）

清　丁時霈。字澍臣。博學能文。試輒高等。建春江草堂。延集名流講學其中。爲一沙之望。（霈·時作 明·放）晚尤肆力於詩。兼精醫卜輿算之學。卒年八十。（民國丹徒縣志文苑）

清　眭秉衡。字履平。好讀書。試輒不得當。遂就賈。頗饒於貲。喜交遊。多四方名士。以豪俠輕財。日益困。善弈。於國手不及二碁。兼通太乙六壬奇門之術。尤精研楊筠松相墓法。與涇邑包世臣考論其法甚愜。包至京口。輒主其家。卒爲卜兆表其墓。（民國丹徒縣志方技）

清　馮璟、字石卿。太學生。年十四喪父。善事孀母。精易。攻奇門。其卜多奇中。赤手興

家業。凡所經營。皆先卜定。著有卜筮要旨四卷。光緒丹徒縣志方技

清　毛志道、字正儒。號鐵甕子。祖一駒、字子千。父翥、字際生。叔父鯤。並以術名世。居丹徒千秋橋畔。志道爲人樸實少文。性嗜學。凡陰陽卜筮諸書。無不通曉。尤精六壬數。有奇驗。有武弁問數。毛云。半載中位二品。逾數月。擢陞總兵官。弁奇之。雍正乙巳。著有六壬經緯六卷。曰演法。曰神煞。曰格局。曰斷占。曰類相。曰定式。條分縷晰。皆其祖父所傳。學六壬者。奉爲指南。嘉慶丹徒縣志方技　六壬經緯馮詠序

清　馮文耀、字漢章。性直心敏。初業儒。與錢佳楠、王夢樓、相友善。年十八、喪父。又值伯父喪。又承重大母服。三喪並舉。時三弟皆幼。孀母在堂。家事日繁。未卒學業。文耀孝友兼至。年三十、遊京師。爲胡公印渚記室。又爲程公沅幕賓。居心公正。與人無欺。最惜字紙。每出必攜一囊。積七十年不倦。爲先人卜葬地。尋師友。讀地書數十年。始獲吉壤。故青烏一術。至精。然不以此爲業。非至契不爲營度。有貧者無葬地。恆買吉地送之。同邑延之定窀穸。窀·厚也·穸·夕也·窀穸·墓穴也·長埋謂之窀·長夜謂之穸·子孫多昌熾。如張錫

庚之祖。楊棨之父。皆所卜葬。錫庚父韻雲、爲之撰傳。著有地理摘要四卷。藏於家。（光緒丹徒縣志方技）

清　張崟、（崟．音吟．高大貌．）字寶巖。號夕庵。又號且翁。自少穎異。好讀書。雖匆劇中。未嘗去手。於詩書畫外。兼善堪輿術。嘉慶時日記、屢言爲人相地。有楊柳枝體。下元吉宅等語。（日記．二月初九日．晴霧．定守二弟．約至麒笄山．爲謝蔚廷看地．謝甥同去．地敷衍可用．又十六日晴．定之弟．邀同仇君．坐車謁豐城看地．龍身粗疲．楊柳枝體．入首不甚精神．結穴亦不甚的確．又十七日．乘車過姚姓等地．壞不可當．令深兒於是日．（按．深．字叔淵．爲先生長子．嘉慶庚午解元．選授山東博平知縣．）將大門當屏門前廳走路．俱改走下首．本宅係坤宅．下元吉宅也．艮氣宜向之．走下首所以迎艮氣．又十八日．坐車謁白兔山看地一邱．龍穴尚可．只案山順水耳．雜列亦佳．○夕庵年譜附錄）

清　李宗匯、字星聚。號上眞。諸生。精河洛六書之學。考取天文生。凡卜事必奇中。名噪遐邇。都統額勒精額、延致戎幕。贊襄軍務。額公擢升江寧將軍。宗匯以年老辭職。瀕行眷注甚殷。躬率僚屬、贈以扁額。家藏堪輿書極富。著述數種。識者信爲可傳。

清　趙風子、大港鎭人。神於望氣占宅。多奇驗。人以其出語近狂。稱爲風子。道光間、來城內、或寓城外。造屋營墓之家爭延致之。嘗主袁氏雜貨肆樓居匝月。忽移往他所。語人曰、屏鳳街前、火將作矣。不數日果大火。焚袁肆、及鄰屋多家。又嘗問步縣學前、登清風橋。忽悼歎曰、卜河上河。橋東橋西。煞好居宇。惜皆爲白地。聞之者引爲笑談。顧未十年、而粵匪踞城。縣學及民屋、全燬。果應其言。（以上丹徒縣志方技）

清、丁立中、字禮民。性孝友。同治甲子舉人。歷任靖江、江都、江甯教諭。好讀書。於易通鄭氏爻辰互變之義。於書精禹貢。嘗攷訂胡朏明禹貢錐指之誤。而算學尤精。步天占驗卜筮星命諸書。亦無不博覽。著怡雲山館詩文稿等書。年七十八卒。

清、許長齡、字潤之。號松樵。諸生。性仁孝。好讀宋儒書。尤折衷程朱。手抄二子書十數卷。暇輒作文。不喜留稿。精堪輿。識天文。善觀星斗。能預測風雨水旱。甚驗。晚年著有天文入門二卷。年四十九卒。子孫蕃衍。今多特達者。（以上光緒丹徒縣志孝友）

清、李愼傳、字子薪。丹徒人。翰林院侍講學士、承霖之長子。同治庚午科舉人。官江甯縣訓導。讀書稽古。凡經史疑義。必搜討務求其是。以餘力習子平術。亦精。著植庵詩文鈔八卷。其卷一載有子平五行說謂爲春命屬金得氣極薄四柱無金土以助之行運又無金土以救之卽謂之身弱可也爲貧爲夭爲不肖胥決於此其餘四行。可以類推。故富貴貧賤賢不肖命之寄於五行非五行之寄於命也不但此也尋山擇地誠就土中言矣得五行之秀者子孫必盛其或葬風地水地火地石地。禍敗立見風卽木也石卽金也地中五行之氣人事因之以先天爲主後天禍福其應如響奚獨於子平疑之（植庵集民國丹徒縣志文苑）

清

王恆鈺、（鈺音玉。寶也。堅金也。）字天池。精卜筮術名噪遐邇弟恆錡、（錡音奇。釜之有足者。又兵器架也。）字賓來。僑邗上。習天文地理律曆旁及太乙六壬奇門諸書與鈺稱二難而志尤高尚不輕卜蓍弗屑以占數名者錡子壽山、字喬松。世其學藉卜養親凡所卜無不奇驗。士大夫爭延致之有李姓占貂褂。壽山囑向西方質庫偵查便知某竊。但勿究往果得物。其外包、爲某伶件。失主如壽山囑善遣去。某竟懷慚自殉。壽山聞之。喟然曰以人命博名利仁者不爲遂矢於神前凡占失物不復爲卜其存心仁厚如此

長江流域。鮮有不知壽山名者。壽山弟道純、善琴工繪。亦長於卜。時人謂家學淵源云。（光緒丹徒縣志方技）

清 趙采蘆、字芝仙。丹徒大港人。有至性。見市人剖瓜美。求分購半歸奉母。父老。咸別眼視之。家貧。習韓康業。常夜燃燈帳中苦讀不倦。得異人傳演遁甲精兵學。凡太乙奇門六壬堪輿。悉通曉。粵亂時、馮軍門子材具書幣敦請隨軍。以終養高年老母辭。隱江洲。年八十、猶好學如少年。子二。誠恆、玉森、均名諸生。亦勵品節者。（丹徒縣志摭餘孝友）

清 趙榦、原名彥昇、字又宜。又號柘山。丹徒縣附監生。（彥昇、初入庠爲附生。後更名榦。捐監生。故稱附監生。）貽贈奉政大夫。家世簪纓。彥昇獨視名利太淡。好醫學及堪輿術。究兩家羣集。大有心得。著三因簡妙方及青烏法數卷。每遇冬日、輒隨衆勘山相地。不厭其勞。有言酬金者、卽反首顧。或以禮物相贈、亦謝絕。惟一二日居鄉村時、必飲食起居精美。而己人極和靄。若干以非禮。則怒目相加。年未三十。婦姚病去。子女各一。後先均去。

以兄有子承先人後。終身不再娶。人又以義夫多之。年五十七無疾而卒（光緒丹徒縣志方技）

（鮑心增蛻齋瑣語）

清　李桐、字子琴。又字拙齋。丹徒人。以縣丞選用。前明御史李一陽後。平居一時以綢爲事。暇輒與茅恆、北山、蔡根、守愚數人詩酒往還。精命理言之多中。不謂八字恆。河沙數須與相參觀方得準驗。又善相地。每到冬日山居時。多不厭其苦。其自葬鳳皇山。卽其在日所覔者。謂墳地不求富貴與奇險。只求無風與蟻及水。葬者能安便得。識者以是多之。（鮑心增蛻齋瑣語）

清　趙書禾、號穉農。丹徒人。福建臬司霖子。咸豐戊午科、順天榜副舉人。歷官甘泉縣。興化縣訓導。陞高郵州學正。工書法。能文章。此本書生事。無足輕重。尤精命理爲人所稱。奇凡友朋戚族長官同僚。咸以得其一推算爲重。晚年京師某某王邸。（肯底。屬國舍也。俗稱王侯府第爲邸。）不時南北。郵筒往還。又以其工書法。莫不欲其親筆推算。珍若拱璧。名重一時。稱爲校官。命年七十。卒於高郵官舍。（同上）

清　陳克修、字禊蘭。後易名克銓、又字鑑堂。丹徒人。軍功授承德郎、議敍六品。克修於公事之暇。好研究五行陰陽生剋之理。言多奇中。里中胡君樹棠、葺竈屋。克修爲之佈置。曰、是竈可必日日薦腥。或非笑之。蓋胡猶寠人也。後果然。故當時婚喪家、多有就正之者。克修從不以富貴之說動人希冀之心。惟曰能得生生之氣。斯可矣。（陳時若存素軒文藁）

清　趙順康、字炳南。原籍蒙古。清乾隆間、由南京遷潤。遂占籍爲丹徒人。幼孤。奉母及妹以居。家貧不能從師。父有遺書數卷。日夕攻讀。居然通曉。有志於醫卜星相諸道術。爲袁公昌齡先生所心許。乃明以爲友。暗奉爲師。不數年。遂精外科。明命理。就肆設硯。戶限爲穿。其外甥蘇潤寬。每稱道之不絕於口云。

清　呂雲峯、原籍山西洪楊以後。避地京口。垂簾賣卜五六十載。談言微中。頗爲士大夫所信仰。且操守謹嚴。宅心仁厚。雖囊橐不豐。凡有道路之饑寒者。莫不盡力相助。是以名播四方。壽逾八秩。而子孫亦非常繁衍云。（以上考槃雜識、）

清　眞傳元、字煥文。丹徒人。西山先生十八世孫。先生後裔、有名信齋者。宋元之際、由浦城之江西、而至鎮江居焉。至傳元、以精硏子平術名噪徒邑。晚年築屋於東鄉丹徒鎮藉避囂塵。仍有不遠數十里而來就教者。子六人。其四子正培、字子佳。號伯揚。好讀書。性爽直。得乃翁之傳。於星命之學。尤有獨到。粵亂後、家中落。遂賣卜市廛。雖爲治生。實亦醒世。故人多稱之。（丹徒眞氏族譜）

民國　嚴熙、字維新。丹徒人。徒邑夢溪嚴、多至人。嘉慶己卯解元。由己丑庶常、官山東棲霞知縣。善書畫、工詞曲、名噪都下。保庸者又光緒朝、以秀才倡辦義賑。歷有奉冀魯晉皖汴湘蜀陝桂十餘省、約三十年、名達九重、號稱善士作霖者。均其族祖。熙曾幕游廣東儋州潮州等處。暇輒致力於李虛中命理。造幽入微。獨得直解。爲人推算多奇驗。迫其推算者。恆踵相接。辛亥後五年。年未五十一病不起。時寓揚州。談者都謂未罄其所學。惜之。（丹徒夢溪嚴氏宗譜）

民國　張光炘、（炘音欣。光盛貌。）原名廷燮、字小樵。邑庠生。通易理。善卜筮。推算每多奇中。然不輕爲人言居恆惟敦品力學課徒養親晚年樂善不憚煩勞或任公益或肩義舉若淸心醫院若路政消防等莫不手爲擘劃俾垂久遠故人以端士稱之子六人躬自教誨俱蜚聲商埠孫曾振振亦方興未艾云張氏宗譜

後漢

4 句容縣漢置・武帝封長沙定王子黨。爲侯邑。章懷太子曰・縣近句曲山・山有所容。故名・淸屬江蘇江寧府・

李南、字少山句容人少篤學明於風角永元中、太守馬棱坐盜賊事、被徵當詣廷尉吏民不寧南特通謁賀棱意恨之謂曰、太守不德今當卽罪而君反相賀邪南曰、旦有善風明日中時應有吉問故來稱慶耳旦日、棱延望景晏、以爲妄至晡、乃有驛使齎詔原停棱事南問其遲留之狀使者曰、向度宛陵浦里𣶟宛陵縣屬丹陽郡・𣶟・音杭・以舟濟水也・馬踠足踠・音宛・踠足屈也・是以不得速棱乃服焉後舉有道辟公府病不行終於家後漢書方術光緒江寧府志技藝

晉

葛洪、字稚川句容人博聞深洽江左絕倫師事南海太守上黨鮑玄玄有內學內學謂圖讖之書也・其事祕密・故稱內・逆占將來見洪深重之以女妻洪咸和初爲散騎常侍領大著作

固辭不就。聞交趾出丹砂。求爲句漏令。攜子姪過廣州。刺史鄧嶽留之。不聽。乃止羅浮山煉丹。丹成尸解。時年八十一。著有抱朴子、周易雜占、遁甲圖、方技雜事、金匱藥方、肘後要急方等書。晉書本傳、唐書經籍志○抱朴子軍衞篇云，大將軍當明案九宮，觀年所在宮，常就三避五，五爲死，三爲生，能知三五，橫行天下。又云天衡方爲生，天禽之位爲死也。又云，有急則入生地而止，無患也，天下有生地，一郡有生地，一縣有生地，一鄉有生地，一里有生地，一宅有生地，一房有生地，或曰一房有生地，不亦逼乎，抱朴子曰，經云，大急之極，隱於車軾，如此，一車之中，亦有生地，亦有死地，況一房乎。

明　馮鶴鹿、句容人。早歲不識一丁。壯遇異人。遂精相術。且通義理。有陳某求其相。判云。宴罷瓊林志氣豪。洛陽新柳映宮袍。文章事業俱堪羨。不使霜飛上鬢毛。其人竟發而不壽。又相輿化一人、戒其元正勿出戶。恐有大災。其人從之至初五日、爲妻所逼。出拜婦翁。行至橋上、值有弄獅戲者。爲觀者所排。殞於橋下。殞，音允，軫韻，音運，義同，墜也，落也。生平語多奇驗、如此。隨李文定公門下、三十餘年。數月之前、自言死日。果卒。圖書集成藝術典相術名流列傳

清　周子謙、幼好學。博極羣書。初受毛詩。讀至公劉篇。相其陰陽。觀其流泉句。輒

三復不置、因悟古昔聖賢於山川之形、陰陽之理、留心如此、於是日取河圖洛書、洪範五行、討論而貫通之、而堪輿之學遂精絕一時、又周履琨、字南溪、性聰穎、精於靑烏卜筮之術、箸有輿地指南。

清　唐兆麟、諸生、深通易理、善卜筮、有問輒相應如響、錢塘袁枚、耳其名、屏騶從造門、高談三日、贈以詩、幷隨園全集而去、方公維甸、亦就問未來事、言無不中。

清　俞之偁、（偁音仍、蒸韻、玉器）字之彝、邑增生、習堪輿之術、自云、得楊公之祕、著有地理裁僞一書、力闢俗師之說。（以上圖書集成術數部名流外傳、光緒句容縣志方技）

清　陳厚寬、字培一、性孝友、咸豐六年丙辰、粵逆陷句容、厚寬奉母及妻張氏、弟厚定、避亂蘇州、庚申蘇省陷、倉卒走避、遂失母、並家屬所在、厚寬欲以身殉、友人孫益三、謂徒死無益、不如留此身、緩緩蹤跡之、遂與其友逃之雉皋、賣卜爲生、有自賊中來者、偏訪母之音耗、並誓行善事以求母還、同治甲子、省城克復、偕友回金陵、興辦善後、凡放生惜字、掩埋施材、卹嫠賑粥、諸善舉、靡不實心籌畫、乙丑秋、厚

定從賊中逸出。庚午、忽有送其母至句者。母子重逢。相持大慟。人以爲孝行所感云。（光緒句容縣志方技）

清　孫守勳、字銘常。諸生。於書無所不讀。尤留心本邑掌故。遇忠孝節烈可泣可歌事。隨筆記之。久之成帙。詩工近體。然不輕作。堪輿醫學皆精。四方以書幣相迎者無虛日。意所不樂。雖千金不一顧。建北極閣於盧君觀。以振東陽文風。時人謂之語曰。地理眞東陽孫。其聲望可想矣。著有映雪堂集。金陵待徵錄多採之。（光緒句容縣志文學）

清　王周南、字詩正。別號修竹。由太學生捐職同知。生有異稟。好讀書。所居之宅。饒水竹。乃築室西偏。榜曰修竹樓。積書三萬餘卷。晨夕披玩。手錄書等身。旁及青烏日者家言。無不洞悉原委。工詩。有安鈍吟稿。中年喪偶。即獨居。治家有法。子弟雖燕見。無惰容。吟誦外雅好賓客。暇時與邑之老儒宿學。談道德。論文章。考究古今得失。後進之士。仰如山斗。然處鄉黨閭、謙和恭順。了不異人。好善樂施。慷慨不吝。王氏舊有宗祠。歲久頹圮。周南出貲數千金。爲改建。煥然一新。又加置市房。以永

祭費。不下數百金。族人至今賴之。光緒句容縣志義行

清

駱潤玉、字蕉田。諸生。精堪輿術。文廟左、舊有奎文閣。嗣爲踵修者、以私見易神座西向而南。潤玉謂不利科名。偕族弟壽山首倡捐修。仍復舊制。自是捷南闈登甲榜者有人。論者謂有功一邑。同上

清

吳相乾、精堪輿星命之學。所得資旋分潤宗黨。或饔飧不給晏如也。同上

清

孔繼廉、字簡卿。性寬厚寡言。精六壬算數。由國學生、逢臨雍大典。以聖裔恩賞州吏目。援例爲縣丞。分發湖北。歷署公安、監利等縣縣丞。調江寧武穴主簿。咸豐三年癸丑、武昌戒嚴。襄理軍需。籌措有方。保升知縣。署通山縣知縣。以兵後、請緩征。免茶貢。均允行。因疾乞歸。卒年七十有二。光緒句容續志仕績

5 溧水縣 漢・溧陽縣地・隋改置溧水縣・清屬江蘇江寧府・

明

章星文、字人龍。邑廩生。通星緯奇門之術。每試輒中。奇不勝書。富膂力。能直行壁上數步。嘗遊浙省。賊登其舟。星文徒手奪械。擊賊於頂。旋轉數周。擲岸上羣賊

驚潰。年七十八。忽一日別親友曰、某日吾逝矣。如期而卒。

明　朱良知、號繩溪。崇禎辛巳、以方正授浙江仁和鹽場大使。性伉爽。有氣節。喜讀異書。尤精於地理。箸堪輿掌鏡十二卷。（以上光緒溧水縣志方技）

清　濮文暹、字青士。晚號瘦梅子。初名守照。溧水人。咸豐己未舉人。同治乙丑進士。得主事、籤分刑部、官至河南南陽府知府。宣統己酉卒。壽八十。文暹以時方多事。宜務有用之學。舉凡天文算數地理壬遁諸術以及刀矟擊刺。靡不通曉。晚年研精內典。雅擅辨才。議論風生。聽者忘勌。著見在龕詩文集、石話雜記。（碑傳集補守令）

歷代卜人傳卷一終

晉書術藝傳。藝術之興。由來尚矣。先王以是決猶豫。定吉凶。審存亡。省禍福。曰神與智。藏往知來。幽贊冥符。弼成人事。既興利而除害。亦威重而立權。所謂神道設教。率由於此。

隋書藝術傳。夫卜筮所以決嫌疑。定猶豫者也。相術所以辨貴賤。明分理者也。此皆聖人無心。因民設教。自三五哲王。其所由來久矣。然昔之敍卜筮。則史蘇、嚴君平、司馬季主。論相術則內史叔服、姑布子卿、唐舉、許負。凡此諸君者。仰觀俯察。探賾索隱。咸詣幽微。思侔造化。或弘道以濟時。或隱身以利物。深不可測。固無法而稱焉。

舊唐書方技傳。夫術數占相之法。出於陰陽家流。自劉向演洪範之言。京序傳焦贛之法。莫不望氣視祲。縣知災異之來。運策揲蓍。預卜吉凶之會。固已詳之魯史。載彼周官。

中國歷代卜人傳卷二

潤德堂叢書之八

鎮江袁阜樹珊編次

江蘇省二

6 高淳縣（漢溧陽縣地．隋溧水縣地．宋置高淳鎮．明分溧水置高淳縣．清屬浙江江寧府．）

明　吳宋德、字恩塘。幼孤。能自立。性耿介。不逢時用。晚年閉戶。精研曆數諸書。人咸資之。孫會暐、舉於鄉。（民國高淳縣志篤行）

清　錢裕、號永錫。國學生。幼習詩書。專攻地理。遠近延請。名聞金陵。年九十四歲卒。子三。俱入庠。（民國高淳縣志藝術）

清　吳古懷、字弗如。邑庠生。美鬚髯。善談論。年二十二。始讀書。師事邢昉。篤學無晝夜。自五經歷史及天文地理占候兵法。無不精通。一時名流如倪元璐、周鑣、沈壽民輩。皆造訪訂交焉。歲乙酉、沈壽民被逮。門生故人、畏禍星散。古懷獨潛舟迎其家屬。周鑣逮至京。羈蕭寺。惟古懷在焉。鑣曰、平生交友、乃得君於今日。泣數行下。尋聞阮大鋮、羅織將及。走閩粵、後歸卒。著有邊險圖說等書。

清　吳越彥、字季舒。古懷子。少肆力於古。而不與制舉試。間或垂釣負鋤。意緒蕭然。母卒。廬于塚舍三載。康熙初、舉隱逸。學行之士。當軸以其名應。越彥固辨。乃寢。丁丑、徐用錫約北上。旅寓鮮所晉接。惟賣卜蕭寺。作浮梗孕玉諸賦。一時名流。咸枉駕過訪焉。生平著有巢軒集、耕餘錄等書行世。以上民國高淳縣志隱逸

清　王長和、少貧寒。以勤儉起家。攻苦好學。知醫兼通地理。性慈善。頗能濟人。高淳縣志藝術

清　夏愛棠、號樹屏。幼清貧。性孝友。且耕且讀。有古人風。課徒精勤。補增生。後爲親擇葬。習堪輿。頗多心得。

清　施偉、字卓齋。邑文生。父珍。兄仁均。歲貢。偉性樸實。不慕世俗榮利。素好學。兼通星算醫卜奇門六壬等書。言多奇中。事親孝謹。與人交、和厚中有介節。鄉鄰爭曲直。多赴愬、而待解紛焉。以上高淳縣志篤行

清 張韶、字竹坡。自幼穎異。七八歲有神童之號。咸指將來騰達。竟以明經老。生平研究天文算學。尤善占天象。一日見星北流。告人曰。來歲某處當有水災。明歲有逃難者至。詢之果其處。其神異多類此。（高淳縣志文學）

7 六合縣（春秋楚堂邑。後屬吳。漢置堂邑縣。晉改堂邑爲尉氏縣。隋改尉氏曰六合。清屬江蘇江寧府。）

陳 吳明徹、字通昭。秦郡人。（秦郡。南朝宋置。范置縣故治在今江蘇六合縣北。）幼孤。性至孝。微涉書史經傳。就汝南周弘正學天文孤虛遁甲。略通其妙。頗以英雄自許。高祖深奇之。以軍功累遷安南將軍。宣帝議北征。明徹決策請行。詔加侍中。總衆軍進克仁州。擒王琳等。進攻彭城。又破齊軍。位司空。都督南兗州刺史。卒年六十七。至德元年、詔贈開國侯。（陳書本傳）

清 姚承口、字月潭。六合諸生。居浦城。精六壬。所卜無不驗。云有祕授。（光緒六合縣志方技）

8 丹陽縣（戰國楚雲陽邑。秦曰曲阿。漢置曲阿縣。三國吳。復曰雲陽。晉仍改曲阿。梁改蘭陵。隋復名曲阿。唐改曰丹陽。清屬江蘇鎮江府地。濱運河。滬寧鐵路經之。）

明 張田、工相術。一日與客語。鄰舍兒有還其所貸者。田反其金。而速之去。客怪之。

田曰、是兒當命盡此時。因逆計曰、不過太尉廟。兒至太尉廟、果蹶死。偶晨起視鏡。曰、吾家居當及禍。遂之九里廟避之。見神像、卽走出。曰、神禍甚於我。未三日而廟焚。田子故業賈。將渡江。與販田飲之酒。婦怪其珍美異平時。田曰、兒去當墮水死。父子恩、寧不訣別耶。婦曰、盍止之。田曰、數也。可逃乎。婦不聽。而止之。未幾、失足水中溺死。其神異多此類。田相術得之清道人。約勿他授。其術不傳。圖書集成藝術典相術部名流列傳

清　朱圻、圻音祈。界也。少從外祖張鼎學易。盡窺祕奧。補邑庠。占事多奇中。一日占雨。遇觀之否。曰、日午有風自東南來。雨未久、卽止。日向午、天晴無雲。衆訝之。圻曰、坤地也。地上加巽。巽、風也。巽屬東南。非東南風而何。由四而變四、山也。山有材、而土培其根。乾上坤下、是爲物各得所。非雨而何。巽變爲乾、居地之上。聲斂而光照、非卽止而何。其言果驗。所解易多此類。著易理存參。皇極解。大六壬心法

清　丁廷傑、字復陽。精靑烏術。得嚴陵張九儀祕授。每謂地猶舟也。德猶水也。無水則舟不行。識者歎爲知言。以上光緒丹陽縣志方技

清　吉夢熊、字渭厓。丹陽人。乾隆壬申進士。由翰林、仕至通政使。事蹟載入道光大清一統志。夢熊博涉於陰陽術數。六壬耶律之書手錄甚夥。著有丹陽聞見錄研經堂詩文集。

清　吉世琛、字澹松。乾隆年間、收採天下書籍。父夢熊。奉命總閱四庫全書。世琛考取校錄。在四庫處行走。辨譌訂舛。千有餘條。四庫全書告成。世琛議敍高等以布政使經歷、分發雲南、任琅鹽井提舉。景東直隸廳同知。興學惠民。咸歌召父。世琛公餘精研醫卜。手批臨證指南及繪圖外科醫學。又輯大六壬彙纂三十本。六壬薈要五本。子鍾穎、題其遺容。有句云、四庫榮行走滇南惠政留。又云、壬課編勤校。醫書註廣搜。蓋紀實也。

清　吉鍾穎、字秋丞。號薌畦。世琛子也。乾陸甲寅舉人。嘉慶乙丑進士。歷官湖北南漳知縣。四川會理州知州。咸豐壬子卒。年八十有六。葬於丹陽朝陽門外、金家村西山窪之新阡。鍾穎少時嘗習六壬奇門遁甲星命之學。兼通堪輿家言。相宅占墓。談休咎。多奇中。葬地乃自擇也。所著三才一貫廿四卷。畢生精力。悉萃於斯。又著含薰室文集五卷。詩集二卷。以上含薰室文集○吉鍾穎撰壽藏銘云。堪輿家言。余聞之熟矣。昔齊柳世隆。朱文公。皆諳曉數術。自卜壽藏。達人知命。理或然也。邑之東北三十里而遙。有名西山窪者。山環水繞。形勢頗佳。余相度鳩工。預營壽藏。爰集焦延壽易林語以爲之銘。時辛丑仲秋月也。銘曰。懸輿致仕。歸隱玉泉。註。玉乳泉。出門直北。高山之巔。註。經山爲邑之勝境。形家以爲最香國。余覓地廛宿寺中。所求必得。湧泉涓涓。註。經山之東五里。褒頭山。山頂有方池。積水四時不涸。余於方池之下。買地一區。形如華蓋。龍脈極眞。此腰結穴也。並立石穴心。以賑來茲。草木嘉茂。水過我前。盤紆九回。註。騎龍山下諸水。俱匯於九曲河。無地不涉。註。余尋騎龍山砂水。偏歷前後左右。和氣所居。志快意愜。騎龍乘鳳。註。西山窪。所買山地。八畝有奇。此騎龍格也。山下五里朝陽庵。永得安康。依山倚地。相輔爲强。三奇六耦。隨時轉行。深潛處匿。幽人利貞。東山西山。左輔右弼。註。左高峯在乙。右峯帶在辛。恰與穴心爲輔弼。可以存身可以安吉。法天則地。甲乙戊庚。北門有福。舉首望城。註。城東寶塔。登穴望之。寶塔在坤。最合元運。宜利止居山林麓藪。朝陽梧桐。註。出朝陽門三十里而近。至朝陽庵。數里外皆望見壽藏。雖久無咎。一高一下。推車上山。三里往復。旦往暮還。註。張巷距騎龍三里。余攜子正常。宿張氏宗祠。日往監工。戴山崔嵬。註。褒頭山之後。有大山。金星發脈。坤厚地德。與福相逢。註。易盤三百八十四爻。余用以格龍乘氣。癸山丁向兼子午分金。內方圖外圓圖。皆坐益向恆。定穴分金。安在益之二爻變爲中孚六二。以合九運元運。既禱揲靈蓍。恰遇鳴陰在鶴。其子和之。我有好爵。吾與爾靡之。以是卜之。殆有數存乎其間。子孫蕃息。○又撰史穎生明府生壙記云。史穎生明府。乃宮保大司寇之長君也。穎生延余三渡揚子江。至甘泉闞家莊。爲宮保相度佳城。凡平地築牆。以及建造廬墓。一切事宜。皆余爲之諏期。以次興工蕆事。已亥十二月壬申日。宮保暨一品夫人。合葬禮成。見穎生相視之勞。經營之費。屢歷寒暑。事必躬親。其孝思眞摯。誠無異於廬墓三年矣。嘗於談論間。恆期身後依先塋。此孝子不能自已之情。但正穴牆內牆外。地雖極寬。別無可附穴處。其志將有不伸。余周視其地。正穴牆外東方。倘有餘氣可乘。俾塋生壙。周禮墓大夫掌邦之地域。令國民族葬。而掌其禁令。正其位。掌其度數。鄭康成註云。位爲昭穆。茲地限於形勢。不得以昭穆論。勢使之也。生壙既定。不可無以賑將來。況宦游在邇耶。穎生戊戌成進士。以知縣籤掣皖江。服闋後。發文章爲經濟。移孝作忠。從茲居官日多。居家日少。宜預爲如法築壙。並刻石以垂久遠．考生壙起於後漢．趙岐年九十餘．先自爲壽藏．唐盧照鄰隱具茨山．預爲墓區．仰臥其中．司空圖築生壙．每逢春秋佳日．邀賓友游詠其上．然未嘗刻石也．唐書姚勗自作壽藏於萬安山．署兆曰寂居．穴墳曰復眞堂．劉士爲牀．曰化臺．而刻石告後世．此生壙刻石所由昉乎．穎生夫人早卒．浮厝於甘泉山麓．今生壙既有定所．余爲之擇日移葬於生壙之右．遵古制也．按檀弓云．周公蓋祔．則合葬之制．起於周公．衞人之祔也離之．魯人之祔也合之．而孔子獨善魯．謂同時合葬耳．朱子語類云．某當時葬亡室．祇存東畔一位．吳卿云．地道以右爲尊．則男當於右．今觀地勢左勝於右．則生壙從人道以左爲上．可也．生壙與葬區中間．宜稍有所隔．不必如魯人同穴也．亦勢理所必然．余相定生壙．宜作乾山巽向兼亥巳分金．歲在庚子秋八月．營壽藏成．穎生曰．敢請筆之爲記．爰敍述梗概．俾其子孫有所考焉．○又阮芸臺相國．屬余至雷塘．相度先塋形勢．並相國生壙江都周石藩明府．延余至其署．相度壙事．有詩云．雷塘開勝境．邗上匯羣流．相國垂青眼．歸田感白頭．瓊花誰復讌．玉樹不聞謳．更就江都約．維揚憶舊游．蔣譽侯少司成元溥來書云．海內星學之精．無有如我夫子者．夫子與先嚴交契數十年．某忝列門下．故敢以葬期請．有句云．諏期敢說精星學．福地行看鶴又來．

清　姜可正、善卜。嘗聞卜於關聖帝前。筶擲入案下。（筶．音條．筶帚也．）尋之得異書一冊。遂徙業焉。問以吉凶無不響應。

清　汪可爵、字君錫。精易數。著有易學驪珠。道行京口。時號半仙。（以上光緒丹陽縣志方技）

清　張仲馨、精相地。雲間蔣大鴻、著地理辨正。世所稱蔣盤者也。其自序曰。丹陽張孝廉仲馨。昔以文行相師。因得略聞梗概。其推重如此。（民國丹陽縣志補遺方技）

9 金壇縣（秦曲阿縣之金山鄉．隋析曲阿地置金山府．後因爲縣．唐改曰金壇．取邑有句曲山．金壇之陵爲號．清屬江蘇鎮江府．）

明　王肯堂、字宇泰。舉萬曆己丑進士。選庶吉士。授檢討。京察降調。家居久之。吏部侍郎、楊時喬薦補南京行人司副。終福建參政。年六十七。肯堂好讀書。通星命六壬堪輿。尤精於醫。著六科準繩。鬱岡齋筆麈。尙書要旨等書。該博精粹。世競傳之。明史附王樵傳　鬱岡齋筆麈

明　武鼎升、原名際飛。字九翼。明崇禎庚午、舉於鄉。官新昌知縣。思緯靜深。通天文術數之祕。解職後隱姓名。賣卜於郡城。人咸異之。張明弼爲作鐵樵子傳。乾隆金壇縣志方技

明　于蒨、蒨音千。去聲。草盛貌。鮮明貌。字季鑾。金壇諸生。工山水。性好綜覽。膺歲薦不赴。惟教授生徒。兼通六壬地理。精選術。善行楷。晚年通禪學。翛然揮手而去。翛。音西。疾貌。○畫史彙傳

清　許北文、金壇人。二歲而孤。發奮讀書。爲名諸生。著地理纂要書。金壇史震林華陽散稿

10　溧陽縣秦置。以在溧水之陽爲名。故城在今江蘇溧陽縣西北四十五里。隋廢。唐復置。徙今治。清屬江蘇鎭江府。

宋　周碧眼、常州人。以善相游公卿間。劉侍郎致仕。寓居溧陽。周嘗往從之。談至薄暮。忽曰、侍郎明日有隕墜敗面之厄。劉曰、當來共食以驗。不然當罰爾。曰、定矣。且

未及食。隣家失火。劉倉卒奔避。礙於戶限。仆地面傷焉。其他大率類此。

元　陳梅湖、善皇極數。受知於元世祖。凡遇推卜。多以易數諷諫。朝臣咸敬之。官至江西宣慰司副使。或問何不爲諸子計。曰、吾數非其所當傳。且命貧賤。令其粗知農事足矣。

清　胡泌水、談星命。多奇中。陳名夏、試南宮時。訪泌水於家。一見以第一人許之。甲戌、丁丑、連黜。胡竊歎其術謬不驗。癸未、名夏至都。泌水喜迎曰、子今不爲第一人。當下廉轍講耳。是科果舉南宮第一。成進士第三。入翰林。都人士益稱泌水胡先生云。

清　蔡翁、德清人。精子平之學。一日史冑司夔、過訪蔡翁。告以南中生一孫。推其命、頗富厚。若遲一時。則大貴。史叩其日時。大驚曰、予今歲得子。正其月日時也。蔡曰、此兒必入閣。卽文靖公貽直也。京師相傳、以爲佳話。（以上光緒溧陽縣續志藝術）

清　史夔、字冑司。溧陽人。康熙進士。官至詹事。工詩。素精子平學。康熙辛酉。擕眷入都。舟泊水驛、生相國文靖公冑司取其造推算之。謂當大貴。時阻風、舟不得行。乃登岸縱步。見一冶工家、適生子。問時日正同。心識之。後二十餘年、文靖已官清禁。冑司告歸。復經其地。欲驗舊事。自訪之。則門宇如故。一白皙少年持斤操作甚勤。問其家、卽辛酉某日生者也。竟夕不寐。忽悟曰、四柱中惟火太盛。惜少水以制之。生於舟者得水之氣。可補不足。若生於鎔鑄之所。則以火濟火。全無調劑之妙矣。其貧賤固宜。茶餘客話　清稗類鈔方技

11 上海縣 本華亭縣地・宋紹興中・置市舶提舉司・曰上海鎮・以地居海之上洋故名・元割華亭地置縣・清屬江蘇松江府・縣東北有水・曰滬瀆・黃浦江一名春申江・清道光二十二年・中英江寧議定條約・訂開商埠・設江海關・爲我國第一通商港也・舊有縣城・已拆毀・改建廣道・設環城電車・京滬・滬杭甬・淞滬三鐵路・交點於租界之北・江海汽船・均以此爲起點・交通發達・工商業極盛・

明

俞寰、字允寧。樸愿沈靜。喜讀書。工詞賦。凡醫藥卜筮。無所不通。然不求人知。終歲不入城府。故人亦少知之者。同治上海縣志藝術

清

馬巖、字敬六。國初人。居南邑之鹿溪鎮。警慧絕倫。弱冠登賢書。研心六壬之學。頗著奇驗。嘗與其師唐柴溪先生同應禮部試。將行。命之筮。卦成。曰、皆中也。且師

必元。及榜發、報捷者至敬六門。遍閱題名錄、不見柴溪名。衆咸譏之。則毅然曰、中矣。且元矣。豈有不驗之理。衆不信。及明日報果至。則竟以續榜成第一人進士。一日偶過友人齋。友知其術。以箋覆一物試之。敬六僂指曰、此竹器也。長不及寸。腹空而頭紅。友笑曰、子之術、可謂神矣。予所藏實筆帽。然頭紅之說、則恐未也。及啓箋、帽上果硃痕燦然。蓋爲學生所戲染。友亦未之知也。其神妙類如此。（清黃協塤鋤經書舍零墨）

清　沈大至、字伯雍。號于三。邑庠生。闡濂洛之旨。而尤精于易。講學五十餘年。著易經原。繫辭津等書。又博通天文地理醫藥諸書。爲人端方正直。人稱大儒。自號一三居士。康熙乙巳、舉鄉飲賓。歿日、門人私謚爲敬修先生。（乾隆上海縣志遺事）

清　張夢松、字仲熹。號芝堂。博學能文。中乾隆己亥副榜。游京師。先達咸器重之。後居家。問字者屨常滿。兼精術數。爲人相地。多獲吉。（同治上海縣志人物）

清　朱孔陽、字寅谷。號邠裳。（邠・音賓・古國名・）庠生。諸翟人。授讀吳中某氏。富藏書。得遍覽。務爲考據之學。通地理六壬數術。著歷朝陵寢備考。（同上）

清　馬斯才、字翰臣、荷巷橋人。博覽星卜地理諸書。葬家延之、取酬不苟。恆語人曰、人死入土爲安。禍福能預決耶。人咸服其知言。著蔣氏古鏡歌句解及地理辨正淺釋、均未竟卒。（同治上海續志藝術）

清　吳華山、精麻衣柳莊相術。決人禍福奇驗。求相者踵相接。酬以金、則却之曰、我無福相、非爾金所能致富。有茶癖、或贈佳茗、則喜形於色云。（同上）

清　馬進之、泗涇人。（泗涇、在松江縣東、入上海縣界。）精火珠林易理。占驗每出人意表。龍華港之百步橋、爲湖水擊圮。（圮、音否、左從戊己之己、毁也。）斷石横江、水陸交阻。屢欲倡議重建、皆以經費浩繁而止。里人劉學廷、遂以橋事往問。筮得歸妹之九二。其爻曰、眇能視、跛能履、利幽人之貞。馬曰、眇能視、跛能履、不終廢也。利幽人之貞、夷軌易遵也。卦直歸妹、功其首以婦人乎。九二之爻、臣道也、亦妻道也。而位居中正、殆婦人而可專制者乎。時問者、以工鉅惴惴而占。（惴、錐去聲、憂懼也。）若不經意、遂笑置之。乃未幾、而邑侯范廷杰、忽乘輕舸來勘形勢。始知邑有周羅氏者、承其亡夫國楨志、出資三千金、牒縣倡捐。

牒·音蝶·官文書之一種·遂依吳郡萬年橋式中築石棱礅二兩岸甃石。甃·酒去聲·宥韻·井甃也·大木亙中鱗次鋪甎於面旁翼欄檻始於乾隆四十五年春越三載乃竣於是功首婦人竟符前筮蓋亦奇矣。書獄類徵初編

清 丁詩字韻堂少孤貧母竭十指入教之讀窮治經史於陰陽圖緯壬遁風角之術無不窺爲人卜多奇中每日盡卜貲沽酒市脯母子垂簾向酌頹然皆醉以是爲歡母卒拊棺嘔血遂病狂書其母奇節苦行拉雜千言授所知遂走百步橋沈水死。同治上海縣志藝術

清 陳思魯山東人嘗寓洋涇市精六壬數占有奇驗子繼魯傳其業。同治上海縣志游寓

清 盛鈞字邦直邃星命之學尤精堪輿爲人擇地葬親救貧決科多奇中同時張采文淩吉人葉彭年戴鴻均以術稱。

清 張文彪字景岳號鶴靑三十保人諸生精堪輿術遠近輒以舟車來迎兼明五星命理箸星學祕要七卷。

清　胡聿田、字鋤非。以周易決六壬數、奇中。精堪輿。尤耽吟詠。箸正己居詩稿四卷。同治間、充法華鄉約生、妙語解頤。聽者不倦。（以上民國上海縣志藝術）

清　賈振元、字新堂。號香江。邑諸生。性耽吟詠。尤喜考據。家貧不能購書。每見善本、必手自校錄之。課徒之暇。旁涉堪輿。取酬不苟。有延之者。輒曰佳地須有德福。非我所能助。但求入土爲安耳。鄉人有賂之者、屏弗納。遇有惑於禍福者、以理折之。人皆感服。（同志上海縣志藝術）

清　楊志遜、上海人。貌清癯。終身不娶。博覽星卜地理諸書。尤精六壬數。多奇中。晚好丹經。年八十、無疾卒。（嘉慶松江府志同治上海縣志藝術）

清　沈衡章、上海人。工拆字之術。乾嘉時賣卜於邑廟。問休咎者趾相接。有犯越獄脅遁。捕役往問。拈一鸜字。沈曰、鸜鵒能言之禽也。舌慧而身不自藏。卒爲人所縶。（縶・音執・繫也・）且鳥而嬰羽毛未豐。其能遠逸乎。去此當近。速捕可得。問往何方。沈瞥見雀跨後簷。曰、可往後面坑廁中覓之。如其言果獲。邑侯神其技。給機測如神扁額。

懸廟園清芬堂之西偏。俗呼爲董事廳者。蓋沈所安硯處也。咸豐庚申、西兵駐園、其額始毀。少後又有陸學海者。五六歲時、父抱懷中。卽能握管拆字。長遂以此爲業。老而益精。有以求財問者。拈一也字。陸曰。無望也。地無土難栽棲鳳竹。池無水難養化龍魚。矢口如此。而十中八九。沈軀頗偉。陸貌淸癯。皆意致閒雅。無江湖習氣。陸亦設硯於眞君殿。惟素自矜貴。日不逾百字耳。著獻類徵初編

清 賈履上、字季超。號雲階。上海人。歲貢生。就職訓導。家貧力學。好宋儒家言。於陰陽堪輿之學。尤有獨得。課徒三十年。造就多樸學士。著地理水龍經注。性理輯要。同治上海縣志藝術

清 莫樹堉、字在田。號雲壇。道光甲午歲貢。家貧。善事老母。從陳蓮塘昇游。兼得陰陽宅鏡之傳。人競延之。性疏散。善恢諧。嘉慶間、與修邑志。同治上海縣志藝術

清 王廷瑚、字僅光。號探微子。足跡半天下。有蘇松太山川考。精地理。子陛良、繼其業。同上

清　侯敞、號梅衫。侯家角人。增廣生。淡泊不求聞達。於天文地理醫卜之術。無所不窺。而詩書畫、尤稱三絕。晚號淞南居士。卒年七十有九。子寶一、號子衫。工畫山水。精堪輿術。同治上海縣志人物

12 華亭縣漢婁。由秦。海鹽三縣地。唐置華亭縣。清又析置婁縣。並爲江蘇松江府治。民國初。廢府。幷廢婁縣入華亭。旋改華亭爲松江縣。滬杭甬鐵路經之。縣境產四鰓鱸。晉張翰因秋風起。思吳中菰菜蓴羹鱸魚膾。隋時吳郡獻松鱸。謂之金齏玉膾。素以名產稱。魚狀似土附。長僅五六寸。冬至前後最肥美。蓋鱸魚之別一種也。

宋　儲泳、字文卿。又號華谷。華亭人。有詩名。精陰陽五行。著祛疑說纂。有易占說筮易以著古法也。近世以錢擲爻、欲其簡便。要不能盡卜筮之道。自昔以錢之有字者爲陰。無字者爲陽。故兩背爲拆、二畫也。兩字爲單、一畫也。朱文公以錢之有字者爲面。無字者爲背。凡物面皆屬陽。背皆屬陰。反舊法而用之。故建安諸學者悉主其說。或謂古者鑄金爲貝、曰刀曰泉。其陰或紀國號。如鏡陰之有款識也。一以爲陰。一以爲陽。未知孰是。大抵筮必以蓍。求爲簡便。必盡其法。余嘗以木爲三彈丸。丸各六面。三面各刻三畫。三面刻二畫。呵而擲之。以盡老少陰陽之變。三丸各

六面。十有八變之義也。三面爲三、乾之九也。三面爲二、坤之六也。此用九用六之義也。三者乾之一畫、亟三也。二者坤之一畫、分二也。此三天兩地之說也。三丸擲之皆三則成九。老陽數也。三丸皆二則成六。老陰數也。兩二一三則成七少陽數也。兩三一二則成八少陰數也。所用者乾坤之畫、以成八卦。是乾坤生六子之象也。丸象太極之一也。三三爲乾。二二爲坤。象兩也。三丸者、象天地人之三才也。每丸得數十五、洛書皇極數也。合三丸之數、而爲四十有五、河圖九宮數也。上二則下三。上三則下二。動靜皆五。故五藏於用。參以四十五數。大衍之數五十也。三丸成九於上、則三丸伏六於下。此老陽變陰之體也。三丸成六於上、則三丸伏九於下。此老陰變陽之體也。二三相對、每丸各具三五、此三五以變、錯綜其數之旨也。體圓而轉、變動不居也。六位相乘、周流六虛也。三丸六擲而成卦、六十有八變之義也。既無錢背錢面陰陽之疑。又合陰陽老少之變。嘗於舟中以語同志朱子美。大以爲然。因著其法。與好事者同之。又有辯針說、陰陽家之說、尙矣。其間得失是否、未易輕議。要亦驗諸事、折諸理而已。地理之學、莫先於辯方。二十四山於焉取正。以百二十位分金言之、吉凶禍福、豈不大相遠哉。此而不明、他亦奚取。曩者先君卜地。日者一以丙午中針爲是、一以子午正針爲是。各自執其師傳之學。世無先覺。何所取正。而兩者之說、亦各有理。主丙午中針者、曰狐首古書專明此事。所謂自子至丙、東南司陽。自午至壬、西北司陰。壬子丙午、天地之中。繼之曰、針雖指南。本實戀北。其說蓋有所本矣。又曰、十二支辰、以子爲正。厥後以六十四卦、配爲二十四位、丙實配午、是午一位、而丙共之。丙午之中。卽十二支單午之中也。其說又有理矣。主子午正針者、曰、自伏羲以八卦定八方。坎離正南北之位。丙丁輔離。壬癸輔坎。以八方析爲二十四位。南方得丙午丁。北方得壬子癸。子午實居其中。其說有理。亦不容廢。又曰、日之躔度、次丙位、則爲丙時。次午則爲午時。今丙時前二定之位、艮亦勞止。因著其說、與好事者共之。但用丙午中針、亦多有驗。適占本位耳。又陰陽家拘忌說、太史公言陰陽家多拘忌。信哉斯言。則彼可此否、不勝其牽制將盡棄之、則禍福顯然。有不可誣者。然則何爲而可。余曰、大而緊者避之。小而緩者略之。合於理者從之。背於理者去之。如太歲一星、（出元經。非歲建也。）九梁會煞之類。此大而緊者、所當避忌。如蠶室、太陰、狠藉、流財之類。此小而緩者、可以略去。不必盡求合也。如歲位吉凶。九宮飛白。六壬之四殺。沒於四維。六神制於六道。遁甲之取三避。逼迫刑格。旨意玄微。立法深妙。皆萬世不可刊者。所當遵用。夫復何說。如四衝所通。忌活曜則取以爲吉。三方實死法。五符謂百無所忌。不通於理。烏可準憑。論陰陽者。既知去取。又當以胸中活法參之。如金神惡殺也。其權司秋。其位居兌正秋。作之復値巳酉丑地。決不免禍。如作於夏。或値丙離。權去勢衰。未爲深害。卽此而論。則活法可類推矣。（儲華谷袪疑說纂袪疑說跋）

元

吳鍾山、不詳其名。家鍾賈山。遂以自號。善太乙九宮算術。自言其學得之祖父竹所。竹所傳之其父一峯。祕不語人。楊維禎訪之。鍾山曰、先生棄官十年。數盈十必變。未有往而不復者。截自四十九而往。爲下箸曰、某年起某官。某年移某所。某

年當調內某年當致仕後一如其言維禎作數說稱述之。乾隆江南通志藝術 嘉慶松江府志藝術

元　周之翰、字申甫華亭人。幼穎悟博究羣書尤通象數之學有乾坤闔闢天地生成。陰陽變化山川流峙、四圖並贊以發明其奧講授於鄉以終。清統志江蘇省 松江府志人物

明　錢博、字原博華亭人正統進士授南京刑部主事擢四川按察卒博在刑曹多所全活。工古文辭善楷書行草旁通醫卜陰陽諸書好急人患難人樂與交焉。松江府志藝術

明　徐階、字子升華亭人嘉靖癸未進士第三人歷禮部尚書東閣大學士萬曆甲戌卒年八十一贈大師諡文貞其拆詠嘉靖二字云十本朝堂一丈夫口稱萬壽與三呼一横直亘乾坤大兩豎斜飛社稷扶加官加祿加爵位立綱立紀立皇圖主人幸有千秋歲明月當天照五湖。明史本傳 清褚人穫堅瓠四集

明　范從烈、字豫所博文强記凡天文地理歷數之學無不洞貫著二五祕旨山牎雜錄所見水城記諸書弟從勳、字少峯性穎異舅氏陳大參應元官江右從勳在

幕中、江右士大夫善地理家言見從勳輒傾服從勳亦虛心咨訪益括巒頭天星水法之妙以是藝益精名日盛方伯杜梅梁母穴急宜遷從勳奔告梅梁時爲諸生歲試居三等松俗延師視學使者案梅梁方失館以窘對從勳以二十金畀之（畀音比賜也與也）卜日遷決其父子丙辛年當發甲己而果應又爲桐廬邵士斗改陽宅毀離位之山亭數年雙瞽復明吳興史存仁先生無子爲鑿半月池於祖塋生方三年舉子二其他不能殫述年七十九卒（嘉慶松江府志藝術）

清

宋懋澄字幼清松江名孝廉副都御史徵輿直方父也精數學徵輿生時預書一紙緘付夫人曰是子中進士後乃啓視之至順治四年丁亥捷南宮開前緘有一行字云此兒三十年後當事新朝官至三品壽止五十後果於康熙丙午以宗人府丞遷副都御史至三品明年丁未卒官年正五十也又嘗與淮南白孝廉同年友善白亦精數學一日晨起謂夫人曰今年九月某日白兒當死渠無子我當渡江取別爲治後事遂買舟渡江比至白已候門迎笑曰我固知兄今日必來相

送。遂閉門相對、痛飲數日。至期白無病而逝。懋澄爲治後事畢。乃歸。歸謂夫人曰、白兄事已完。吾明年三月、亦當逝矣。如期而卒。（清王士禛池北偶談）

清

蔣平階、字大鴻。江南華亭人。少孤。其祖命習形家之學。十年始得其傳。偏證之大江南北、古今名墓。又十年始得其旨。又十年始窮其變。自謂視天下山川土壤。雖大荒內地如一也。遂箸地理辨正。取當世相傳之書。訂其紕繆。析其是非。惟尊唐楊筠松一人。曾文辿、僅因筠松以傳。（辿、丑延切。音⿰馬延。先韻。緩步也。）其於廖瑀、賴文俊、何溥以下、視之蔑如。以世所惑溺者、莫甚於平砂玉尺一書。斥其僞尤力。自言事貴心授。非可言罄。古書充棟。半屬僞造。其昌言救世。惟在地理辨正一書。後復自抒所得。作天元五歌。謂此皆糟粕。其精微亦不在此。他無祕本。從之學者、丹陽張仲馨。丹徒駱士鵬。山陰呂相烈。會稽姜堯。武陵胡泰徵。淄州畢世持。（淄、音枝。水名。）他無所傳授。姜堯注靑囊奧語及平砂玉尺辨僞總括歌。卽附地理辨正中。平階於明末、兼以詩鳴。淸初諸老、多與唱和。地學爲一代大宗。所造羅經後人多用之。稱爲蔣盤云。（淸史）

稿藝術

清　相枚、字善園。華亭人。設卜肆。寒暑垂簾端坐。客請揲蓍。（揲、音舌。數蓍也。謂持而數之也。易經揲之以四。以象四時。）必整衣冠而進。識欽善於少年。勉以讀書。卒成名士。間爲小詩以自娛。門人黃會昌、裒其詩屬姜皋序之。會昌字繪園。亦設卜肆。以孝稱。（光緒松江府志藝術）

清　杜登春、字九高。別號讓水。華亭人。康熙間、由選拔貢生、仕至浙江處州府同知。曾遇異人。授以相術。能一見知其人吉凶邪正。著尺五樓文集。（錢儀吉碑傳集康熙朝守令中之中）

清　張受祺、號式之。華亭人。精青烏家言。爲洞庭山嚴氏擇葬地奇驗。著地理正義六卷。地理知新錄四卷。易象略一卷行世。

清　陳澤泰、字茹征。號雲村。有經世才。爲諸生時、所交多知名士。屢以詩賦受知學使、卒不售。遂習堪輿。與同郡盛邦直齊名。在吳中名噪甚。箸春柳草堂詩文集四卷。別箸陰陽宅鏡六卷。（以上嘉慶松江府志藝術）

清　徐以仁、世居華亭北門、採花涇後徐家角。隱於農。兼善君平之術。一日有姻某無嗣卜妾、徐視課謂曰、不佳。不如不娶。問其故、曰、以卦推之、女有隱疾、不生育也。不特此、面部亦有疵。某素信徐、聽之、心亦灰。居間樂於成事。極力聳恿、心動、竟娶之、始見面有瘢痕。小疵也。亦置之。去傳粉、始覺黃瘦。體亦孱弱。未幾竟以腹痛偃臥。詢乃宿疾。始悔之。不追其值、而還於母家。又壬子、屬大比之年。其友向其卜中否。徐步卦謂曰、君不能中。此中某爻發動。君有同舟屬蛇者、當入彀也。友人亦不甚信。既而黃孝廉仁報捷。蓋卽同舟者。叩其年、生於癸巳。發解、僅二十一歲。徐之卦、可謂神矣。以上清錢學編語新

清　高鼎玉、字味卿。雲間人。攻岐黃。善風鑒。道光癸卯、輯神相彙編四卷。其自序有云、相術之所以不可廢者、以之鑑己、能趨吉避凶。以之鑑人、可親賢遠佞。況明乎修心補相之說、則束身圭璧。而夭者可壽。賤者可貴。危者可安。自古及今、具有明證。相雖小道、豈非勉人爲善之一端乎。神相彙編序

清　顧鍾秀、字筠庭。華亭人。善卜筮。精堪輿。光緒丙子、輯有選擇正宗八卷。子翰、壬

午順天舉人、戶部雲南司主事。張文虎撰顧公墓誌選擇正宗序

清　徐洪高、亦號安素老人。華亭人。住洞涇橋。其叔徐公良、爲夔州太守時。嘗一抵任所。初見、立而與語。公詢在家何業。洪高乂手拱而對曰、阿叔知姪不材。惟恃其魯樸、測字談星度活。不敢譎詐取人間一文錢也。語未畢。徐公以指作圈不已。連聲曰、好好。吾作一任知府。日夜擔憂。不似汝無拘束。少顧慮。亦免父母羞。眞快樂也。方命坐留居署中。察之。果不詭。夔州故兼關榷。因命佐理關務。經年不私一錢。歸里。囊橐如洗。依然賣卜爲活。

清　徐良鈺、字式如。松江人。孝廉。精青烏家言。尤長於推算之學。顧多作隱語。不欲明以示人。其里人潘兆芙、方以明經應秋試。踵門求推命造。式如不語。惟書和字示之。人皆不解所謂。後潘落第。始恍然曰、此所謂名利兩不成也。自此、遂屏棄帖括。壹意爲善、以終其身。淸稗類鈔方技

13 婁縣漢舊縣・唐入華亭・淸析華亭縣地・置婁縣・與華亭縣並爲松江府治・民國初・廢入華亭・旋改華亭爲松江・

明　陳鯤、字悟泉。一字雨化。性強記。會倭亂。習數學。尤精六壬。決策奇中。徐文貞階、既謝政。值張博搆獄。鯤占之、得六儀。曰、其兆太陽當位。羣陰乃伏。有兩貴人佐之。某日夜半、必獲美信。及期果報高拱被逐、夜漏二十刻也。張宮諭以誠、未遇時、鯤決數謂當大魁天下、徐文定光啓、姚布政永濟、皆於窮困中識之。後悉驗。子三省、孫杰、能世其學。同治婁縣志藝術參同治上海縣志藝術

明　王仙、佚其名。業卜筮術。奇驗。人以仙目之。西林寺圓應壇、舊在殿前。有江右異僧遇松、相度形勢。謂壇宜在殿後。立志募移。郡人無知者。有無賴子、與王有郄。郄與隙同思敗其術。往問卜。曰、我有一物、欲移置他所。何日而可。王曰、即日可。無賴子笑曰、我所卜者壇也。君顧謂爲可移耶。王取卦覆閱、不易初辭。後數日、僧果呈請當事、涓吉移建矣。

明　祝懿、字雙塘。世居古浦塘。後遷上洋。以相術遨遊齊魯燕趙間。多奇中。公卿皆折節下交。錢相國龍錫、未遇得。懿預決其科第、及仕宦陞調歲月。上海顧斗英、有

詩贈之。以上同治婁縣志藝術

清　姚廷鑾、字瞻祈。自號餐霞道人。婁縣人。諸生。精堪輿術。明太僕卿林景暘舊宅、子孫居之不安。延廷鑾相之。曰宅中有古帝王寶氣。今已洩。宜撤去。以水鍼測其處。掘之、得古錢一甕。古劍一口。凡測地中物、無不奇中。乾隆甲子 箸陰宅集要。陽宅集成二書行世。嘉慶松江府志藝術

14 南匯縣本上海縣地。清析置南匯縣。屬江蘇松江府。

清　陸宗贄、字南匯。順治乙未夏、南匯震雷起西北。擢東門城牆一角。宗贄卜之。則云邑當有大魁天下者。命修葺。時鑿龍門二字以識。及已亥會試。朱天襄錦、果以第一人捷南宮。清稗類鈔方技

清　陸大鼎、字元文。文旺九世孫。占華亭籍入學。食貧嗜古。尤好象緯堪輿。輯天經緯考十卷。乾隆南匯縣志藝術

清　朱景星、字葇汀。南匯縣明經也。才兼八斗。學富五車。士林中俱服其博。因居新

場。遂呼為新場才子。又精星學。然不以技名。求問者。苟非親友。則不之應也。一夕、與家人燈下閒話。述及命運等事。朱乃掐指推算。忽悽然曰、已矣。余不出此月矣。遂得病。逾三日而死。聞者皆奇其有前知云。（陳麟此中人語）

清　賈步緯、字心九。南匯人。幼好書算。及長盡通其奧。同治中、馮觀察竹儒、總辦製造局務、延請繙譯航海通書。輯算學十種。公餘之暇。與其子文浩蒐討羣籍。又編、便用通書行世。歲出一帙。所載每日宜用諸事。悉折衷於欽頒時憲書。其忌用者補所未備。遇日月交食。依書中時刻測候。歷驗不爽。官民便之。又著辨正釋竅鑰。闡明三元地理祕要。（釋竅鑰劉麒祥序）

清　張文虎、字孟彪。又字嘯山。自號天目山人。南匯人。諸生。於書無所不覽。過目輒記。所著舒藝室隨筆。詳考六壬源流。廣證旁引。絲絲入扣。又長於校勘。館金山錢熙祚家三十年。所校守山閣叢書。指海。珠叢別錄。熙輔續輯。藝海珠塵。小萬卷樓叢書。無慮數百種。時稱善本。光緒乙酉卒。年七十有八。（續碑傳集儒學○舒藝隨筆云・龜策列傳・衛平乃援式而起・仰天而視月）

之光・觀斗所指・定日處鄉・規矩爲輔・副以權衡・四維已定・八卦相望・視其吉凶・介蟲先見・乃對元王曰・今昔壬子・宿在牽牛・河水大會・鬼神相謀・漢正南北・江河固期・南風新至・江使先來・白雲壅漢・萬物盡留・斗柄指日・使者當囚・玄服而乘輜車・其名爲龜・案・援式而起・謂地盤也・仰天而視月之光者・定時也・觀斗所指者・正月令也・定日處鄉者・正日躔也・規矩權衡・四維八卦者・左規右矩・前衡右權・（義見淮南天文訓・及漢書律曆志・）謂天盤所加十二辰之位也・介蟲先見者・謂初傳玄武發用也・今昔壬子者・日辰也・宿在牽牛者・日宿在丑也・河水大會者・仲冬水王・又日時干支皆水也・漢正南北者・夜半時・箕斗在子・天漢正當南北・南風新至者・冬至一陽生也・斗柄指日者・月建在壬位也・使者當囚者・白虎乘子加壬・又玄武乘功曹寅也・今列式如左・錢氏養心錄以爲奇門之式・未然・

虎 子 壬
常 丑 子
常 丑 子
武 寅 丑

武 寅
陰 卯
后 辰

丑將
子時

陳酉 龍戌 空亥 虎子
合申 常丑
雀未 武寅
蛇午 乙巳 后辰 陰卯

15 青浦縣（明嘉靖間・析置上海華亭二縣地・治青龍鎭・尋廢・萬曆初・復置・治唐行鎭・即今治・清屬江蘇松江府・）

明

張誼、字履道・青浦人・好譚易・善占氣候・倭寇入境・適至袁氏山莊・出望雲氣・拉主人疾走・亡何・賊突入・見空廬・乃去・時有友留啖檳榔・力辭曰、署逆・不敢泊也・解維不十里・友果被創・（乾隆江南通志藝術）

明　張希騫、字伯尊。青浦人。性穎悟。習青烏家言。萬曆末、自錢塘至珠家里。曰、天下兵起。卜地莫如此間。遂家焉。子孫世其業。嘉慶松江府志藝術

清　葉鎬、字貴京。青浦人。諸生。精易。貧而兀傲。終身不娶。晚年境益困。嘗爲人決休咎於曲水園。暇輒吟詩、多佳句。蓋隱於卜云。光緒松江府志藝術

清　徐杰、字元傑。監生。六壬卜筮多驗。卒年八十有二。光緒青浦縣志藝術

清　查書翰、字訪平。諸生。精星術。嘗賣卜於曲水園。占人休咎多驗。人謂有葉鎬遺風云。民國青浦縣志藝術

清　熊其光、字韜之。號蘇林。青浦人。道光丙午舉於鄉。明年成進士。改戶部主事。後用防勦上海會匪功。加員外銜。咸豐乙卯、積勞病卒。年三十有九。其光爲學好博辨。凡天文曆算輿地河渠星卜壬遁之屬。靳至無不通曉。所爲詩出入蘇黃間。有雜著一卷藏於家。閔爾昌碑傳集補曹司

清　熊其昌、字九如。其光族弟。少通敏。喜參玄學。其光旁通青烏禽遁之術。嘗謂雲

間。蔣大鴻辨正文字。得華嚴之妙。其昌習其傳。術甚精。顧不輕爲人相度。閔學鶱、字閶如。行止端謹。習形家言。有聲於時。皆諸生。居小西門外。民國青浦縣志藝術

吳霜、字人麟。後更字靈園。青浦朱家角人。家貧。幼失怙恃。九歲就外傅。聰俊冠其曹。後就讀省立松江中學。家益落。不能資辦嚴。貸於族人。始得行。霜以是益發憤自勵。歲終、師審其貧。許免費。霜赧然勿欲。翌歲、爲中華民國甲寅。試上海商務印書館、附設之商業學校。及卒業、錄任館職。館有涵芬樓藏書數萬卷。霜暇輒假讀。學大進。是時始治小說家言。文筆簡古。涉想新奇。大爲讀者稱賞。遂斐然有聲於文壇。壬戌、膺時報館聘、任編輯。日必取一二社會瑣事、挈其指大書列篇首。曰、事雖瑣、亦有繫乎時政。書此、將以爲執政者之鑑焉。其於編校排比、不爲定式。其後各報遂爭效之。丙寅春、鳩資設商店於杭州。試爲貿遷。規模爲全市最。自此大贏。霜爲人強毅、多智計。操斷舉措、通乎細大。潔廉儉守、形於造次。役人千萬、悉與同苦樂。故衆樂爲之盡力。霜常引計然之說。曰、財幣欲其行如流水。故於戚友寒

唆、多所施與。人多服其度。霜好談術數。頗究星命之學。判事往往有奇驗。細至人事之札瘥休咎。大至世運之升沉理亂。罔不當機立斷。及患腫瘍。霜自推其造不利。沒後家人檢遺籍。則某物藏某處。某事了。某事未了。臚舉凡十餘條。井然不紊。末署。某年月日。蓋沒前之一月也。癸未年卒。壽僅四十有六。子五、俱敦品力學。繼志述事。上海鄧鈍鐵撰行狀

歷代卜人傳卷二終

丹徒姜燿中校

易經圖說。右易之圖九。有天地自然之易。有伏羲之易。有文王周公之易。有孔子之易。自伏羲以上皆无文字。只有圖畫。最宜深玩。可見作易本原精微之意。文王以下。方有文字。卽今之周易。然讀者亦宜各就本文消息。不可便以孔子之說。爲文王之說也。

中國歷代卜人傳卷三

潤德堂叢書之八

鎭江袁阜樹珊編次

江蘇省三

16 奉賢縣（本華亭縣地。清析置。以縣東南有奉賢涇。故名。屬江蘇松江府。故治在今縣東二十里。民國移治南橋鎭。）

清 宋一士、蕭家厙人。（厙音舍。）諸生。精易理占斷如神。又擅堪輿。不輕擇地。曰、凶人得吉地。吉可爲凶。吉人遇凶地。凶可爲吉。子臥雲、克承父業。張惠泉、子書田。新塘人。布衣。精堪輿。決休咎悉驗。陳大林、字豫庵。世居青村港。精卜易。有奇驗。卒年七十。

清 徐元音、字松史。阮巷人。諸生。善卜。屢中。一宗朱子本義。門人黃炎松亦有名。周南、字二詩。青村港人。父象乾。精堪輿。南能世其業。同里金文照、字勵齋。精地理星命。嘗獨力營葬戚某。撫立遺孤。人稱其義。（以上光緒奉賢縣志人物。）

17 金山縣（本故小官鎭。南瀕海。西連乍浦。東接青村。明建金山衞。清改置金山縣。治衞城。後移置朱涇鎭。屬江蘇松江府。）

清　葉癡、不傳其名。衞城人。善風鑑。決人富貴壽夭。多奇中。得酒、其術愈神。曾相王侍御廣心。決其鄉舉登第筮仕年月。一一不爽。（民國金山縣志藝術）

清　何恆信、號遯廬。張堰人。習青烏家言。箸周易彙萃理氣發凡。水法備考等書。（光緒金山縣志藝術）

18　太倉州（今崐山縣東。地名太倉。元至元十九年。宣慰朱清張瑄等。建議海漕。置海運倉於此。是時海外諸番。交通市易。謂之六國馬頭。明初置太倉衞。弘治間。始割崐山常熟嘉定三縣地。置太倉州。清雍正二年。直隸州屬江蘇省。民國改縣。）

清　陳瑚、字言夏。號確庵。太倉人。年十六。受學於趙尊匏先生。二十一補府學生。館同志陸桴亭世儀家。兩人憂天下多故。乃講求天文地理兵農禮樂之書。旁及奇門六壬之術。將以爲用世具也。明崇禎壬午、舉於鄉。癸未會試、策中規切時政。遇黃陶庵京邸。感憤時事不可爲。撫膺長號。陶庵曰、試若不售。受國恩淺。猶是草野一介耳。則竄伏於荒江寂寞之濱。著書傳道。以畢餘生。亦中道也。既而陶庵捷。瑚下第。聞京師陷。痛哭焚衣冠。順治乙酉、大兵渡江。奉父遷徙無常。丙戌移居任陽。

秋遷蔚林。在崑城東北三十里。水道紆折。有潭七十二。陳頎潭其宅址也。有田數畝。躬自荷鍤。父亦安之。丁亥。復與諸子講學。以孝弟力田行善爲蔚村三約。己丑饑。創周急法。虞山毛子晉聘爲子弟師。乃奉父移居隱湖。庚寅自隱湖歸。築村堤。乙未詔徵隱逸。辭以疾。康熙壬寅秋。父卒。辛亥。移家海濱朱氏。壬子。哭桴亭於其家。乙卯十月二十日、卒於蔚村。年六十三。門人私謚安道先生。著天文書辨疑、菊窗隨筆、俱亡。所傳講義六篇、感人尤痛切云。碑傳集理學上

清　吳偉業、字駿公。一字梅村。太倉人。崇禎辛未進士。順康間、累官國子祭酒。康熙辛亥。卒。偉業學問博贍。尤長於詩。著有梅村集等書。晚年精星命學。連舉十三女。而子暻始生。時唐東江、孫華、爲名諸生。年已强仕。赴湯餅會。居上座。梅村戲云、是子當與君爲同年。唐意怫然。及康熙戊辰。暻舉禮部。東江果與同榜。或贈梅村五十生子詩云、九子將雛未白頭。明珠老蚌正相求。蘭闉自唱河中曲。十六生兒字阿侯。蓋少妾所出也。暻後官兵部科給事中。梅村出山。陳素庵相國實爲推轂。蓋

將虛左以待。比至京師。素庵事已決裂。盡室遷謫塞外。梅村拙政園山歌。感慨惋惜。蓋有不能明言之情也。清史稿文苑阮葵生茶餘客話

清　毛在鵬、字萬程。父煒、工詩文。明形家言。在鵬以病棄舉子業。復得滑麟指授。益精其術。晚年攷律呂。究聲韻。工翰墨。卒年七十有七。著有地理舉一。

清　俞堅、字心一。父琳、字林仲。精堪輿術。堅兼通壬奇之學。品行方正。少學於隱士金汝鉉。常起危疾。每慮藥性多偏。小不謹、輒致害人。著學愼術以發明其旨。以上嘉慶太倉州志藝術

清　王子雲、太倉人。於成童時。買得六壬課書一冊。朝夕推究。竟通神妙。應童子試第一、補庠生。後盜犯越獄。州牧、夜叩其門。問能弋獲否。子雲曰。其人已出南門。離城十里外、在草中潛伏。右手持鐵器。左手執一活物。路旁有大樹。明日午刻必獲。果如言而得。蓋一手握薙髮刀。一手竊一雞耳。寄蝸殘贅

嘉定縣　漢婁縣地。隋唐爲崐山縣。疁城鄉。宋析置嘉定縣。元升嘉定州、明復爲縣。清雍正二年。改屬江蘇太倉州。民國十三年。江浙戰爭劇戰於此。

元　譚友文、字士元。精陰陽家術。仕至朝散大夫判太史局。居官廉謹。雖見知權要。未嘗以干請自溷。光緒嘉定縣志藝術光緒太倉州志

明　翟祥、字君瑞。嘉定人。避諱以字行。少通易學。爲明高祖占候。皆驗。賜以勅命。爲訓術。所著希微子簡易錄。宋濂有傳。嘗彙邑人所爲詩、并記其人之性行名位。刻之、爲練音。圖書集成卜筮部名流列傳

明　馬軾、字敬瞻。嘉定人。精於占驗。正統間、以天文生從征粵中。時賊勢猖獗。督師董興猶豫、欲請益兵。軾見大星夜隕。言賊平不過四旬之內。宜速戰。卒如其言。乾隆江南通志藝術

清　陸坦、字履常。嘉定人。崇禎庚午舉人。明末嘗著鄉兵議。條畫甚悉。會逢甲申之變。與父嘉穎偕隱。賣卜金閶。乾隆江南通志隱逸

清　王渭熊、字汝師。居虬江濱。虬、音求、龍子有角者。善六壬。吉凶立驗。自比嚴君平。日得百錢給薪水。即閉肆不見客。遊京師。諸公貴人神其術。欲引進之。辭歸。自刻死日。無疾

而逝。（光緒嘉定縣志藝術）

清　侯泓、字研德。晚更名涵。自號掌亭。嘉定人。明諸生。入清後。以事被捕。後得釋。博覽強記。凡經史百家。天文地理。醫藥卜筮之書。無所不通。著有掌亭集、玉臺金鏡文。（碑傳集逸民）

清　錢玉炯、字靑文。嘉定人。少穎敏。好讀書。年三十三。始補學官弟子。家貧。以敎授自給。於百家書。無不研究。兼通卜筮祿命諸術。輒有奇驗。晚歲邑令舉爲鄉飲賓。因問何以致壽。答曰、某生平不知導引服餌。但文字外、別無嗜好。未嘗輕易喜怒。中年以後、從不露處耳。卒年九十有二。著有字學海珠星命瑣言。（宜興吳德旋初月樓續聞見錄）

清　錢大昕、玉炯孫。字曉徵。號辛楣。又號竹汀居士。嘉定人。乾隆甲戌進士。累官少詹事、督學廣東。丁艱歸。不復出。大昕幼慧。善讀書。精研羣籍。兼通中西曆算。著述極多。卒年七十有七。其十駕齋養新錄一書。論陰陽五行。太乙壬遁。星命卜筮等法。尤多發明。有一僕服役多年。體魁梧而勤幹。大昕恆倚重之。爲推生造。謂必以軍功保舉官至三品武職久之不驗疑之因以其造錄寄欽天監屬爲之推算覆曰、某命果佳如君言然必生長北方若生於南方僅能近貴而已此所以給事君邸也。清史稿儒林養新錄 清稗類鈔方技

清 錢塘、大昕族子字學淵。一字禹美。號溉亭。乾隆庚午進士、改教職。選江寧府學教授塘少大昕七歲、相與共學。又與大昕弟大昭、及弟坫、相切磋爲實事求是之學。於聲音文字律呂推步陰陽五行壬奇祿命尤有神解著律呂古義六卷於律歷天官家言皆究其原本、而以他書疏通證明之又著淮南天文訓補注三卷卒年五十六。清史稿儒林附大昕傳

清 時銘、字佩西號香雪。嘉定人。乾隆己酉中省試。嘉慶乙丑成進士。歷官山東齊東縣知縣。道光辛巳、以催科劾罷。實不名一錢。訟繫之不得歸。丁亥三月卒於濟南寓邸。年六十有一。身後以宦逋、盡沒其田廬所著有六壬錄要十卷、詩文稿若干卷、藏於家。錢塘諸可寶疇人傳三編

20 寶山縣（本嘉定縣地。明置寶山千戶所。清雍正二年。析置寶山縣。屬江蘇太倉州。民國十六年。國民政府劃縣屬吳淞。高橋。閔行。江灣。引翔。閘北。眞如等區。入上海市。地當江海之交。爲沿海要地。惟城小屋卑。繁盛遠不如吳淞。）

清　王貞爵、字士修。居眞如。能詩。工書。精六壬術。多奇中。子渭熊、字汝師。飛筠、字翼師。俱克紹家學。（嘉慶寶山縣志藝術）

清　張元治、字其遠。居大場。喜作韻語。植盆樹百本。蒼松古檜。自具畫意。後以葬親營兆。精堪輿。註釋九家纂述四十二篇。又以玉尺經譌舛。多所訂正。壬奇星平。皆有心得。善別物性。雖昆蟲小草。不經見者。能辨形色。知臭味。（光緒寶山縣志藝補）

清　陳艮、字耕山。好究心象數。夜常仰察星曜。步行原野。值沙水相遭處。必以經緯儀。徘徊測望。人有延其相墓者。則自謝不能。或預言兵凶水旱事。往往有驗。有賣卜者名曰海癡。不知其所自來。艮與之傾談。或相視狂笑。人莫能測。而終身不以術自炫。（民國寶山縣志藝術）

富生、字香吏。諸生。浙江海鹽人。天資穎異。過目不忘。經史以外。各種叢書。靡不瀏覽精究地理及六壬奇門之學占驗往往奇中道光初至鎮里中紳富延請擇穴者甚衆時來時去約二十年咸豐初徧游公卿間蘇撫徐有壬尤爲賞識留之署中咸豐辛酉復至鎮同治乙丑去時年已七旬遂不復來其人面貌古怪冬夏常赤脚故人稱爲赤脚地仙

清

張旭字西江自號張癡人競稱張怪嘉定外岡人精靑烏術每相陰陽二宅多奇驗故又呼爲張仙與之說易理玄妙無窮且自首至尾連註背誦無一字差誤蓋其專心於易者有年矣人卽以重幣聘未必往願往則不招自往卽往矣主人再四留之不得或數閱月不言去月浦多故交常宿於張氏家以上寶山縣月浦里志游寓

21 崇明縣

在長江入海之口。爲江口淤沙所積而成沙洲。爲唐時所湧出。分東西二沙。後積漸高廣。漁樵者依之。遂成田廬。宋時又湧一沙。三沙鼎立海中。五代楊吳置崇明鎮於西沙。元置州於姚劉沙。嗣因水患而遷東沙。明改爲縣。始屬蘇州。後屬太倉州。清因之。治所因水患屢遷。今治在島之西南端。轄境分內沙外沙。內沙卽崇明本島。外沙爲清乾嘉間所湧現。初本十餘沙。今已聯成一片。東西一百八十餘里。南北約五十里。面積大於內沙。北與海門毗連。南與崇明本島隔江相望。外沙人民。屢請設縣。與內沙分治。內沙人民。又反對之。久而不決。今由內外沙代表議決。設行政分署於外沙之匯龍鎮西一里。於民國十年實行。本島處江海間。有魚鹽之利。農產物以棉稻豆麥爲主。棉質尤良。所產棉布頗著名。內外沙均有織布廠。工役達數千人。

元　宋尹文、字文璧。崇明人。元明威將軍海漕千戶佑子也。少從許衡學。薦爲翰林院典籍承事郎。嘗學琴於秋山徐氏。指法精妙。大德間、魯國公主、聞其名。召至。奏笳十八拍。公主嘉歎、賜金。至元初、歸老於家。益精六壬遁甲諸術。推測休咎。亦多奇中。（乾隆江南通志藝術　光緒太倉州志　民國崇明縣志藝術）

明　施文會、字志學。崇明人。少爲諸生。尋以病廢學。旁通潛虛術。善聆人聲音。以定吉凶。歷歷不爽。（乾隆江南通志藝術）

清　劉四公、明遺老也。相傳仕於魯王。鼎革後寓崇。窮巷一廛。僅蔽風雨。清吟妙繪。時時間作。但不著名。又精六壬奇門風角之術。言無不驗。與邑人張隆純善。隆純周之終身。及歿葬之祖塋側。（光緒崇明縣志寓賢）

清　黃仍緒、字繼武。崇明人。康熙丁未進士。居鄉時。嘗親冒矢石以禦海寇。而不自言其功。平居自奉甚約。而性好施予。讀書自經史百家以及六壬遁甲之術。無所不通。仕至內閣中書舍人。（乾隆江南通志文苑）

清　施彥士、字楚珍。道光舉人。沈毅有膽識。歷任萬全、南皮、正定。皆有治績。晚年手不釋卷。於星命之學。尤有心得。著有星命書。求己堂詩文集。崇明縣志文苑

清　李鳳苞、字海客。號丹崖。崇明縣學生。幼慧異常兒。讀詩至維參與昴、及定之方中。即究心天象。取甘石星經及丹元子步天歌諸書讀之。稍長讀數理精蘊博考疇人家言。研究泰西新法。遂通天算之學。乃益泛覽諸史。凡地理兵法。下至風角壬遁醫藥卜筮。靡不通曉。光緒丁丑、以候選道、率員弁赴各國學習文藝戰陣之法。旋署出使法國大臣。丁亥年卒、壽五十四。著有四裔年表、泰西日記、海防新義、自怡軒算書等。德清俞樾春在堂文集李君墓志銘

22

吳　縣　周初太伯邑。春秋吳國都。秦置吳縣。為會稽郡治。後漢於縣置吳郡。陳為吳州治。隋開皇初。為蘇州治。大業初。復為吳郡治。唐仍為蘇州治。宋為平江府治。元為平江路治。明為蘇州府治。清與長洲。元和。同為江蘇省治。民國廢長洲元和。入吳縣。太湖。靖湖兩廳。亦并入焉。城周四十五里。有六門。閶門內外。商業最繁盛。滬寧鐵路經之。盤門外之青陽隄。清光緒二十一年。中日馬關條約。訂定開放之商港也。

周　公孫聖、善六壬。吳王夫差、興兵與齊戰。道出胥門、假寐姑胥之臺。夢入章明宮。

見兩䥶蒸而不炊。（䥶與鎘同・鼎屬・）兩黑犬、嘷以南、嘷以北。（嘷・音豪・野獸聲也・）兩鋘殖宮牆。（鋘・音華・兩刃臿也・）流水湯湯。越其宮堂。後房鼓震篋篋、有鍛工。前園橫生梧桐。命太宰嚭占之。嚭曰、（嚭・音否・紙韻・大也・）美哉王之伐齊也。章者、德鏘鏘也。明者、破聲聞、昭明也。兩䥶蒸而不炊者、聖德氣有餘也。兩黑犬嘷以南、嘷以北者、四夸服、朝諸侯也。兩鋘殖宮牆者、農夫就成田夫耕也。流水湯湯、越宮堂者。鄰國貢獻、財有餘也。後房鼓震篋篋、有鍛工者、宮女悅樂、琴瑟和也。前園橫生梧桐者、樂府鼓聲也。吳王大悅、而心不已。復召王孫駱問之。駱曰、臣圖淺、不能占。東掖門、帝長公孫聖、多見博觀。願王問之。王乃召公孫聖、聖伏地而泣。其妻謂曰、子何性鄙。王急召、乃泣涕乎。聖曰、悲哉。子焉知。今日壬午。時加南方。命屬上天。不得逃亡。非但自哀。誠傷吳王。吾受道十年。隱身避害。欲紹壽命。不意急召。中世自棄。故悲與子相離耳。遂詣姑胥臺。吳王告其夢。聖曰、臣不言身命全。言之必死於王前。臣聞章者戰不勝。敗走傽偟也。明者去昭昭、就冥冥也。入門見䥶蒸而不炊者、不得火食也。兩黑犬、嘷以南、嘷以北、黑陰也。北者匿也。兩鋘殖宮牆者、越軍入吳、伐宗廟、掘社稷也。流水湯湯、越宮堂者宮室墟也。後房鼓震篋篋者、坐太息也。前園橫生梧桐者、梧桐心空、不爲用器、但爲盲僮與死人俱葬也。願大王按兵修德、遣下吏肉袒徒跣、稽首謝於勾踐。國可安存、身可不死。吳王怒、顧力士石番以鐵槌擊殺之。（越絕書 圖書集成藝術典術數類名流列傳 蘇州府志）

漢

吳泰、吳郡人、能筮。會稽盧氏失博山香爐、使筮之。泰曰、此物質雖爲金、其象寶山。有樹非林、有孔非泉、閶闔風至、遂發青煙。此香爐也。語其主處、求即得。（民國吳縣志藝術）

吳

陸績、字公紀。吳人也。父康、漢末爲廬江太守。績年六歲、於九江見袁術。術出橘。績懷三枚去、拜辭墮地。術謂曰、陸郎作賓客而懷橘乎。績跪答曰、欲歸遺母。術大奇之。孫策在吳、張昭、張紘、秦松爲上賓。（紘音宏。綱也。宏也。）共論四海未泰、須當用武治而平之。績年少末坐、遙大聲言曰、昔管夷吾相齊桓公、九合諸侯、一匡天下、不用兵車。孔子曰、遠人不服、則修文德以來之。今論者不務道德懷柔之術、而惟尚武。績雖童蒙、竊所未安也。昭等異焉。績容貌雄壯、博學多識、星曆算數、無不該覽。虞翻舊齒名盛。龐統荊州令士。年亦差長。皆與績友善。孫權統事。辟爲奏曹椽。以直道見憚。出爲鬱林太守。加偏將軍。給兵二千人。績既有躄疾。又意在儒雅。非其志也。雖有軍事。著述不廢。作渾天圖。注易釋玄。皆傳於世。預自知亡日。乃爲辭曰、有漢志士。吳郡陸績。幼敦詩書。長玩禮易。受命南征。遘疾遇厄。遭命不幸。嗚呼悲隔。又曰、從今已去。六十年之外。車同軌。書同文。恨不及見也。年三十二卒。（三國志吳書本傳 清一統志江蘇省松江府志人物）

吳 陸凱、存敬風。吳人。丞相遜族子。黃武初、爲永興諸暨長。所在有治迹。拜建武都尉領兵。雖統軍衆。手不釋書。好太玄。論演其意。以筮輒驗。累官征北將軍。封嘉興候。左丞相。卒年七十二。（三國志吳書本傳）

後梁 朱景瓌、算術精妙。設肆盤門驛。貞明中、廣陵王錢元璙、鎮吳。景瓌上書云、到任當三十年。安寧。元璙命燭焚之。謂其說尙遠。未之敬也。至天福庚子辛丑間。忽記其事。召景瓌問之。曰、算數定矣。及期薨。（圖書集成術數部名流列傳）

後梁

顏規、本玉工。錢元璙、嘗召朱景瓌、問算術遁甲事。規適解玉。便聽。熟聞其說。他日質於景瓌。遂精其術。忠獻王嘗欲享廟。規上書言翌日利五鼓之前。如寅時、則杜門在南。不可出入。不聽。果寅時車出南門。鏁以鑰壞。久不能啓。遂破鏁而出。王信其神驗。遂以爲軍師。藝術典引蘇州府志

陳

顧野王、吳郡人。字希馮。七歲讀五經。略知大旨。九歲能屬文。長而遍觀經史。精記默識。天文地理。筮龜占候。蟲篆奇字。無所不通。又善丹青。與王褒同爲梁宣城王賓客。梁亡、入陳。天嘉元年庚辰、補撰史學士。仕終黃門侍郎光祿卿。著有玉篇、輿地志、符瑞圖、分野樞要、玄象表文集。陳書列傳

宋

許洞、吳縣人。咸平庚子進士。解褐。雄武軍推官。以狂狷不遜。忤知州馬知節。會輒用公錢。奏除名。歸越數年。當景德乙巳。洞應識韜略、運籌決策科。獻所著虎鈐經於朝。是時眞宗皇帝方厭兵。思休養天下。歲不惜三十萬幣。輸契丹。定和議。洞以是報罷。除均州參軍。終烏江主簿。卒年四十二。有集一百卷。其虎鈐經自序云。

上採孫子李筌之要。明演其術。下撮天時人事之變。備舉其占。又云、六壬遁甲。星辰日月。風雲氣候。風角鳥情。雖遠於人事。亦不敢遺漏焉。至於醫藥之用。人馬之相。得有補於軍中者。莫不具載。其書二百一十篇。分爲二十卷。相人一篇。尤爲簡切。洞曰、凡欲擢用。先須辨人形神。肌骨之貴賤。且人神隱於中。形藏於身。氣發於外。先觀其形。夫山有美玉。草木滋茂。人有貴相。氣色豐潤。人雖處下品。顏色形神。器度動止。與衆殊也。相有七等。一曰看骨。二曰看神。三曰看肉。四曰看色。五曰看文理。黑子赤子。六曰看毛髮。七曰看星文。人相有十成。一曰神氣清。二曰五岳齊。三曰笑語美媚。四曰聲色深沉。五曰鬚髮無間。六曰詞語穩重。七曰接對無僞。八曰不欺信行。九曰爲事正直。十曰風骨合度。此爲十成之相。經曰、七成八成。臣子尊貴。位極人臣也。（宋史附黃夷簡傳虎鈐經）

宋　胡舜申、紹興間自績溪徙於吳。通風土。陰陽之術。世所傳江西地理新法。出於舜申。嘗以術行四郭而相之。以爲蛇門不當塞。作吳門忠告一篇。（圖書集成堪輿部堪輿名流列傳）

宋　范疇、字復初。本金華人。嘗爲洞霄宮道士。得江西張九午蓍易之占。神妙莫測。杭有無籍子胡婆壽、負罪而逃。官督捕甚嚴。捕者卽疇求筮。爻成疇曰、可於北方樹中得之。如言跡至臨平。果獲於空楊樹中。遂繫獄。後會赦出。欲報疇。持刀晨叩疇門。紿以卜。欲殺之。疇決以占。知其將不利於已。隔門謂之曰、欲問卜、可擲下手中刀。胡聞之駭服。猶以刀畫其門而去。疇由是來蘇。避之。寓乘魚橋。設肆。有疑來問者、莫不神驗。年八十三卒。（乾隆蘇州府志藝術）

元　陸森、字茂林。平江路人。（今江蘇吳縣治）官陰陽教諭。撰玉靈聚義五卷。天歷二年刊。所述皆龜卜之法。其曰玉靈者、按史記龜筴傳、祝龜之詞。有玉靈夫子語。司馬貞索隱、謂尊神龜而玉之。其名當取此義也。（四庫子部術數類存目二）

明　徐有貞、字元玉。初名珵。吳人。宣德進士、選庶吉士、授編修。爲人短小精悍。多智數。喜功名。凡天官地理兵法水利陰陽方術之書。無不諳究。官至兵部尚書、華蓋殿大學士。以復辟勳、封武功伯。致仕十數年。卒於家。（明史本傳○明陸燦庚巳編云・武功伯徐公有貞・天才絕世・其學自天文地理・釋老方技．無所不通．甲申春．茂陵嗣統．公推運造．當得二十四年．以成化改元．併嗣統之歲數之．正得二紀．辛卯歲．偕太守林公入郡學．指大成殿鴟吻曰．此有青氣．上徹重霄．乃文明之祥也．來年吳士．其有魁天下者乎．明年吳文定公及第．長洲薛副使英．祖墓在夷亭．公舟過之．指爲人曰．此地當出一繫金帶人．時薛猶未達．後竟舉進士第．至今官金齒．衛學舊鮮成名者．公謫居．相其地．謂植樹木其西以爲障．當有益．有司從之．科第由是遂盛．其他巧發奇中者尚多．不能悉記．

明

金鬼谷、家於郡城中醋庫巷。嘗有富商談命肆中、適一貧者負薪而來。告曰、我四柱適與同。何彼富而我貧也。鬼谷曰。汝雖生於此。當於南方千里之外。亦與富者相埒。埒．音力．屑韻．等也．貧者告其母。母曰、汝有姊在閩中。當往求之。他日詣姊家。姊亦甚貧。不能容。姊知鄰舍有隙所。但一宿必見鬼物。乃使暫宿之。貧者入夜寢。果見鬼物入穴中。遂得黃金百鎰。上有金鼓覆其上。貧者得金致富而歸。以金鼓報之。鬼谷因署其門曰。吳中名術金鼓傳家。圖書集成星命部名流列傳

明

唐寅、字子畏。吳縣人。中弘治戊午鄉試第一。坐同舍舉子事、發爲吏。不就。築圃桃花塢。游息其中。其學務研窮造化。尋究律歷。旁及風烏壬遁太乙。出入天人之間。其於應世詩文。不甚措意。曰、後世知我不在此。奇趣時發。或寄於畫。下筆直追

唐宋名匠。雖遭放廢。坐客常滿。文章風采。照耀江表。寧藩以厚幣聘。甫至。卽佯狂以歸。（乾隆江南通志文苑）

清　劉龍光、字夢蕭。吳縣人。萬里尋親。人稱孝子。龍先好古學。精爾雅蟲魚之義。旁及方書卜筮。風角地辰。截壬遁甲之說。皆能通之。康熙壬子正月朔日。筮得大過之蹇。歎曰、過涉滅頂。吾其不免乎。其年十一日果卒。（清宜興吳德旋初月樓聞見錄）

清　顧禮琥、出身進士。乾隆間、以舉業雄於吳中。從遊者常百人。善相士。嘗貽書京師故人。謂其所授業二生。爲吳門雙璧。後起之雋。後兩人先後通籍。均以第一人及第。蓋卽潘文恭公世恩、及吳廷琛也。（清稗類鈔方技　郎潛紀聞）

清　陸鈞、字文會。幼失恃。依於舅氏徐玉昭。學卜筮。悟其精微。兼通子平斗首。五星律數。玉昭、明觀察徐道登之孫。邃於數學。後以星卜擅名吳中。非其志也。鈞盡得其祕。有產子者就鈞卜男女。鈞曰、男也。且孿生。生今日晡時。已而果然。一婦以夫久出不歸。將祝髮爲尼。叩鈞決去就。鈞曰、而夫歸矣。若安得爲尼乎。忽見門外火光熒熒。有數人排闥而入。奔告其婦曰。夫頃抵家矣。婦驚異而去。又趙某者、緣家累被誣。數千金方就。鈞占曰、朝廷宥汝。未幾恩詔至。竟免。鈞之卜多類此。郡守盧騰龍、顏其室曰。通儒卜隱。然未嘗矜其能。性謹厚。事親以孝。聞卒年七十。（民國吳縣志藝術）

清　俞歸璞、姑蘇人。嗜青囊學。與山陰吳子卿。共事甬城。道同志合。遂將舊藏明鈔本周景一所著山洋指迷。反覆參詳。逐篇增註。乾隆丁未刊行。姚雨方序其爲簡明扼要。與他本不同。究心地理者。莫不家奉南車。（山洋指迷姚序）

清　王維德、字洪緒。自號林屋山人。吳縣洞庭山人。從新安楊廣含游。通陰陽家言。遂於金閶衞前賣卜。據理直陳。門庭若市。決人休咎。應驗爲神。著有卜筮正宗。永寧通書行世。又傳其曾祖若谷醫學。著外科全生集。謂癰疽無死症。癰乃陽實。氣血熱而毒滯。疽乃陰虛。氣血寒而毒凝。皆以開湊理爲要。治者但當論陰陽虛實。初起色紅爲癰。色白爲疽。截然兩途。世人以癰疽連呼並治。誤矣。其論爲前人所未發。凡治新起。以消爲貴。以託爲畏。尤戒刀鍼毒藥。醫者宗之。（清史稿藝術同治蘇州府志藝術）

清　張春山、逸其名。洞庭西山人。通星命之術。兼讀相人書。決人生死無或爽。有某、素短視。知張能相人。就問之。張言其月內必盲一目。後果然。（同治蘇州府志藝術）

清　徐懋榮字野雲。武功伯有貞四世孫。性聰穎。總角卽能文。因相具五偏。人鄙其貌。遂棄舉子業。發先世所遺靑烏家書讀之。未甚省。有道士桑旣白自江西至。一見如舊識。因出所讀書相與剖析疑義。遂精堪輿。年七十一卒。子大衍、傳其術。更習天官星緯之學。崇禎時、夜觀天象。謂北斗中權星暗小。知吳中必多故。命仲子永銘、預入浙東括蒼山爲避世計。先是大衍嘗偕友楊某往江北訪一道人至山峻處。仰望柴扉。已預書今日有徐某楊某到此。因師事之。從受六壬祕要。年七十一偶感微疾。語家人曰、頃占六壬課得從革用神入墓。吾將逝矣。果卒。季子永鎭傳其業。著堪輿彙纂八卷。卒年亦七十一。（同治蘇州府志藝術）

清　邱振聲、洞庭東山人。神於卜筮。隣有失盜者、詢其贓可獲否。振聲曰、於三里外、大樹上、鵲巢中求之。如言往。原贓具在。後爲建陽巡檢。臺灣林爽文反。福康安督兵征剿。聞振聲名。檄之隨軍。問以亂首何日就擒。斷以時日不爽。福大奇之。呼以邱神仙。欲薦之。固辭。厚贈遣歸。以巡檢終。（寄蝸殘贅）

清　盛凝之、蘇州人。少孤貧。而性甚慧。十四歲時、十三經已卒業。其季父命之學賈於錢店中。一日其主、使持金赴某所。道出隘巷。見一小家。數人聚哭甚哀。問其故。鄰人曰、是家某人、死三日矣。遺兒女三四。貧不能斂。盛所持、適有此數。悉以與之。遂不敢歸店。至素所熟識之僧寺宿焉。店主待久不至。乃與季父偵探三日。始遇之僧寺。詰之。以告。徵之死者之家而信。季父痛毆之。盛既失業。遂留居寺中。仍讀書。越三年。補博士弟子員。始歸其家。至咸豐庚申歲、爲賊刼至揚州。流寓儀徵一破廟。賣卜自活。旋病死。廟僧謀藁葬之野。忽有洪君至廟。問知其姓氏里居。曰、此吾同鄉也。少頃。請其母偕來。母曰、昔年爲汝父營葬者。與此人姓名正同。未知果是否。乃以銀三十兩。治其喪。屬僧善視之。及亂平。洪已官參將。親至蘇州。訪盛氏。乃知恩人盛凝之。亂時爲賊刼去。今不知存亡。遂挈盛妻子至儀徵。以其柩歸葬。

日厚卹其家。（清俞樾右台仙館筆記）

清　施源、吳中孝廉也。文名籍甚。從游者甚衆。素善六壬。時有奇驗。自占命中無進士。不赴禮闈。課徒以終。（寄蝸殘贅）

民國　馮士澂、字含青。吳縣人。好讀書。能安貧。宦游歸來。遂賣卜於玄妙觀。凡有就敎者。莫不據理直陳。引人入勝。晚年猶手不釋卷。索隱探微。張紳敬敷嘗贊美之。卒年六十餘。（吳門瑣語）

民國　戴姜福、字綏之。吳縣人。歷官州縣。而占課頗有奇驗。丁卯端午節前、常熟孫師鄭太史雄、因事多拂逆。乞其占流年吉凶。綏之謂孟秋之月。白虎星動。恐有危險之事。宜先期戒愼。果於孟秋十日而元配楊恭人病逝。師鄭悼亡。有句云、虎尾涉冰機早肇。鴛針穿葉老猶工。蓋紀實也。（鄭雄舊京詩存）

23 長洲縣（漢爲吳縣地・唐析吳縣爲長洲・明淸皆爲江蘇蘇州府治・民國廢入吳縣・）

明　葛乾孫、字可久。長洲人。父應雷以醫名。時北方劉守眞、張潔古之學。未行於南。

有李姓者、中州名醫。官吳下。與應雷談論。大駭嘆。因授以劉張書。自是江南有二家學。乾孫體貌魁碩。好擊刺戰陣法、後折節讀書。（折節・言頓改其舊所爲・屈已下人也・）兼通陰陽律歷星命之術。屢試不偶。乃傳父業。然不肯爲人治疾。或施之輒著奇效。名與金華朱丹溪埒。（明史方技）

明　沈晟、（晟・音成・日光充盛也・）字景暘。吳中卜者。永樂末、驛取至京。命午門上布卦。問英國公征交南事。占曰、明日正午當得捷音。至期果飛騎報捷。生擒黎賊。上大悅。賜鈔幣遣旋。（圖書集成卜筮部名流列傳）

明　邢量、字用理。長洲人。隱居葑門。以卜自給。陋室三間。讀書不輟。尤工詩。吳少宰寬。極重之。郡守或請其詩。量曰、古有采詩。無獻詩。吾豈以爲羔鴈哉。因削其稿。

明　袁景休、字孟逸。吳人。善爲歌詩。芒鞵竹笠。徧游吳越山水。歸而受一廛於吳市。以賣卜終老。詩多不屬草。林若撫口授其遺詩。存二百餘首。（以上乾隆江南通志隱逸）

明　文林、字宗儒。徵明父。長洲人。成化進士。歷太僕寺丞。建言時政十四事。告病歸。

後復守溫州。卒於官。林文學該博。雖堪輿卜筮。皆能通其說。尤精於易數。著有瑯琊漫鈔、文溫州集。（明史文苑文徵明傳）

明　張鳳翼、字伯起。長洲人。嘉靖甲子舉人。明史文苑傳。附見皇甫涍傳末。撰有夢占類考十二卷。是編取六經子史及稗官野乘所言夢兆之事。排比成書。分為三十四類。大抵摭集原文。略採後人之論。及以己見附之。（四庫提要子部術數類存目二）

明　李魁春、字元英。晚號篛叟。長洲人。明末諸生。國變後、高隱不仕。逍遙林壑間。喜種竹。方曲屏障。悉畫竹。名其齋曰竹隱。生平纂述甚富。經史子集。及陰陽卜筮之書。多鉤纂註釋。鼎革後、委諸燼。今存春秋三傳訂疑、痘科合璧。皆屬晚年刪定者。（錢儀吉碑傳集逸民上之下）

明　戴冠、字章甫。長洲人。生而穎異。篤學過人。其學自經史外。若諸子百家。山經地志。陰陽。歷律。與夫稗官小說。莫不貫總。而搜獮刳剔。必求緣起而會之以理。為文。必以古人為師。汪洋澄湛。奪迅轔轢。而議論高遠。務出人意。詩尤清麗。多寓諷刺。

尚書王恕雅重之。嘗訪以時務。大學士李東陽。亦深愛其文。弘治初、以選貢授紹興府訓導。罷歸、著禮記辨疑。氣候集解。濯纓亭筆記等書。卒年七十有一。（文徵明甫田集藏先生傳）

清

戴山人易、字南枝。不詳其世系出處。語操越音。數稱述劉念臺先生、及酉戌間事。蓋越之遺民云。來游吳門。年七十餘矣。蒼顏古貌。幅巾方袍。談論娓娓。喜吟咏。能作徑寸八分書。吳人傳客之先師徐俟齋、（徐枋・字昭發・號俟齋・明崇禎舉人・以父殉難・隱居不出・守約固窮・有居易堂集・俟齋集・乃潘耒之師也・）性行高峻。平居闔戶。不見一人。特與山人相得稱老友。先師暮年喪子。欲自營葬地。以告山人。山人曰、堪輿家言人人殊。且君無力延致吾粗明此術。當爲君求之。先師言先文靖公葬陽山。吾不欲離其側。子勿求諸他所。山人乃芒鞋箬笠。循陽山左右求之。久乃得一地。屬諸大姓。購之不得。而先師沒。僅一嫠婦一孤孫。饘粥不繼。謀葬先師於祖塋。而族人不可。山人曰、吾已爲俟齋任此事。不得地一日不了。於是棄絕百事。買小舟徧歷諸山村。舟所不至。徒步跋涉。高山荒谷。無不窮探。風餐水宿。無間寒暑。山人素不爲人相地。人亦無以是煩山人者。獨爲先師營度。費皆自辦之。經年乃得地於鄧尉之西眞如塢。以告某曰、地甚佳。又在梅花深處。與高士相宜。地價須三十餘金。無所出。某先以十金成券。餘將徐圖之。會某有黃盧之游。山人募於人。無應者。乃矢願賣字以買地。初求山人八分書者。非其人多不應。得者必厚酬。至是榜於門。書一幅。止受銀一錢。人樂購之。貲稍稍集。又相旁地當買者。並買之。凡四十餘金。而地畢入。某遠游歸。驚喜過望。蓋吳下營葬。惟卜地最難。地師既鮮良者。薄有名。卽高自標置。喪家具舟輿、備飮饌。同相視三四年。或不能得一善地。先師既憖遺孤孫。（憖・魚覲切・凝去聲・震韻・且也・發語詞・）族黨無相關者。某又遠隔百餘里。於何求之。則葬費雖重。猶易舉。某於是力任之義。故間有助者。又費七十餘金。而先師竟葬矣。既葬。山人復爲之培土栽樹。伐石立表。又費三十餘金。意猶未已。山人酷貧。寓無隔宿炊。冬月常衣綌。（綌・音隙・粗葛也・）其求地也。目之所營。神之所馳。無往不在是。黧面繭足。徬徨山谷中。不知疲悴。其賣字也。銖積寸累。悉歸之地。不妄費一錢、一蒼頭不能忍饑、輒辭去、寄食僧舍中。語及徐先生、必流涕、人多笑其迂、譏其愚、終不爲悔。至誠感人、事竟以集。嗚呼、先師簪纓世家、親族故舊甚衆、身後鮮過而問焉者。山人非有葭莩之親、簦笠之雅（簦、音登、笠之有柄、可手執以行者、爲今之傘、）徒以片言心許、不惜傾身命以踐之、無所爲而爲、豈非天下之高義哉、充是類也、豫讓之吞炭、嬰杵之藏孤、桃哀之併衣、保安之積絹、何所不可爲、山人不言其生平、然大略可知矣。山人作釣臺詩至數百首、有家不歸、年八十、避賀壽者之釣臺、旬月乃返焉。（清吳江潘耒遂初堂稿）

清　屠西爽、以卜筮名吳中、韓菼以內閣學士予假歸、康熙乙亥、奉召入京、韓問之、曰、公此行、官至尚書、然癸未即當南歸、過此不能歸矣。韓入都、累遷禮部尚書、超拜大宗伯、至癸未、始嬰疾、乞假未允、甲申病增劇、卒於位。王大司空鴻緒、時同被召命、聞屠語人曰、韓公此行不歸矣、果驗、屠亦以癸未年卒。（王士禎香祖筆記）

清　稽璜、字尚佐、長洲人、雍正己酉賜舉人、庚戌成進士、選庶吉士、乾隆間、歷南河東河河道總督、擢兵部尚書。卒年八十四。諡文恭。璜善風鑑。百不失一。嘗主乾隆乙未會試。揭曉中式者、初見卽鑒別無爽。分兩日識之前一日皆丹毫簡用者。內有二人不符。由途卽選。次日所延、則盡歸班矣。嘗言乙未一榜無宰輔。惟許紫垣、孫寄圃、一內一外。祿位崇厚。後果然。又嘗言金蘭溪、必爲臬司。後果由臬司、官大司寇。曹顧崖城、病右手、屢大考、不能作字、欲乞假。文恭曰、不出三年。當至二品。豈可去耶。曹後以學士督學山左。洊擢少宰。(洊・音薦・再也・清史稿曾錡傳・清稗類鈔方技・)

清

張錫祚、字永夫。長洲人。性好詩。無他嗜。始居橫山。從葉燮遊。移住葑門南園。再徙木瀆下沙塘。顏其居曰啖蔗軒。課徒賣卜。食貧厲節。數日不舉火。或采杞菊以食。而吟聲出老屋。晏如也。性耿介。不事交遊。與沈歸愚同爲葉橫山高弟。何義門太史聞其名。同陸元公積亟訪之。有閔其困者。欲稍潤澤之。先在夷然不屑。形似野鶴。又如瞿曇。(曇・音覃・雲布也・)不戴帽。好着屐。雖婦人女子見之。莫不知張先生而起敬焉。著有鉏茅集。高淡淳古。不減陶韋。其後益無聊賴。卒窮餓以死。年五十二。無子女。友人謀葬於靈巖山麓。陸穎（舊作陳炳。誤。）題其碣曰、詩人張永夫之墓。好事者每攜酒酹之。（酹。音類。以酒祭地也。）○（長洲縣木瀆鎮志逸民）

清　李自明、著有太乙統宗神數四十卷。乾隆乙卯刊。（統宗序）

清　何萬年、字永錫。長洲人。善推星命。決人休咎得失多奇中。韓菼爲作傳。（乾隆江南通志藝術）

清　蔣元益、字希元。一字漢卿。號時庵。長洲人。少有夙慧。於書無所不窺。自推祿命。利東南木火之鄉。果於丙運乙年乾隆中進士第一。官至兵部右侍郎。年八十一。卒。著有周易精義。志雅齋詩鈔。（淡墨錄）

清　蔣中孚、長洲人。以拆字著名。一人問生理。拈子字。中孚曰、大佳。一人繼至、問詞訟。亦拈子字。中孚曰、受尅太甚、不速避、將有性命之虞。人問其故。曰、前拈子字、適一女子走過。子旁着女、乃好字也。後拈子字、一貓在屋上躍去。子屬鼠、遇貓必傷、當即逃避耳。後中孚於中夜、聞砉然一聲、（砉。音劃。陌韻。砉然。皮骨相離聲也。）如重物墮庭中。起視一五十兩元寶也。取以易錢。被捕快擒獲到案。乃富室被盜原贓。官詢得其故。自書

一字令拆之。盜果如言而得。酬以元寶。賞之中孚。自後。不復設肆矣。（寄蝸殘贅）

清 宋思仁、字藹若。號汝和。長洲人。爲山東糧道。居官廉惠。勇於興革。聽訟如家人。反覆推求。必得其境。有古蹟、必訪求而表彰之。在粵西撰太平便覽。在山東撰泰山記。皆誌古今文獻。兼通星卜堪輿。能決人窮通休咎。有驗。引疾歸、十餘年。其疾也、倣謝石測字之術。以自卜。座客或舉蘭字。曰。吾病殆不起。蘭字有十二月之象中。從東十八日也。已而果然。卒年七十八。（蘇州府志）

清 彭遇時、蘇州人。垂簾賣卜。尤精於推命。自將命造細算。晚歲應享富厚之樂。而生平止有一運最佳。逐年逐月細校、止有一時爲極佳。但在冬夜子時。自念莫非應得藏鏹乎。屆期明燭俟之。屋瓦砉然。一罪犯赭衣鐵鏈。髮長尺許。叩頭求救。遇時自思正在佳運。救之當亦無礙。代去其髮。取敝衣易之。復將銀數兩助其行。其人詳問姓名、叩謝而去。十餘年後、忽有人邀往官舫。遇時疑欲算命、隨之往。一貴官迎待甚恭。叩謝恩人不絕。彭茫然。乃自述當年相救事。脫逃後、更易姓名。投効

軍營。累積戰功。現授浙省總兵。贈銀萬兩而別。遇時由是安樂餘年。不復設肆矣。寄蝸殘贅

24 元和縣 清雍正二年．析長洲置元和．與吳縣長洲．並爲江蘇蘇州府治．民國廢入吳縣．

清 惠棟、字定宇。號松崖。元和學生員。自幼篤志向學。於經史諸子、稗官野乘、及七經毖緯之學。無所不通。家貧、課徒自給。行義至高。乾隆庚午、召舉經明行修之士。所著書未及呈進、罷歸。戊寅五月卒。年六十二。棟四世傳經。恐日久失句讀。成九經古義二十二卷。於易尤精。著易漢學八卷。周易述二十三卷。凡康成之爻辰。虞翻之納甲。荀諝之升降。京房之世應飛伏。暨六日七分世軌之說。悉爲疏通證明。由李氏之集解、以及其餘。而漢代易學燦然。又撰易微言二卷。易例二卷。以闡明之。別有九曜齋筆記、松崖文鈔、竹南漫錄諸書。清史稿儒林附惠周惕傳碑傳集經學下之上

清 袁鉞、字震業。號清谿。又號匏隱。元和人。諸生。性拗僻。不諧於俗。工書畫。通歧黃。精命理。杜門教授。生徒甚衆。卒年八十有三。彭文燦畫史彙傳

歷代卜人傳卷三終

中國歷代卜人傳卷四

潤德堂叢書之八

鎮江袁阜樹珊編次

江蘇省四

25 常熟縣（晉海虞縣。南朝梁析置常熟縣。治南沙。城在今江蘇常熟縣西北。唐徙海虞城。在今縣東。宋徙今治。元升爲州。明仍降爲縣。清屬江蘇蘇州府。）

元　趙元行精於星命。取人之生年月日轉數至時。得五行之數。併以安命所屬。水一、火二、木三、金四、土五、日六、月七、總之過七五除。過九七除。用零數所配一星爲用。斷人壽夭休咎。多奇驗。（光緒常昭合志術數）

明　徐忠、字銘理。精於推測占候之法。官欽天監中官正。子景容、字景福。孫朐、（朐音劬脯也）字存一。堅、字伯溫。習天文。兼通陰陽地理之學。洪武初、徵入欽天監。曾孫佐、字朝卿。弟儀、字朝端。並承家學。佐有士行。慎取舍。嘗浚井得錢盈萬。以爲妻家所藏也。召妻弟至。盡以歸之。儀善詞章。教授里中。禮於有司。（光緒光昭合志術數）

明　汪宏道、字閬賓、遊金華、以陰陽五行、推人性情氣質、知其太過不及者、而諄諄導之於正、不專言前定之吉凶壽夭、使人廢人事、不修年九十八卒。（常熟縣志隱逸）

明　繆希雍、字仲醇、常熟人、故宦家子、孤貧刻勵、初教授里中、裹足讀書、里中人莫之識也、久之、揣摩成、出游賢豪間、規畫世務、所至傾動、與東林諸人、尤為友善、兼通靑烏肘後諸書、卽專門皆遜讓之、而公所重在氣節、曰、此吾之餘緒耳、初移家陽羨、又徙長興、又徙金壇、歲必兩度還里、祭掃先墓、著有先醒齋廣筆記、本草經疏、本草單方諸書。（明常熟龔立本煙艇永懷）

明　周永年、字修齋、善天文陰陽曆算、王時敏、贈以詩云、已超象數盈虛外、小試經綸燮理中。（康熙常熟縣志隱逸　光緒常昭合志術數）

明　金嘉元、字維岳、諸生、幼喜讀易、好五行卜筮之學、多奇驗、著占說二篇。（光緒常昭合志術數）

清　錢陸燦、字湘靈、號圓沙、常熟舉人、生明季、為諸生、已有名於時、陸燦治經、長於言易、每月筮一卦、以六日主一爻、占動靜休咎徵、輒有驗、為詩古文皆工、以其學教授。出游揚州、金陵、常州。晚而歸里。弟子著錄者數百人。所著有調運齋集。

清　單德棻。字孔昭。常熟人。資器英異。家貧好讀書。狂簡不偶於俗。年十三。應縣試。見儕輩雜處堂下。縣吏抱牘呼名序進。便却走疾出。自此不復爲舉子業。至如經傳子史之文。鐘律星朔之旨。不由師授。而能強記。乾隆丙子年卒。年三十有四。著有天文占驗易圖說等書。（以上宜興吳德旋初月樓聞見錄）

清　陳三恪。字象賢。常熟人。年十八。代其父士介教授。早夜力學。旁通堪輿卜筮壬遁風角家言。捃摭成書。（捃・君・去聲・摭・音隻・陌韻・捃摭・拾取也・）名曰海虞別乘。（同治蘇州府志藝術）

清　袁永信。字李達。居堈門涇。善青烏術。爲人質直。年九十六卒。（光緒常昭合志藝術）

清　王有德。常熟人。善卜。決人禍福不爽。古之蜀莊也。少時貧甚。除夕幾不能舉火。謂其婦曰。吾聞城隍神甚靈。元旦第一人入廟焚香者。必獲福。我明日有此意。而無香與燭。奈何。婦曰。君無憂。我囊中尚有五文在。可以辦此。既寢。夢神謂曰。爾勿患貧。廟中香爐下有錢三文。爾其往取之。衣食在是矣。有德覺而異之。天未明。即起盥漱。急趨至城隍廟。人猶寂然也。適有賣香燭者至。即以五文買之。未幾而廟門啓。乃燃香燭入拜。拜既畢、因夢中神語、試從爐足覓之。果得光背錢三文。後世占者以錢代蓍、必用光背。蓋命之以卜也。有德歸而習之。垂簾市門。日獲錢數百。遂植其產。後其孫、曰俞中。崇禎癸未科進士。而曾孫、澧與之同榜。父子連鑣。邑人稱爲雙王云。清常熟王應奎柳南隨筆

26 昭文縣本常熟縣地。清雍正二年。析置昭文縣。屬江蘇蘇州府。民國廢入常熟縣。

明　馬天用、字遂良。精青烏術。洪武初。薦入京試藝。居天下第一。成祖在藩邸、天用進見、應對稱旨、賜以睿翰。光緒常昭合志藝術

明　鄭秋澤、以星命行長洲。有二吏欲謁選、就鄭卜。鄭曰、勿問功名。一月之內、能全首領、幸矣。二吏愕駭、鄭又曰、數也。二吏悒悒不樂。謀往茅山避之。舟至無錫。邂逅一人。拉往杭州。留連半月。跡其人乃宿盜也。忽被邏卒掩捕。二吏亦混執論死。久之、訴冤上官。方得減戍。光緒常昭縣志術數

丁鷺、字鷺洲。順治間諸生。精堪輿之學。注陽宅斗首書。雍正昭文縣志術數

27

吳江縣 漢吳縣地。唐松陵鎮。五代吳越置吳江縣。元升為州。明仍降為縣。清屬江蘇蘇州府。

元 盛興、字敬之。吳江人。初為震澤教諭。陞錦州學正。兵興、參謀浙省軍政。擢崇德州判官。好古博識。醫卜地理之書。靡不通究。著滴露齋稿。吳江縣志藝術

明 袁黃、字坤儀。一字了凡。吳江人。萬歷丙戌進士。授寶坻知縣。今屬河南省。坻、音遲。省重役。裁苛派。築堤扞海水。闢曠土。擢兵部職方主事。時有援鮮之師。黃疏請赴軍前贊畫。遺奇士馮仲纓金相、往說倭將。約盟解甲。事垂成。為閫帥所忌。遂落職。天啓改元、追敍東征功。贈尚寶司少卿。黃博學尚奇。凡河洛象緯律呂水利農政。旁及句股堪輿星命之學。莫不究涉。著有皇都水利。祈嗣眞詮。評註八代文宗。兩行齋集、歷法新書。羣書備攷。嘗導人持功過格。鄉里稱為愿人。乾隆江南通志宦績。康熙吳江縣志宦績○珊按。彭紹升撰了凡先生傳。謂為江南吳江人。了凡之先。贅嘉善殳氏。遂補嘉善縣學生。隆慶四年庚午舉於鄉。萬歷十四年丙戌成進士。授寶坻知縣。是以光緒浙江通志循吏。亦載黃為嘉善人也。

明 楊蓺、字碩甫。吳江人。其師松仙鬼谷子之流。蓺以數行常熟。人有問焉。輒書隱

語以答後必奇中。或匿其所問事、不使知。對亦如響。從瞿式耜於廣西。式耜殉國。蓺收屍付其孫歸葬。人謂蓺非術士、蓋義士也。同治蘇州府志藝術

明　皇甫焯、字文含。少聰敏。博學能文。旁究六壬遁甲之術。崇禎十年丁丑、以明經對策京師。有試其術者、叩以本日休咎。焯占之曰、今日主馬驚。其人哂曰、吾此馬服之二十年。騁高凌阻、如履康莊。何致泛駕爲哉。將歸、謂御者曰、善控之。毋令皇甫先生笑也。行未二里、馬遇駝、駭而奔。其人僅免。心服焯之奇中。自此名震京師。康熙吳江縣志藝術○珊按同治蘇州府志・載皇甫焯爲淸人・非是・

明　徐師曾、字伯曾。吳江人。年十二。能爲詩古文。長博學。兼通陰陽律曆、醫卜篆籀之說。嘉靖間、舉進士、選庶吉士、歷吏科給事中。頗有建白。世宗方殺僇諫臣、言官緘口。師曾遂乞休。著周易演義大明文鈔等書。康熙吳江縣志儒林

明　盛倫、字文敍。寅姪。性明敏。少傳醫學。又遇異人授堪輿家書。尤精其術。人以疾求療及相地者。門無虛日。以上康熙吳江縣志藝術

28 崐山縣 漢婁縣・南朝梁・分婁縣置信義・又置崐山・元升爲州・明復爲縣・清屬江蘇蘇州府、滬寧鐵路經之・蘇州府志云・舊治在崐山北・後遷馬鞍山下・故稱馬鞍爲崐山・

明　周仲高精天文地理之學足跡半天下善徵休咎時方承平自錢塘來崑山曰、天下兵且起吾卜地莫如婁江善遂居焉已而錢塘燬於兵崑果無恙洪武初、郡邑建署及神宅宇相方定位卜日選辰皆出其手縣令呼文瞻爲畫像贊之 圖書集成堪輿部名流列傳

明　鄭若曾、字伯魯崑山人、幼有經世之志凡天文地理山經海籍靡不周覽嘉靖中、島寇擾東南總制胡宗憲大帥戚繼光皆重若曾才事多諮決後以倭平議功、論授錦衣職辭弗受所著有籌海等書 乾隆江南通志武功

民國　張芬、字敬敷號仲芳崑山人廩貢生歷任阜寧、江寧縣學訓導研經鑄史之餘篤好卜醫對於地理女科尤多卓識辛亥後僑寓蘇州精神矍鑠猶復以醫濟世己未重游泮宮友人戲謂之曰泮水重游張敬敷崑山不住住姑蘇住兒住婦同輿學獨自懸壺號大夫其旨趣可見甲子年卒、壽八十有四、所著詩文集等書藏

於家。（蘇紳重游泮宮小志）

29 新陽縣（本崐山縣地。清雍正二年析置。屬江蘇蘇州府。民國廢入崐山。）

清

沈張坊、字組佩。新陽人。庠生。善堪輿。居嘉定。一日謂錢竹汀之尊人曰。汝家房門不利。是以年逾三十尚未得子。當閉之而別啓戶焉。如其言。期年而竹汀居士生。（錢辛楣年譜）

30 武進縣（春秋吳延陵邑。漢置毗陵縣。晉分置武進縣。梁廢。故城在今江蘇武進縣西北七十里。唐復置。即今治。清與陽湖縣。並爲江蘇常州府治。民國廢府。以陽湖幷入武進。地當運河之濱。滬寧鐵路之中心點。水陸四通之地也。土沃宜農。蠶絲亦盛。豆米爲出產大宗。）

漢

陸瑜、字仲芳。毗陵人。（毗陵。即今武進縣治。）操履清正。明京氏易。尚書。尤精風角星算。辟主簿。謝病去。隱會稽山。以典籍自娛。公車再徵。皆以病辭。（乾隆江南通志隱逸。光緒武進陽湖縣志隱逸。）

南齊

蕭惠開、南蘭陵人。（蘭陵。晉置。故城在今江蘇武進縣西北九十里。南齊末廢。）少有風氣。涉獵文史。初爲祕書郎。累官都督益寧二州刺史。卒年四十九。惠開雅有知人鑑。謂人曰、昔魏武爲洛陽北部。時人服其英。今看蕭建康。（時齊太祖蕭道成。爲建康令。有能名。）但當過之耳。（宋書本傳。南史齊本紀上。太平御覽方術部相中）

南宋　韋叟、晉陵人。善相術。宋武帝、始爲鎭軍將軍。桓修令相帝當得州否。叟曰、當得邊州刺史。退而私於帝曰、君相貴不可言。帝笑曰、若相中。當用爲司馬。其後受晉禪。叟詣之曰、成王不負桐葉之信。公亦應不忘司馬之言。今不敢希鎭軍司馬。願得領軍佐足矣。卒與之。南史宋武帝紀光緒武陽合志藝術

明　唐順之、字應德。武進人。嘉靖己丑、會試第一。官至右都御史。庚申年卒。年五十四。崇禎中、追謚襄文。順之於學。無所不窺。自天文樂律地理兵法弧矢勾股壬奇禽乙。莫不究極原委。盡取古今載籍、剖裂補綴。區分部居。爲左右文武儒稗六編。傳於世。學者不能測其奧也。明史本傳

明　吳傑、字士奇。自號暘谷。武進人。其爲醫、始傑之高祖肇。父寧、贈太醫院判。傑之學、自靑烏氏書風角雲氣占經等。李虛中子平之術。金丹內外祕訣。無所不通。醫特其一技耳。然竟以醫致大官。年七十八、卒。唐荆川文集暘谷吳公傳

明　曹一江、武進人。善星命。負盛名。唐翰林荆川贈詩有云。春雨蘭陵江草生。江流

恰與道心清門前車馬日來往閑坐江城說子平少讀陰符恥末工青山偃仰漸成翁人間炎冷都忘盡聽話流年一笑中。（荊川文集贈曹星士一江）

清

呂宮、字長音、一字蒼忱、號金門、武進人、明崇禎癸酉舉鄉、宮遂於易筮得否之泰、曉然於小往大來之運、遂不赴公車、獨深求體用經濟之學、游揚州、嘗晦跡謝交遊、獨居僧寺、迨國朝定鼎、宮復筮易、遇乾九二、遂趨京師、順治丁亥擢一甲一名進士、授祕書院修撰、累官弘文院大學士太子太保、康熙甲辰卒、宮立朝矜尙氣節、雖持大體、不立異同、獨辨流品、於前明閹黨、屛之尤嚴、著撰甚富、授門人吳侗校理、遂失之。（清史稿列傳錢儀吉碑傳集開國宰輔）

清

董達存、字華星、或作化星、武進人、乾隆壬申進士、授國子監助敎、告養歸里、家傳有青囊書、達存精其業、決休咎奇驗、人爭迎致之、遇所不可、夷然不屑、所得餽贈、建宗祠、置祭產、餘以濟貧乏、時東郊建普濟堂、達存捐金倡焉、初壬申將會試、須僦屋貢院前、趙甌北與約同寓、時趙客汪文端第、文端爲其賃一宅、趙不敢却、乃囑妻弟劉敬輿、與董偕。董所親擇者也。符天藻、亦與焉。二場後、趙詣董、私詢以寓內當中幾人。答曰、三人俱雋。恐符或失之。蓋夜臥須按本命定方位。而符懷疑不我從也。出榜、董劉果成進士。趙與符、落第。江蘇巡撫莊有恭、嘗延董相衙署。董爲改葺數處。既落成、莊將出堂視事。董止之。爲擇一吉日時、而出。屆期坐甫定、轅門外忽傳鼓報喜。則加宮保之信適至。康文伯基田、令昭文時。以家有子弟應秋試、預叩董。董詢其先塋何向。教之某方立一燈竿。子弟之某年生者、當發解。已而果然。武進縣志藝術 淸稗類鈔方技 錢塘諸可寶疇人傳三編

淸 莊述祖、字葆琛。武進人。乾隆庚子進士。官山東濰縣知縣。遂辭官養親。譔古人甲乙篇。謂許氏始作偏旁條例。以序文字。始於一、終於十、日十二辰、此六書之條例所從出。合於爾雅歲陽歲名。以明十二支藏遁之法。有歸藏之義焉。凡天地之數日辰干支、在黃帝世、大撓作之。隸首紀之。沮誦倉頡名之。以書契易結繩。故伏羲畫八卦之後。以此三十二類爲正名百物之本。故歸藏黃帝易也。古籀條例皆

由此出。又謂歸藏首坤。坤辟亥。亥、壬甲之所藏也。則六壬。六甲之占。皆本於歸藏。也。另著明堂陰陽夏小正經傳考釋明堂陰陽記長編校正白虎通別錄。天官書補考。詩文集等書。清史稿儒林錢儀吉碑傳集乾隆朝守令下之下

清　楊方達、字符蒼。一字扶蒼。武進人。撰易學圖說會通八卷。自序云、尋繹宋元經解、及近代名家纂述。見其精研象數。或著爲圖。或著爲說。有裨易學者、類而錄之。左圖右說。集成八卷。一曰太極探原。二曰圖書測微。三曰卦畫明德。四曰變互廣演。五曰筮法考占。六曰律呂指要。七曰外傳附證。八曰雜識備參。大旨以朱子本義九圖爲主。而博采諸家。間附己見。蓋專講先天之學。故前列周子太極圖說。後論律呂八陣圖。而不及乎辭占云。四庫經部易類存目四

清　王光燮、號藝山。武進人。乾隆丙辰、以五經舉順天試。明年丁巳科、成進士。歷任廣東博羅、定安。直隸雞澤、廣平、邯鄲。江西安遠、廣豐、宜黃。福建莆田。將樂等縣。頗著政聲。光燮素善子平術。常言吾行年六十九。恐不利。每嘆曰、仲翁知止。薛公縣

車。吾雖百不及二子。又可默墨長違首邱之義。及補連江、竟不就。循粵東歸。以乾隆庚子二月卒。年果六十有九。（錢儀吉碑傳集乾隆朝守令中之下。）

清

張雲英、字楊烈。武進之滆溪人。乾隆戊申舉人。嘉慶戊寅、大挑二等。凡爲舉人三十年。年六十有六矣。君少孤酷貧。自爲諸生。始設家塾。招集鄰里子弟爲之師。所居既湫隘。童子數十人聯袂接席。時時嬉笑詬誶。君呵叱聲、與童子誦讀聲相聞。終日不得息。已而歲歉收。童子稍稍謝去。君益無以爲養。乃於宜興之和橋假一椽爲卜肆。卜頗中。日或得數百錢。和橋距滆溪、數十里。君晨往暮歸。爲太夫人言是日所卜中否。因陳說古今星算之術。以爲笑樂。非甚風雨。太夫人必開門待君。母子相顧欣然。不自知其貧而將老也。（阜按・雲英先生・固是孝子・其太夫人亦眞賢母也・佩甚。）雲英四與大挑。始得列二等。二等都若干人。君次第五。四人者、同日選教諭去。而君以肺疾發。卒於寓舍。不及選期者二十日。嗚呼、可哀也已。君之將入都也。自卜之語其家人曰。吾此行當得官。然不及選也。至是疾發。里人有述其言者。然亦不虞其果驗也。（陽湖陸繼輅祁

清　邵一庵、毘陵人。治形家言。不忍以地誑人。道吉凶。無譌。與蒼如上人善。遊孟河必主之。有以百金延一庵卜穴者。主人曰吉。一庵曰不吉。或曰厚利也、姑順之。一庵戚然曰、奈何重百金之利。而輕五世之澤乎。天下有三無恥。世每以神明事之。謀館如鼠。得館如虎。鄙主人而薄弟子者。塾師之無恥也。賣藥如仙。用藥如顚賊人命而委天數者。醫師之無恥也。覔地如瞽。談地如舞。矜異傳而謗同道者。地師之無恥也。其誤人也易。而其自罰也速。天之所弗宥也。雖其誤無心。然逞無本之學。以恣無心之毒。有心則可、以悔而不爲。無心則終於爲而不悔。自以爲是。而無所忌憚。乃小人之尤者耳。奈何重百金之利。而輕五世之澤乎。一庵謂蒼如曰。祖塔有水。盍遷之。既遷。一庵推以遁甲。歲壬子。土木大舉。是年果建北樓。陳星野題曰、梧月。明年復建祖堂。廢室皆整。耆獻類徵初編　孫撰候選敎論張君家傳

清　孔璞、字豈凡。游庠後。不與科歲試。通曉歷算。準步天歌。取經緯星度。依十二月

爲十二圖。又以五夜躔次、分爲五圖。中夜覘察。尤精。奇。門。遁。甲。之。術。嘗途遇一人。謂曰、子有大禍。速歸、毋出戶。其人歸、憂懼。潛至璞所求救。璞見驚曰、子毋來、禍且立見。是日爲仇家殺於途。璞兼習孫吳書、酒酣放言、滿座傾動。光緒武陽合志藝術

清 張惠言、字皐聞。武進人。少受易經。卽通大義。年十四、爲童子師。修學力行。敦禮自守。人皆稱敬。嘉慶己未進士。時大學士朱珪、爲吏部尚書。以惠言學行、特奏改庶吉士。充實錄館纂修官。辛酉散館。改部屬。珪、復特奏授翰林院編修。壬戌卒、年四十二。惠言生平精思絕人。嘗從歙縣金榜問故。其學要歸六經。而尤深易禮。著周易虞氏義九卷。虞氏消息二卷。虞氏易禮二卷。虞氏易侯一卷。虞氏易言二卷。茗柯詩文五卷。詞一卷。又著青囊天玉通義五卷。清史稿載入術數類、相宅相墓之屬。清史稿儒林

清 黃乙生、字小仲。景仁子。少孤。刻苦於學。幕游廣東。爲巡撫朱珪所重。道光辛巳、詔舉孝廉方正。未赴卒。乙生治鄭氏禮、貫穿諸經。如鑿趨海。又好楊曾之書。凡廖

詞隱語。（廋：叟：平聲：與廋通：匿也：）彼術中所謂祕而不洩者。皆發其蒙。嘗以語世之號爲知地者。知地者不能解也。唯董士錫晉卿善之。（續碑傳集文學）

清　董士錫、字晉卿。一字損甫。武進人。嘉慶副榜貢生。候選直隸州州判。從其舅張惠言學。工古文詩賦。河督黎世序、聘修續行水金鑑。士錫又精虞氏易。好治陰陽五行家言。殫心者數十載。嘗曰、世之言奇門六壬相墓者。皆各自爲學。吾獨求其原於易。一以貫之。然求之愈深。聞者且駭。恐世之卒莫予知也。著齊物論齋集賦二卷。文六卷、家譜一卷。詩八卷。詞一卷。遁甲因是錄二卷。未成者遁甲通變錄。形氣正宗賦、家譜、詞、已刻。餘未刻、藏於家。（續碑傳集文學）

清　馬文植、字培之。武進人。世業醫。尤精外科。同光間、負盛名。嘗奉詔入診。奄人索賄急。遂辭歸。於堪輿學。頗有研究。嘗謂地理之學。理氣巒頭二者不可闕一。舍巒頭。專言理氣。則易涉渺茫。舍理氣。第講巒頭。則難窺奧窔。理氣無形。領悟已深。必驗之巒頭。庶所學有據。巒頭有形。游歷既久。必證以理氣。庶所見皆眞。蓋理氣與

拆頭。實相因而成。議論透闢。人每服其言。著有醫略存眞。地理辨正續解序

清　大不同某拆字者之別號也。光宣間寓常州城隍廟。設攤營業。名噪一時。有某店夥之紗帳被竊。薄暮始覺。往求拆。時大不同、已收攤矣。因令隨舉一字以拆。店夥寫四字。大不同曰、無妨。君所失爲紗帳。今已有人懸於他處。君觀四字之形、因懸掛之象也。速覓、或可得。店夥曰、否否。君所拆者、爲眞體四字。而余所舉者、爲草體四字。無乃誤乎。大不同曰、若然、則贓已難覓。僅可購備蚊煙一圈。以禦蚊矣。蚊煙一圈、亦象草體四字之形也。又有一尼姑、拈靑字令拆之。問何事。曰、終身。大不、同曰、清不清。靜不靜。出家恐不利。若立定主意。擇人而事。則尚有生育之望。蓋靑字之上截、似生字。而下半截、則育字之底也。尼忸怩而去。有知其事者。則謂尼固不守清規。久有還俗之意也。清稗類鈔方技

31 陽湖縣 本武進縣地。清雍正二年。析置陽湖縣。以縣有陽湖名。與武進並爲江蘇常州府治。民國廢入武進。縣人在淸時。多諭古文名。世稱陽湖派。

清　葉楷字蔭初。弱冠、補弟子員。習堪輿家言。吉凶言人人殊。惟楷通究原委。當衆

家聚語、從容答辨、終莫能窮。同時吳遹大、（遹：音律。循也。述也。）字公求。爲人孝友直諒。亦精堪輿之學。言休咎輒驗。著有地理心傳及出向分金法纂論。（光緒武陽合志藝術）

清

趙地山、精青烏家言。著有地學源流。李申耆太史兆洛序其書曰、天曰文。地曰理。人曰事。天不可以實求。卽恆星七政之經緯錯綜者著之。人不可以虛立。卽視聽言動之日用行習者範之。地據質而儀天。山川原隰。曲直起伏。有脈絡條縷以綰貫於其中。如人之四肢百骸。渾然塊然。而氣之流行分布。自有徑隧。卽所見以求其理。而陰陽向背開闔行止動靜盛衰生死之變效焉。故又曰脈。亦曰防。（防：音勒。地理也。段注。考工記曰。凡溝逆地防。謂之不行。注。謂脈理。凡有理之學。皆從力。防者地理也。朸者木理也。泐者水理也。）觀文以象。治事以禮。別理以形。形者所以形理也。理不可見。形而後實。形而後定。今之言地理者。多雜五行。家言五行者。言其行於天地人之間。天地人之所共也。天之五行在象。人之五行在禮。地之五行在形。舍形而空言干支方位之五行。則無實。無實則無定。是離本也。地山趙君。專精青烏家言。薈萃昔人論說。門分而類別之。一以山川流峙聚散之實爲宗。

諸家氣運輪轉控制之術。亦博採焉。說必賅備。語必易曉。成書二十一卷。題曰地學源流。蓋問途者之指南也。夫藏伏之理、見於有據之形。形百變、理亦百變。或形變而理不變。或形不變、而理變。依形以求理。未必其悉中也。而況以無形求無形乎。地山又著宅經寶鑑。太史序之曰、墓不徙而宅可徙。死幽而生明。死靜而生動也。明故知向。動故乘時。卽太乙之不常厥居也。天子法之爲明堂。百姓法之爲戶牖。禽獸法之爲巢窟。昆蟲法之爲蟄振。九宮者五行之散布。陰陽之錯綜。聖人不出戶知天道。用此也。都邑之人達而漓。野鄙之人僿而愿。山谷之人樸而悍。江湖之人剽而肆。地使然也。入其家。門院洞達者。子弟多軒昂。居處幽閒者。子弟多秀美。庭宇阨塞者。子弟多闇陋。房戶窅曲者。（窅音杳。深也。）子弟多邪私。廬舍散碎者。子弟多乖分。宅使然也。或始盛而中衰。或前沈而後揚。或彼福而此禍。或乍微而乍顯。數使然也。明乎往來伸縮之故。則陰陽五行之用。可窮本而知變矣。故精義以致用。利用以安身。諺曰、制宅命子。足以觀士。辨方正位者。天子之事也。辨物居方者。

君子之事也。五行九宮。所以辨物也。盈虛消息。所以居方也。地山既成地學源流。又爲宅經寶鑑。問序於余。余不能數白道黑。而於天人之際。竊嘗聞之矣。故舉其所知者以復焉。地山又著選擇寶鑑。太史序之曰。古人諏日以卜。而用剛用柔。惟戊惟午。厥有故常。褚先生補日者傳。稱有五行家、堪輿家、建除家、叢辰家、歷家、天人家、太乙家。皆日者也。堪輿。即今之造宅造葬。建除。即今通書。叢辰。即今星煞禁忌。歷家、天人家。即今推命。五行太乙。則其本法也。自唐以降、其說日繁。局於術而不務大道。迷眞背本。苟譁衆以取利。地山病其然。羅列衆家。旁及外國之說。闢其非、糾其舛、衷諸是。可謂勞心濟人者歟。養一齋文集地學源流宅經寶鑑選擇寶鑑序○皋按。清史稿載李兆洛。字申耆。嘉慶乙丑進士。選庶吉士。改令鳳臺。在縣七年。以父憂去。遂不出。主講江陰書院。以實學課士。其治經學、音韻、訓詁、訂輿圖攷。天官曆術。自著養一齋文集。吾觀其集。載有爲趙地山三書之序。本本原原。不偏不倚。知先生於陰陽卜筮堪輿選擇之學。亦必具有深切之研究也。

32 無錫縣 漢置。封東越降將多軍爲侯邑。三國吳省。晉復置。元升爲州。明復爲縣。清屬江蘇常州府。地當運河之濱。滬寧鐵路經之。商業甚盛。江南米市多粹於此。新工業亦頗發達。民國十一年。自闢爲商埠。

明 郭文顯、賣卜錫山。推人禍福神驗異常、倪雲林先生贈詩有云。昔者馬季主賣卜如有神。郭君言禍福。奇中季之倫。顧我年衰野而贛。尙復紛紛嬰世網。爲卜明年春水生。欲問桃源刺漁榜。刺・音辣・魚躍曰跋刺・亦曰潑刺・與刺字別・○倪雲林詩集卷二

明　袁觀海、字天恩。嘉靖庚戌貢。入都。阻風濟上。縱步入村落。抵小山、衡門曲徑。煙霞蔚然。有老叟映竹觀書。謂觀海曰。君稟殊秀。其柳莊後乎。吾將授子天地之祕矣。乃以柳莊遺祕半卷授袁。因爲講解。徹奧。日昃出飲食共餐。又講至日沒而別。問其姓名不告。觀海入都。陰察諸貴人形色。無不驗者。任學博六年歸。家人謂曰、鄰人孫雪窗、庚戌八月生兒。光怪極多。月華滿巷。袁請見。時少宰七齡矣。一見加額曰。耳眼鼻額。俱合大臣貴局。特淸甚。稍薄。無高貴耳。復觀其手。柔纖瑩白。掌文透甲。益大喜曰、相傳唐學士皐之掌如是。後必有大名。時少宰本名承宗。因袁言、改名繼皐。唐皐正德甲戌狀元。少宰萬歷二年狀元。亦甲戌。若前定者然。錫金識小錄方技

明　顧節、字公理。無錫人。性伉質。好面折人過。常減息緩急於人。然晚年所殖益厚。善許負術。自謂其女當大貴。時邵文莊寶、三歲喪父。家甚貧。無肯以女妻者。節一

見之。喜曰、吾女之貴。乃在此子也。即許字焉。且撫視備至。後人以此服之。圖書集成相術部名流列傳○阜按，邵寶，字國賢，無錫人，成化進士，官禮部尚書，卒謚文莊，著容春集等書。

明　華善繼、字孟達。精星術。著有三命珠鈴。璿璣抉微。五星元珠等書。其學直抉躔度歲差之祕。時為天文學者、不能及也。嘉慶無錫金匱縣志方技

明　馬治、字孝常。宜興人。後定居無錫。工詩文。善書畫。兼通風角地理醫術。以避張士誠辟。遯於緇流。名元行。洪武中、搜訪士人避匿者。囚入都。詔願仕者釋之。治涕泣受命。除內江令。擢建昌路同知、攝守事。值寇亂。繕城池。厲兵堅守。身立埤堄間。不舍晝夜。寇解去。歲餘。以末疾免歸。淡泊寡營。獨好吟詠。有荊南集。其詩如意緣多病懶。詩是苦吟遲。孤柳風難定。叢篁雨不欹。漁人自泊門前柳。野老來尋沙際田。性懶邊韶惟有睡。憂深王粲自多才。題小像云、自嘆乘驢碧山裏。也勝立馬陣雲橫。虛名付與悠悠者。風雨荒岡獨自行。俱淸雅可誦。錫金識小錄方技

清　王選、字衆舉。晚號同樗。學士達善、族孫也。通經、尤精周易。間為人占。多奇驗。季

主君平不過也有從弟名逸得玉靈經而究之龜卜最靈逸之孫雪涯成宏中有聲傳其術御史朱直齋未第時於辛酉元旦請占曰不特君捷必族有一人同捷別去行數武龜復有聲再問之曰聯捷兆也援筆誌之是年御史與從子成齋同舉明年壬戌成進士（錫金識小錄方技）

清　施仲達通易理善卜筮乾隆時河督高晉延諸幕中使決休咎皆奇驗後游於都益有名子孫傳其學（光緒無錫金匱縣志藝術）

清　汪傑南昌人善堪輿術邑馮美涵者家貧好客傑嘗寓其家指一地曰葬此子孫發祥以報十年厚意美涵買其地時有諸生鄒圖南者亦精此術馮將治窆（窆音貶窆葬下棺也）鄒爲之審視曰特可發一代耳然富貴壽三者俱全也馮葬後生子有年號補齋權稅歸人號十萬年七十卒子孫不能守（錫金識小錄堪輿）

清　蔡與偕字維亨稱秀才巽等家甚貧習星命於施御風盡得其祕客或悼其鬱滯笑曰吾年近艾乃獲奏捷三年中當致萬金客誚其迂答曰富貴逼人不可强

也。至癸酉甲戌聯捷任支郎權關九江貲財逾萬愉適十年而卒。（錫金識小錄星相）

清　倪榮桂、字月培諸生。嗜學能文究心天文象數諸書及青烏家言著有中西星要二卷。（光緒無錫金匱縣志藝術）

清　秦士鑰、字書隱原名德涯。無錫人。占籍吳縣爲諸生。馬君常先生弟子也。家貧。垂簾賣卜日得百錢養繼母人稱其孝著書隱集（吳德旋初月樓續聞見錄）

清　章仲山、自號無心道人無錫人。於蔣大鴻地理辨正一書獨悟眞詮熟推生尅制化之用吉凶消長之理神明其道於大江南北已三十年爰依辨正引伸其說。成直解若干卷殆深有得天地造化之所以然而於元空之祕則幾乎洩矣（辨正直解李述來序）

清　丁學、號玉泉精星理多奇中方楊應文爲諸生時困於訟。玉泉謂君當於乙酉賓薦己丑成名與侯少芝當同官時侯已爲給諫應文果於乙酉己丑捷兩闈不三年與少芝同列諫垣矣唐麗環舉鄉科決其不壽三年唐果卒。（清黃印錫金識小錄邑志補遺）

清　薛福成、字叔耘。號庸庵。無錫人。性孝友。喜觀儒先性理書。稍長、縱覽經史。好爲經世之學。中式同治丁卯副貢。光緒間、參曾文正、李文忠幕府。除湖南按察使。內擢卿寺。出使英法義比諸國。嘗爭於英廷。創設南洋各島領事。歸陞左副都御史。光緒丙申、歿於上海行台。年五十有七。福成初私淑姚江王氏。以收斂身心爲主。自師事曾文正。學識日大。凡歷史掌故。山川險要。以至兵機天文陰陽奇遁之書。靡不鉤稽講貫。洞然於心。故遇事立應。略無窒礙。近世士大夫。謂本理學而談洋務者。先生一人而已。著庸庵文編。筆記。海外文編。出使英法義比日記。浙東籌防錄。清史稿本傳碑傳集補使臣○庸盦筆記云。占驗家謂五星同在一次曰合。同在一宿曰聚。咸豐十一年八月丁巳朔。有日月合璧。五星聯珠之瑞。從塡星也。歿是日卯正。日月同在張八度。歲星熒惑。在張五度。太白在軫三度。塡星在張九度。辰星在張七度。蓋日月與木火土水四星。同聚一宿。惟太白在軫。然與日月及水土二星。相距不滿三十度。則猶可謂之合也。尤難遇者五星皆順行。而無遲留退逆之愆。且皆晨見而不伏匿。斯所以爲盛瑞也。是歲官軍卽以八月朔日卯刻。克復安慶。由此各路大帥相繼奏捷。甫逾一紀。而粵撚苗回諸巨寇。以次蕩平。中興之功。何其偉也。占驗家又謂自張至軫。爲楚分野。是時輔翊中興者。如曾文正公。胡文忠公。江忠烈公。羅忠節公。李忠武公。李勇毅公。以及今相國恪靖侯左公。巡撫威毅伯曾公。陝甘總督楊公。兵部侍郞彭公。皆係楚材。可云極盛。惟今相國肅毅伯李公。所屬淮部諸將。皆係皖人。然春秋時。皖北安廬鳳潁六郡。本皆楚地。則分野占地之說。似不誣矣。沈約宋志。謂周將伐殷。五星聚房。齊桓將霸。五星聚箕。漢高入關。五星聚東井。大抵皆降盛治平之象。然則中興景運。尙未艾也。天文家又謂歲星所在之分野。其國有福。伐之者敗。春秋時。越得歲而吳伐之。史墨以爲必受其殃。既而吳果爲越所滅。同治丁卯四五月間。捻酋任柱、賴汶光等。竄入山東登萊靑一帶。官軍依膠萊河築牆而守。蓋欲拘之海隅。而以勁兵驅殄之也。余於五月抄。夜觀歲星在危宿。光甚明亮。夫虛危齊之分野。乃濟東泰武登萊靑諸郡也。登萊靑得歲而賊擾之。理當敗滅。余謂論地勢。則如獸入阱中。論天時。則彼自犯歲星。不滅何待。俄而賊乘膠萊河尾海灘乾涸。尙有數十里營牆未築。潰防而出。余拊髀驚歎。以爲天時地利。究難盡恃也。幸今伯相李公。早依運河築牆。以防賊之竄逸。賊猛撲河牆。不能逞志。迨九月間。路軍會合。諸軍擊之。安邱濰縣之間。槍斃任柱。竟殲巨股。仍在虛危分野也。余乃信天時地利。實有可憑云。

清

溫榮鑣、字明遠。無錫人。著地理辨正續解四卷。無義不晰。無語不暢。凡八卦九宮。元空五行。流動變化。順逆錯綜。顚倒之法。一一推闡盡致。學者得此。開卷了然。從天運無形之氣。求龍穴砂水之所在。後指龍穴砂水之處。悟天運無形之眞機。消息自通。取用自合。不致有多歧之歎。非榮鑣討論之深。領會之神。親歷之遍訪。道之殷。鮮克有此至精且審之論。（辨正續解馬文植序）

民國

吳豫祖、字日永。別號惠思道人。無錫人。天性純孝。馴謹好學。肄業上海約翰。精研格致。成績優越。爲校長卜芳濟博士所器重。畢業後、忽政忽商。克盡厥職。人皆稱之。先後居父母喪。哀毀盡禮。每歲元旦。必徒步省墓。以展孝思。齊盧之役。黃渡、安亭、蹂躪最甚。豫祖與楊紳翰西、撥款急賑。全活無算。又喜表彰文獻。迭刊其外王父侯子勤公遺著古杼秋館詩鈔、禹貢古今通釋、圈點孝經集註、及弟子規。張端甫先生遺稿。以廣流傳。至輿辦輔仁實業兩中學。亦慨捐巨資。豫祖固多材多藝。於星命堪輿之道尤得神奧。公餘爲人談相批命卜地莫不奇驗。故請求者戶限爲穿。著有星相地理叢書。卒年五十六。子九人。皆績學敦品有聲中外者。楊鍾鈺撰家傳

33 金匱縣 本無錫縣地。清雍正二年。析置金匱縣。屬江蘇常州府。民國并入無錫縣。金匱山在無錫縣城中。邑之鎮也。清置金匱縣以此名。

清 蔣地仙、燕人也。善觀玄象。嗅地氣。定他日之榮瘁。顧誠軒厚與結納。爲擇地作廬。以授三子。三子各樹萬金產。各敎一子登第。嘗言錫邑山淺水薄。居墓發福僅可百年。若泰山東西已發聖賢帝王。其地至今尚可蔭數百年也。錫金識小錄堪輿

清 華湛恩、金匱人。精堪輿。明理氣。道光乙未、著天心正運四卷。行世。天心正運序

歷代卜人傳卷四終

周易傍訓。卦本伏羲所畫。有交易變易之義。故謂之易。辭則文王周公所繫。故繫之周。至繫辭之傳。乃孔子所述。以其通論一經之大體凡例也。

易經圖說。繫辭傳曰。河出圖。洛出書。聖人則之。又曰天一。地二。天三。地四。天五。地六。天七。地八。天九。地十。天數五。地數五。五位相得而各有合。天數二十有五。地數三十。凡天地之數五十有五。此所以成變化而行鬼神也。

洛書蓋取龜象。故其數戴九履一。左三右七。二四爲肩。六八爲足。

易經圖說。蔡元定曰。圖書之象。自漢孔安國。劉歆。魏關朗子明。有宋康節先生邵雍堯夫。皆謂如此。至劉牧始兩易其名。而諸家因之。故今復之。悉從其舊。

易經圖說。說卦傳曰。天地定位。山澤通氣。雷風相薄。水火不相射。八卦相錯。數往者順。知來者逆。邵子曰。乾南。坤北。離東。坎西。震東北。兌東南。巽西南。艮西北。自震至乾爲順。自巽至坤爲逆。後六十四卦方位放此。